나주를 걷다,
사람을 만나다

나주를 걷다,
사람을 만나다

김덕수 지음

금성산과 영산강의 도시,
나주의 마을과 사람 이야기

메디치

프롤로그

단순한 고민에서 출발했다. 고향인 나주에 언제부터 사람들이 모여 살기 시작했을까? 나주의 마을은 어떻게 형성됐을까? 오늘을 사는 나주 사람들의 이야기를 어딘가에 기록해야겠다는 마음이 더해졌다. 고민의 답을 한반도 문명의 큰 줄기 중 하나인 영산강에서 찾았다. 수렵과 채취, 농경문화가 영산강을 중심으로 이뤄졌다는 사실을 각종 유물과 유적이 보여주고 있지 않은가.

선사시대 유적인 석기와 고인돌 등은 세계에서 한반도에 가장 많이 분포한다. 그중에서도 전라남도 지역이 가장 많다. 영산강의 본류인 나주에 고인돌 164개소 1,440여 기가 밀집해 있다. 청동기시대 유적인 고분 역시 129개소 170여 기가 분포하고 있다. 나주는 그야말로 고대 유적의 '보물창고'다. 사람들이 모여 살면서 사회질서가 형성되고 도구를 이용하고 고인돌과 고분 등 장묘문화가 자리 잡았다. 마을은 그렇게 만들어졌다.

찾아가는 마을이 늘어나면서 참으로 많은 이야기를 만났다. 사연 없는 마을이 없고, 한 사람 한 사람의 삶이 역사임을 몸으로 느꼈다. 영강동 택촌마을 도내기샘 '나합 양씨(羅閤 梁氏)' 이야기는 대한민국 사람이라면 어릴 적 한 번쯤 들었을 것이다. 한학의 대가인 전주 감사 이서구가 나주에 인물이 날 것을 점치고 사람을 불러 "삼영리로 가면 어린아이를 낳은 이가 있을 것이니 그 아이를 찾아 남아면 즉시 죽이고 여아면 살려 주어라"고 했다고 한다. 남자아이면 나라를 결딴낼 것이고, 여자아이면 세상을 시끄럽게 할 것이기 때문이었다.

"사는 게 별거 있당가? 다 똑같제!"는 대답과 달리 똑같은 삶은 없었다. 책에 나오는 사람들은 모두 자기 분야의 전문가였다. 75년째 대나무 빗자루를 만드는 세지면 벽산2리 산계마을 김기옥 할아버지의 손끝은 지금도 꼼꼼하게 칡넝쿨을 잡아맨다. 벼와 배를 기르고 새끼를 꼬고 왕골 돗자리를 짜고 갈퀴나무를 하며 '같은 듯 다르게' 나주의 역사를 잇고 있다. 자연스레 나주의 역사를 기록하고 있다는 큰 책임감과 사명감이 생겼다.

사람들과의 만남은 새로운 세상을 보여주었다. 갈퀴나무와 '하드레'를 새롭게 만났다. 한 끼 불쏘시개를 해결하기 위해 배를 곯으면서 산을 넘어 헤매며 갈퀴나무를 했다는 이야기엔 눈가를 적시는 어려운 삶이 보인다. 봉황면 죽석1리 구석마을에서 처음 알게 된 '하드레'는 한민족의 역사를 다시 생각하게 했다.

많은 이가 하드레를 기억하지 못한다. 지금은 사라진 세시풍속이기 때문이다. 농업이 주요 경제 기반이던 시절, 겨울 끝자락인 음력 2월 1일에 콩을 볶아 먹고 칡을 캐 나눠 먹으며 한 해 농사를 시작했다고 한다. 하드레엔 우리 민족의 전통이 서려 있다. 구석마을 사람들은 지금도 하드레 날에 환갑과 일흔, 여든, 아흔 살을 맞는 주민들이 십시일반 돈을 모아 잔치를 연다.

이 책은 학술 논문이 아니라 기사의 형식을 띠고 있다. 최선을 다해 전문가의 의견을 듣고 관련 기록에서 근거를 찾고자 노력했지만 학술적으로 논쟁거리가 될 수도 있음을 미리 밝힌다. 대부분의 자료는 2009년 문화재청(현 국가유산청) 국립나주문화재연구소가 펴낸 《나주시 문화유산 종합학술조사 보고서》를 토대로 했다. 미천한 글을 위해 지면을 할애해준 <나주투데이> 발행인 이철웅 편집국장께 고마운 마음을 드린다. 아울러 부족한 글을 한 권의 책으로 만들어준 김현종 대표와 배소라 이사 등 메디치미디어의 모든 분들에게도 한없는 고마움을 전한다.

   부디 나주의 '마을과 사람' 이야기가 잊히지 않고 대한민국 역사의 어느 한 귀퉁이라도 차지하길 꿈꿔본다.

2025년 8월

김덕수

차례

프롤로그   4

1부 나주의 서쪽

왕곡면		
	신포1리 내동마을	14
	신원2리 봉학마을	19
	행전1리 행장마을	24
반남면		
	신촌1리 성내마을	31
	흥덕4리 옥련마을	36
	대안2리 구영마을	41
공산면		
	화성3리 청룡마을	46
	남창3리 송산마을	51
	금곡4,5리 장승백이마을	56
동강면		
	장동1리 수문마을	61
	진천1리 내동(운정)마을	66
	인동3리 중앙마을	71
다시면		
	문동3리 증문마을	76
	가흥1리 정가마을	82
	운봉1리 백동, 백운마을	89
문평면		
	북동2리 명하마을	95
	산호1리 남산마을	100
	안곡2리 신안마을	105

노안면	오정1리 오리마을	110
	학산7리 문화마을	115
	금안동	120

영강동	11통 남부마을	126
	8통 택촌	131
	12~13통 부영아파트	138

금남동	18통 죽림마을	143
	7통 장산, 용치마을	148
	5통 경현동	153

성북동	16통 산정마을	160
	2통	167
	24~27통 대방노블랜드 1차 아파트	173

이창동	15통 동방마을	179
	19통 텃골마을	184
	4, 23통	189

2024년 추석 '나주 사람들'   196
'나주공동체'를 함께 꿈꾸는 사람들   206

2부 나주의 동쪽

남평읍	노동리	216
	오계1리 석치마을	221
	동사리 강변도시	228

세지면	송제1리 송산마을	234
	벽산2리 산계마을	240
	오봉1리 동창마을	246

금천면	오강1리 금구마을	253
	죽촌1리 야죽마을	258
	신가4리 당가마을	263
	석전4리 전원마을	269
산포면	신도1리 당촌마을	275
	등수1리 등개마을	280
	산제리 산제마을	286
다도면	덕동3리 삼정마을	292
	신동2리 신촌마을	298
	방산2리 한적골	303
봉황면	용전3리 관전마을	309
	철천리 철야마을	314
	죽석1리 구석마을	320
송월동	2통 토계마을	326
	7통 내동마을	332
	9~11통 주공아파트	337
영산동	10통	342
	2~4통 선창	347
	13통 용승마을	353
빛가람동	1~2통 에듀캐슬아파트	358
	12~14통 우미린아파트	363
	31~33통 중흥S클래스 센트럴 1차 아파트	368

전통 시장의 '젊은' 사람들   371

에필로그   382

나주시

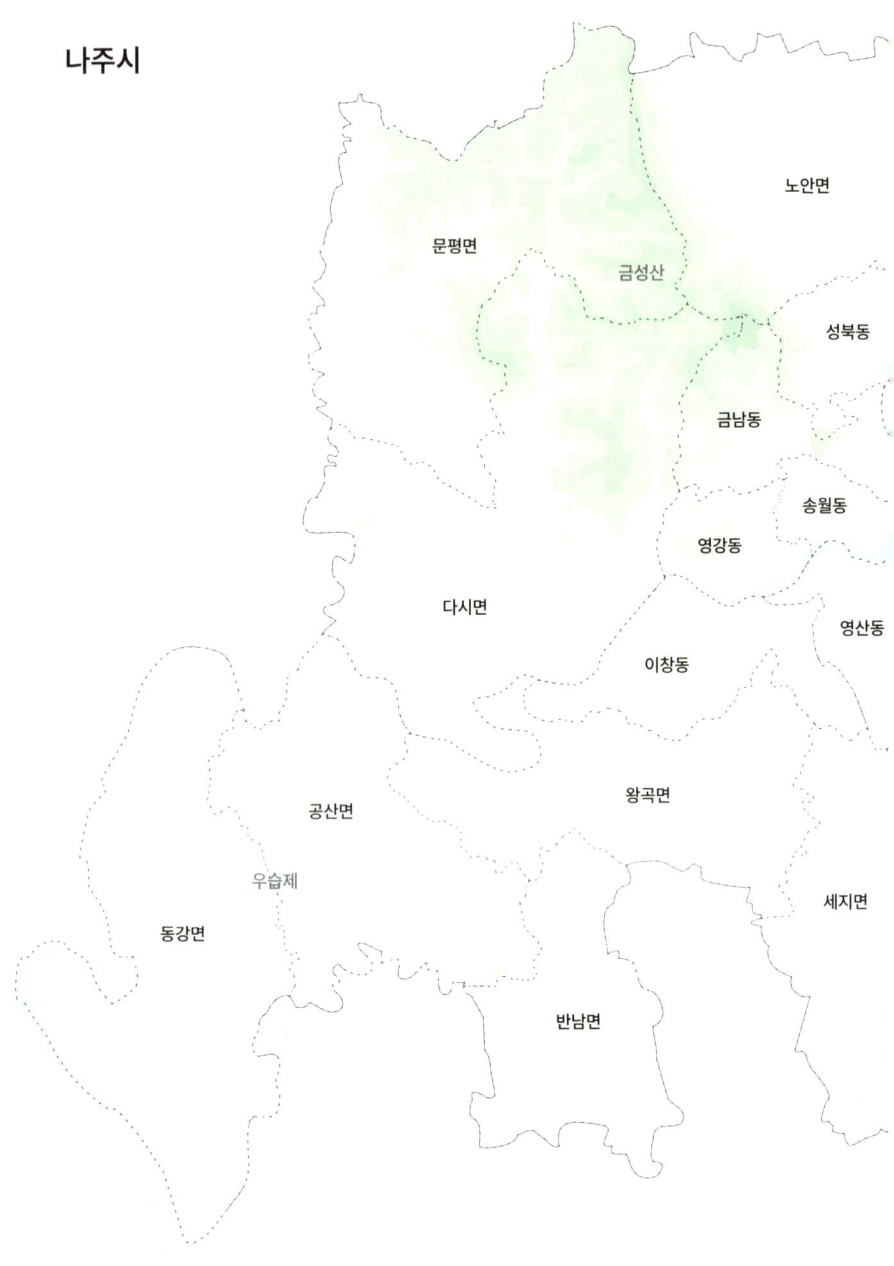

1부 나주의 서쪽

왕곡면

반남면

공산면

동강면

다시면

문평면

노안면

영강동

금남동

성북동

이창동

왕곡면

외지인 10여 가구 이름도 성도 몰라
"마을과 함께 어울렸으면"

왕곡면 신포1리 내동마을 | 2022년 12월 19일

마을에서 공산면 쪽으로 향하는 야산에 금을 캐던 광산에서 흘러나오는 천이 마르는 날이 없어 아무리 가물어도 죽은 먹는다 해서 죽박굴이라 불렀다. 봉예산, 봉화산 등으로도 불리는 봉의산 정상에는 봉화를 올리는 봉수대와 기우제를 지낸 터가 있었다고 한다. 봉의산 서쪽에 있는 고인돌 30여 기는 1990년 12월 5일 전라남도 기념물 제135호로 지정돼 관리되고 있다.

봉의산 정상에 오르면 사방이 탁 트인다. 무등산과 월출산이 훤히 보인다. 가야산과 금성산은 마치 손에 잡힐 듯 가깝다. 영산강 물줄기는 유난히도 힘에 넘친다. 100미터도 안 되는 높이에서 이런 절경을 만나는 것은 행운이다. 봉의산 남쪽을 둘러싸고 왕곡면 신포1리 내동마을이 있다.

"500만 원 준다고 쟁기질하는 소를 팔라는디 그놈 팔아불믄 농사짓고 자식들 키울 길이 막막해서 팔 수 없었다"는 장봉순(79세) 씨는 "소 한 마리 값이 집 한 채보다 비쌀 때였는디, 농사 자금이 부족해도 빌려 쓰는 수밖에 없었다"고 한다. 장 씨는 고향이 다시면 동당리 청림마을로 댁호가 '당림댁'이고, 집 안 외양간에서 한우를 12두까지 키웠다.

왕곡면 새해맞이 행사가 열리는 봉의산을 둘러싸고 내동마을이 있다.

　맞닿아 있는 박포마을이 고향인 정소림(85세) 씨는 5년 전 내동마을에 이사 왔다. 정 씨는 "자식들이랑 같이 살자고 해서 경기도 시흥시로 갔는디 빌어먹어도 고향이 좋겠다는 생각에 다시 내려왔다"며 "봉의산 중턱에 무제샘이라고 마르지 않는 샘이 있었다"고 기억한다. 정 씨가 이사해 온 집은 옛 국도 23호선 도로변에 있던 '주막집' 자리란다.

　공산면 화성리 상림마을이 고향인 박처례(91세) 씨는 "암것도 모르는 열여덟 살에 결혼했는디 농사도 없는 산골이라 먹고사는 게 여간 힘들었다"며 "몇 날을 굶다가 참지 못하고 들이 넓은 친정에 밥 먹으러 걸어서 다녀오기도 했다"고 옛일을 회상한다.

　영암군 시종면 신흥리 연수마을이 고향이라 '연수댁'으로 불리는 이광순(83세) 씨는 "결혼하기 전에는 가까이에서 산을 본 적이 없어서 마을 뒤 봉의산이 곧 무너질까 무서웠다"며 "마을 사람이랑 같이 김장하고 영산포장이며 공산장에 다니며 어울려 살았다"고 기억한다. 이 씨는 "장날이면 마을 앞 도로변에 장꾼들이 와서 콩이며 팥을 내다 팔기도 했다"고 덧붙인다.

　마을 노인회장을 맡고 있는 김인종(83세) 씨는 "마을에서 공산면 쪽으로 향하는 야산에 금을 캐던 광산에서 흘러나오는 천에 물이 마르는 날이 없어 아무리 가물어도 죽은 먹는다 해서 죽박굴이라 불렀다"며 "그 물로 농사를 지을 수 있었다"고 한다. 인터넷 지도를 검색해 보니 쪽박골로 표기돼 있다. 경기도 포천에서 이발병으로 군 복무를 했다는 김 회장은 "젊어서 음식을 잘못 먹고 왼쪽 눈이 빨갛게 부어올랐는데 제대로 치료하지 못해 결국 실명했다"고 한다.

　마을회관에서 오른편 신포저수지 쪽으로 가다 보면 제주 양씨 제각인 추원재가 있고 그 옆에 지장사 추모관이 있다. 대한불교 태고종 지장사는 2003년 성렬 스님이 창건했다. 성렬 스님은 마을 출신으로 속명은 양해봉(73세)이다. 지장사는 지난 2007년 납골당을 허가 받아 2021년 8월부터 봉안을 시작했다고 한다.

　일곱 살 때 동진출가(어린 나이에 스스로 출가하는 것)한 성렬 스님은 "독거노인과 무연고자 무료 안치를 위해 600여기를 마련해 놓고 있으며 현재 28기를 모시고 있다"며 "나주시에도 100기를 희사했으나 아직 단 1기도 들어오지 않았다"고 아쉬워한다.

　제주 양씨 집성촌이었던 내동마을은 2006년 출간된 《나주시지》에 65호 149명이 거주한다고 돼 있지만 현재는 제주 양씨 5가구와 나주 정씨 13가구, 광주 정씨 9가구 등 42가구가 남았다.

　양배식 이장은 "마을 입지가 좋아 빈집만 나오면 외지인한테 팔린다"며 "최근 10여 가구가 새로 이사해 왔지만 이장인 저도 이름도 성도 모르는 집이 대부분"이라며 마을과 함께 어울리지 못함

봉의산 서쪽에 분포한 고인돌 30여기가 전라남도 기념물 제135호로 지정돼 관리되고 있다.

을 지적한다. "경제활동에 도움이 되지 않고 사고 위험만 컸던 국도 23호선이 마을에서 멀리 떨어져 확포장 돼 좋다"는 양 이장은 "중학교 다닐 때까지 마을 옆 장승배기에 물물교환하는 오일장이 서기도 했다"고 기억을 떠올린다. 마을회관 앞길은 영암군 신북면에서 다시면으로 이어지는 물길을 복개한 것이란다.

내동마을 곳곳에 청동기시대 유물인 고인돌이 있다. 2009년 국립나주문화재연구소가 발간한 〈나주시문화유산종합학술조사보고서〉에 따르면, 봉의산을 중심으로 4개 군집으로 100여기가 분포한다. 이 중 서쪽 30여기가 1990년 12월 5일 전라남도 기념물 제135호로 지정돼 관리되고 있지만 그 외는 경지 정리하거나 집을 개보수하면서 사라지는 경우가 많았다고 한다.

봉예산, 봉화산 등으로도 불리는 봉의산 정상에는 봉화를 올리는 봉수대와 기우제를 지낸 터가 있다는 이야기가 전해지고 있지만 나주시문화원 관계자에 확인해 보니 봉수대의 공식적인 기록은 없다고 한다.

인터뷰

맞춤형 사업 안내 등 주민 단합 위해 노력

양배식 이장

양배식(67세) 이장은 "8년 전 산불로 훼손된 봉의산을 정비하면서 등산로를 거의 직선으로 만드는 바람에 산에 오르는 재미를 없앴다"고 지적한다. 봉의산은 왕곡면이 주관하는 새해맞이 행사를 하는 명소인 만큼 제대로 상품성을 갖춰야 한다는 것이다.

고등학교를 졸업하고 1970년대 중반 서울에서 직장 생활을 하면서 해남군이 고향인 부인을 만났단다. 2남 1녀를 두고 있는 양 이장은 "큰아들이 7개월 3일 만에 태어나서 온 가족이 애를 태웠다"며 "당시 월급이 3만 원인데 비싼 장비인 인큐베이터를 이용하는 하루 입원비가 1만 원에 달했지만 아버님께서 도와주셔서 큰 힘이 됐다"고 한다.

이를 계기로 고향에 돌아올 결심을 했고 "부모님의 땅 5,500평에 사과를 재배해 전남농협 품평회에서 1등을 차지하는 등 좋은 결과를 가져오기도 했다"는 양 이장은 "그러던 중 탄저병이 돌아 배로 작목을 바꿨지만 그마저도 버티기 어려워 2017년에 태양광으로 전환했다"고 한다.

양 이장은 "마을 방송으로 알리는 것보다 직접 전화 드리고 찾아가서 주민들 각자에게 필요한 시나 면의 사업을 맞춤형으로 설명해주는 등 단합을 도모하려고 한다"며 10여 년 만에 다시 이장을 맡아 더 큰 책임감을 느낀다고 한다. 양 이장의 꿈이 하루빨리 이루어지길 바란다.

왕곡면

저수지에 학 많고 비닐하우스, 배 기르는 전형적인 농촌 마을

왕곡면 신원2리 봉학마을 | 2023년 10월 30일

마을 뒤 언덕에 고분이 있고 신안역과 신축원이 있던 자리로 추정되는 유물이 있었다는 《나주시지》의 기록에도 불구하고, 이를 기억하거나 확인해주는 주민들은 없다. 《나주시지》는 '밭으로 변했다'고 적고 있다. 정월대보름에 걸궁치고 쥐불놀이하고 음식 나누던 풍습도 이젠 찾을 수 없다. 국도 13호선에 접해 있는 마을 입구에 나주 유일의 죽재사가 있다.

마을 앞 저수지에 학이 내려앉는다. 조선시대 중반에 나주목사와 영암원님이 그 모습을 보고 봉학마을이라 했다고 한다. 흙먼지 날리던 신작로는 국도 13호선이 됐고, 주민들의 식수였던 마을회관 앞 샘터는 아스팔트 진입로가 됐다.

봉학마을에서 태어나 성장하고 결혼해서 지금껏 살고 있는 김금님(70세) 씨는 "7남매의 막내딸로 귀하게 자랐다"며 "남들은 보리쌀 위에 흰쌀을 한 주먹 얹어 밥을 했지만, 우리 집은 하얀 쌀밥을 먹었다"고 한다. "아버지가 말이 끄는 수레로 곡식 운반하는, 지금으로 치면 운수업을 했기 때문"이라는 김 씨는 "객지에 사는 3남매 자녀들이 농사일을 그만하라고 하지만, 눈에 보이는데 안 할 수 있냐"는 말로 농촌 현실을 이야기한다.

1994년 4,000여 평 밭을 사서 배 과수원으로 일궜다는 남해영

비닐하우스에서 멜론을 재배하는 채성자(68세) 씨는 냉해 피해가 커서 걱정이 많다.

(69세) 씨는 "그때는 1년에 13번 약을 했는데 지금은 35~40번을 해도 병충해를 잡기 힘들다"며 "자재 값이며 인건비, 농약 대금 등은 모두 올랐는데 배 값만 그대로라 노후에 좀 더 편하게 살자고 시작한 배 농사로 골병만 들게 생겼다"고 토로한다. 남 씨는 "과수원 일이 편하고 돈벌이가 되는 줄 알고 관심 갖는 주변 사람들에게 절대 하지 말라"며 권하지 않는다고 한다.

해남군 북일면이 고향인 채성자(68세) 씨는 "마을에서 처음으로 비닐하우스를 지어 멜론과 토마토를 재배했다"며 "방울토마토 1킬로그램에 7,000원까지 오른 1990년대 중반에는 농사짓는 재미가 있었는데, '호사다마'라고 남편이 경운기 사고로 5여 년 병원 신세를 지는 바람에 벌어놓은 돈을 전부 병원에 가져다줬다"고 한다. 채 씨는 "지난 추석 직후 갑자기 닥친 추위로 멜론이 냉해를 입어 올해 농사는 망쳤다"고 한숨지으며 들깨 털러 가는 발걸음을 재촉한다.

광주광역시에서 40여 년 건축업을 하다 15년 전 처가인 봉학마을로 들어왔다는 무안군 현경면이 고향인 남희삼(71세) 씨는 "왼쪽 무릎을 다쳐 치료하느라 제대로 움직이지 못해 지난 1년 사이에 살이 6킬로그램이나 늘었다"며 "농사에 쓸 퇴비를 만들기 위해 소 5마리를 키우고 소일 삼아 배추며 무, 고추, 옥수수, 고구마 등을 심었다"며 회관 앞 공터에 말려놓은 팥을 거두느라 일손이 바쁘다.

먼저 결혼한 고향 친구네 집에 놀러 왔다 남편을 만났다는 이경희(58세) 씨는 "대나무로 틀을 짠 비닐하우스에서 배추랑 상추 등 채소 농사를 시작했다"며 "1992년에 멜론과 토마토를 재배했지만 겨울철 난방비 부담이 커서 멜론은 여름에 재배한다"고 한다. 여수시 대경도가 고향인 이 씨는 "연작으로 작황이 좋지 않아 올해 처음으로 고추를 심었다"고 말한다.

2019년에 광주광역시에서 이사 왔다는 진도군이 고향인 김선희(63세) 씨는 "첨엔 주민들과 서먹서먹했는데 고구마 캐고 토란대 베고 파밭에 물 주는 일 등을 거들다 보니 어느새 엄마 같고 아짐 같고 언니같이 친해졌다"며 "미혼인 아들이랑 세 식구인데 퇴

남희삼(71세) 씨 가족이 마을회관 앞 공터에서 팥을 거두고 있다.

직이 얼마 남지 않은 남편은 직장 일로 충청북도 충주시에서 일하고 있다"고 한다.

30여 년 전 지인의 땅을 사서 배 농사를 짓고 있는 김용운(72세) 씨는 "배를 싸는 봉지 품질이 좋지 않아 병충해 피해를 입어 올해 수확이 30퍼센트가량 줄었다"며 "추석 때 절반을 출하하고 나머지 절반은 저장해 놓고 배나무 가지 유인 작업을 하고 있다"고 한다. 김 씨는 고향인 금천면에 주소를 두고 있다.

영암군 덕진면 금산마을 출신이라 '금산아짐'으로 불리는 양화자(80세) 씨는 "결혼 초기에 초가집에서 6남매 중 셋을 낳고 살다 기와집을 지어 이사했다"며 "정월 대보름에 걸궁 치고 쥐불놀이하고 음식해서 나눠 먹던 기억이 있다"며 사라진 옛 풍습을 아쉬워한다. 2014년에 새로 지은 양 씨의 집 너른 마당은 마을 사람들이 모이는 '사랑방'이란다.

국도 13호선에 접해 있는 마을 입구에 나주 유일의 죽재사가 있다. 고향인 다시면에서 죽재사를 하던 최금식(66세) 씨는 "13년 전쯤 지인의 땅을 임대해 옮겨 왔다"며 "한때는 매생이발로 많이 쓰였는데 지금은 수도권 아파트 현장의 조경수 지지용으로 대부분 판매한다"고 한다. 최 씨는 "성장 속도가 빠르고 주변에 흔하게 많은 대나무를 활용한 특화 사업도 고민해 봐야 한다"고 덧붙인다.

마을 뒤 언덕에 고분이 있고 신안역과 신축원이 있던 자리로 추정되는 유물이 있었다는 《나주시지》의 기록에도 불구하고, 이를 기억하거나 확인해주는 주민들은 없다. 《나주시지》는 '밭으로 변했다'고 적고 있다. 역사의 한 장이 사라졌음이 아쉬울 뿐이다.

인터뷰

추억 이야기에 세상살이 나누는 것이 살아가는 맛!

김경현 이장

"민족 전통의 풍물놀이를 보존하고 계승해야 한다"는 사명감으로 왕곡면 풍물패 '울림' 회장을 맡고 있는 김경현(46세) 이장은 "올해 공익지원센터 공모사업에 선정돼 남평읍과 교류하며 축제 공연 등을 다니고 있다"고 한다. '울림'은 김 이장 등 봉학마을 주민 3명을 포함해 18명으로 구성돼 있다.

전라북도에서 대학을 마치고 직장 생활을 하던 김 이장은 "서른 살이 되던 해에 아버지 농사를 돕기 위해 고향으로 돌아왔다"며 "누나와 함께 택배업과 두유 대리점을 하며 마트도 병행했지만, 농사일에 전념하고자 다 정리했다"고 한다.

충청남도 공주시에서 공병대 운전병으로 군 복무를 한 김 이장은 "트레일러로 굴삭기 등 장비 운반을 담당해 칠갑산을 수백 번 넘어 다녔다"며 "사격도 하지 않고 제대로 경계 근무도 서지 않고 전역했다"고 말한다.

"10여 년 전 처음 이장을 맡은 다음 해 '마을 만들기 자율 개발 사업'에 선정돼 농수로 정비와 농로 포장, 우산각 설치를 한 것이 가장 기억에 남는다"는 김 이장은 "다른 사람이 마을 일을 맡아 새롭게 일하는 것이 마을 발전에 도움이 될 것"이라고 말한다. "시간 가는 줄 모른 채 고향에 돌아온 지 16년이 지났지만 이뤄놓은 것은 없다"는 김 이장의 어깨 위로 가을 햇살이 밝게 내려앉는다.

왕곡면

왕골·벼농사 이모작
날 새고 비구름에 밥 먹다 뛰쳐나가기도

왕곡면 행전1리 행장마을 | 2024년 8월 26일

마을 이름은 은행나무 고목과 정자가 있어 '행동'이라 불리다 해방 후 '행장'으로 부르게 되었다. 진흙에 묻혀 푸르스름하게 잘 말려놓은 왕골은 영산포 돗자리 공장에서 와서 사 갔다. 우리 쌀 소비 촉진 일환으로 배를 이용한 한과를 만들어 '없어서 못 팔 정도'로 인기가 많았지만, 일할 사람이 없어 작년 추석을 마지막으로 문을 닫았다.

'광산 김씨 문숙공 화평부원군 좌윤공 문중' 행전리 행장마을을 가리키는 화살표와 함께 표지석에 새겨진 문구가 색다르다. 지방도 820호선을 따라 양산초등학교에서 반남면 방향으로 4킬로미터쯤 지나면 도로 왼쪽에 우뚝 세워진 표지석을 만날 수 있다. 광산 김씨 좌윤공파로 조선 태종 때 사헌부 감찰과 함평현감 등을 지낸 김미여가 영암군 도포면에서 옮겨와 터를 잡은 이래 오늘에 이르고 있는 왕곡면 행전1리 행장마을. 은행나무 고목과 은행나무 정자가 있어 행동이라 불리다 해방 후 행장으로 부르게 되었다.

"광산 김씨 종가집 장남이랑 결혼해서 1년에 10번 넘게 제사를 지내야 했다"는 이미덕(85세) 씨는 "문중 땅 2,000여 평에 수박농사를 지었는데 물고랑을 제대로 내지 않는 바람에 큰비가 와서 밭이 잠겨 완전히 망쳤던 적도 있다"며 맨몸으로 논밭 10마지기

광산 김씨 문중임을 분명히 한 행장마을 표지석에
'정직·근면·효행'의 마을훈이 또렷이 새겨져 있다.

농사지어 6남매를 키웠다"고 한다.

성을 따서 '문평댁'이라는 댁호를 직접 지었다는 문연순(91세) 씨는 "하루 밭일하면 쌀 반 되, 가마니 10장을 짜면 서너 되 정도 벌어서 먹고 살았다"며 "말로 다 할 수 없을 만큼 고생해서 아들 셋, 딸 셋을 키웠는데 최근에 손자가 박사가 됐다는 소식에 너무 기뻤다"면서도 "고생하며 살아온 삶은 생각도 하기 싫다"고 고개를 설레설레 젓는다.

"결혼한 날부터 왕골 농사짓느라 눈코 뜰 새도 없었다"는 나양자(84세) 씨는 "진흙에 묻혀 푸르스름하게 잘 말려놓으면 영산포 돗자리 공장에서 와서 사 갔다"고 한다. 영암군 시종면이 고향인 '시종댁' 나 씨는 "결혼하고 와서 문연순, 이미덕 씨가 같은 고향 사람이란 걸 알고 더 의지하며 친해졌다"고 밝게 웃는다.

5남매가 모두 서울에 살고 있다는 이정자(85세) 씨는 "시골에서 고생하며 살지 말라고 도시로 내보냈는데 영감이랑 둘만 남

함박골이라 불리는 야트막한 야산 아래 왕곡면 행전1리 행장마을이 자리하고 있다.

게 되니 너무 외롭다"며 "영감이 서울로 이사 가자고 할 때는 도시 생활이 낯설어 마다했는데 나이 들고 아프니까 후회가 된다"고 한다. 이 씨는 동강면 월량리가 고향이다.

동강면 대전리가 고향인 김군자(63세) 씨는 "서류 심부름을 왔다가 왕곡면사무소에서 군 복무 중인 남편을 만나 열아홉 살에 결혼했다"며 "지금은 과수원이 된 마을 건너편 야산에서 갈쿠나무(갈퀴나무의 방언, 솔잎 등을 갈퀴로 모아 땔감으로 사용한 데서 지어진 말)랑 솔나무 해서 아궁이에 불을 땠다"고 기억한다. 김 씨는 "브라질의 전자 회사에 다니는 딸 내외가 매년 한 달씩 여름휴가를 다녀간다"고 말을 더한다.

"비구름만 몰려오면 먹던 밥을 뒤로 하고 달려가 거둬들여야 했다"는 김장암(86세) 씨는 "비 맞으면 망치는 왕골 농사지을 땐 낫으로 베고 지게에 져 옮겨서 볕에 널어 말리느라 날을 새기도 하고 '진흙밭의 미꾸라지' 꼴이 되기 일쑤였다"며 "왕골 벤 자리에 쟁기질하고 모 심고 피 뽑는 일을 징그럽게 되풀이했다"고 한다.

10여 년 전 '트러스 구조 하우스'로 특허를 받은 신경우(62세) 씨는 "고향인 여수에서 고추, 오이 등 시설 채소 농사를 짓던 중 트러스 구조로 지으면 더 오래가고 규모가 큰 하우스를 지을 수 있겠단 생각에서 특허까지 받았다"며 "보통 하우스의 2배가 넘는 폭 18m 이상 규모의 하우스 건축 수요가 많은 나주에서 일을 하다 정이 들어 5년 전에 아예 이사 왔다"고 한다. 신 씨는 "행장마을 사람들이 넉넉하고 포근하게 안아준다는 기분을 느끼며 행복하게 살고 있다"고 덧붙인다.

"초등학교 6학년 때 서울로 전학 가서 공부하고 직장 생활하며 살다 50년 만인 2019년에 고향으로 돌아왔다"는 김춘남(67세) 씨는 "국악을 좋아해서 북이랑 꽹과리 등 취미 활동과 함께 건강을 챙기며 여생을 즐기려 한다"고 말한다.

으뜸농장을 운영하는 원만희(68세) 씨는 "인접한 장산리가 고향인데 1990년 귀농하면서 친구의 땅을 사서 배를 심었다"며 "'여성일감갖기' 사업과 연계해 우리 쌀 소비 촉진의 일환으로 배를 이용한 한과를 만들어 '없어서 못 팔 정도'로 인기가 많았지만 일할 사람이 없어 작년 추석을 마지막으로 문을 닫았다"고 한다. 원 씨는 나주배 품종과 재배 방법 등을 공부하는 '나주배연구회' 회장을 맡고 있다.

마을회관 앞 탯자리를 공원으로 조성한 김송백(64세) 씨는 "어릴 적 추억이 깃들고 60년 넘게 부모님이 사시던 집을 방치할 수 없어 터를 다져 나무를 심고 정자를 지었다"며 "한 가족이나 다름

김송백(64세) 씨는 탯자리이자 부모님이 사시던 집터를
주민들이 쉴 수 있는 공원으로 조성했다.

없는 주민들이 쉬고 어울릴 수 있는 공간으로 활용하는 것이 비워두는 것보다 의미 있는 일이라 생각했다"고 한다.

마을 출신으로 김영화(1995년 1~12월) 전 나주경찰서장이 있고, 왕곡면장으로 퇴직(1995년)한 김본현 씨와 문평면장을 지내고 이창동장으로 퇴직(2018년)한 김우봉 씨를 주민들은 '부자면장'이라 부른다. 초대 나주군 의원에 당선돼 나주시의회에 이르기까지 3선 의원으로 산업건설위원장을 지낸 김태근 전 의원도 행장마을 사람이다.

주민들의 공동체 공간이던 두 곳의 샘터가 사라지고 마을 이름의 유래가 된 은행나무는 흔적을 찾을 수 없어 아쉬움이 남지만, 표지석에 '정직·근면·효행'이라 굳게 새겨진 '마을훈'이 오래도록 기억될 것이다.

인터뷰

배나무 커가는 모습에 힘내고 지역 봉사활동 참여

김형복 왕곡면 주민자치위원장

"선진국이 되면 농업으로 충분히 먹고 살 수 있다고 생각해 농수산대학에 갈 것을 권했다."

왕곡면 주민자치위원장 김형복(56세) 행전1리 이장은 "두 아들이 모두 한국농수산대학 과수학과를 마치고 배 농사를 짓고 있다"며 "대학 진학을 고민하는 큰아들에게 장기적으로 보면 비전 없는 직장 생활보다 생명 산업인 농사가 경쟁력을 갖게 될 것이라고 추천했는데 그 말이 맞았다"고 자신감을 내비치며 "둘째는 자연스레 형의 길을 따르더라"고 덧붙인다.

경기도 부천시에서 직장 생활을 시작한 김 이장은 "스무 살 무렵엔 도시가 좋아 보였다"며 "철제의자 만드는 공장에서 용접 일을 배워 3년 일했는데 생각했던 것보다 희망이 없었다"고 말한다. 고민 끝에 대전으로 내려가 형이 운영하는 의류 소매업에 뛰어든 김 이장은 "형 밑에서 1년을 경험하고 가게를 차려 제법 자리를 잡아가던 중 IMF를 맞았다"며 "빨리 접었으면 다른 일을 했을 수도 있을 테지만, 붙잡고 있는 바람에 보증금을 월세로 까먹고 권리금도 받지 못한 채 정리할 수밖에 없었다"고 한다.

고향으로 돌아와 부모님과 함께 농사를 짓기 시작한 김 이장은 "빈손으로 돌아온 게 허무하기도 하고 힘든 농사일에 정이 붙지 않아 상당한 시간을 방황도 했다"며 "배나무가 커가는 모습을 보며 '다시 힘을 내자'고 마음먹고 나니 일이 힘든 줄도 몰랐고 청년회와 방범대 등 봉사활동도 참여하게 됐다"고 한다. "지역사회에 적극 참여하다 보니 올해부터 주민자치위원장을 맡게 됐다"는 김 이장은 "연 방죽에서 연밥 따먹으며 학교 다녔던 고향이 더 살기 좋은 고장으로 거듭날 수 있도록 모든 노력을 다할 것"이라고 의지를 나타낸다.

"대전에서 실패한 것만은 아니다"는 김 이장은 "첫인상에 반해 누가 먼저랄 것 없이 사랑을 나눈 부인을 만난 것은 내 인생 최고의 성공"이라고 말한다.

> 반남면

현청과 금융조합 있던
반남면의 중심·부자마을 자부심

반남면 신촌1리 성내마을 | 2023년 3월 27일

성내마을엔 국보 제295호 금동관의 마한시대보다 앞선 청동기인들의 장묘 문화인 고인돌이 있다. 마한의 중심 거점인 자미산 동북쪽 평야에 위치한 자미산성 안쪽 마을이라는 의미다. 마을 뒤 언덕에 신촌리 고분 4, 5, 6호가 있고 청송로를 경계로 큰말(마을)과 작은말로 불리는 성내마을엔 지금도 물이 마르지 않아 사람들이 물을 뜨러 오는 쪽박시암이 있다.

반남면은 고분의 고장이다. 고분의 주인공들은 기원전 3~6세기 중엽까지 800여 년 동안 영산강 유역에서 독자적인 세력과 문화를 유지하며 동아시아 해상 교류의 중심 역할을 했다. 이를 뒷받침하는 대표 유물이 신촌리 9호분에서 출토된 '금동관'이다. 1997년 국보 제295호로 지정된 금동관은 백제와 구분되는 고대국가 마한의 존재를 증명한다.

하지만 신촌리 성내마을엔 그보다 앞선 청동기인들의 장묘 문화인 고인돌이 있다. 반남면에서 유일하게 기원전 1,500~1,000년대에 형성된 청동기인들이 살았던 터전임을 알려준다. 고분보다 앞선 시간의 역사를 지녔음에도 '2000년의 시간여행'에 머무르고 있는 것은 아쉬움을 갖게 한다.

마한왕국 중심 세력의 거점이었던 자미산 동북쪽 평야에 위치한 성내마을은 자미산성에 둘러싸여 있는 마을이라 하여 성내마을이다. 마을의 형상이 흰 염소의 모양이라 하여 백양골이라도 했다. 줄여서 뱅굴로도 불린다. 성내마을은 반남면의 행정을 주관하는 '현청'과 일제강점기 수탈의 상징인 금융조합이 있던 곳이다. 그만큼 성내마을 사람들의 자부심은 대단하다.

　자미산에 운동하러 다녀오던 나창기(84세) 씨는 "우리 마을은 반남에서 제일 부자 마을이고 유교 사상이 투철한 양반촌"이라며 "면의 중심지로서 주도권을 갖고 정순규·나용균·나승집 면장과 나도기 부면장, 나도운·나윤 조합장 등을 배출하며 반남 발전을 이끌어 왔다"고 목소리를 높인다. 나 씨는 "광주학생항일운동의 주역인 독립운동가 정우채의 부친인 정순규 전 면장이 서당을 열어 후학을 양성하기도 했다"고 덧붙인다. 반남면 농민회장과 번영회장을 지낸 나 씨는 현재 면 노인회장이다.

　스물세 살에 결혼하면서 고향인 영암군을 떠나 65년째 성내

청동기 장례 문화인 고인돌 뒤로 신촌리 고분이 있다.

마을에 살고 있는 신연례(87세) 씨는 "군산에 사는 막내딸이 작년에 큰 수술을 한 아버지 병원 모시고 다닌다고 내려와 함께 살고 있다"며 "먹고 싶은 게 뭐냐고 물으며 식사 챙기는 딸 모습을 보면 좋기도 하지만 제 살림을 못 챙기는 건 맘이 안 좋다"면서 나머지 4남매 자녀들을 자주 못 보는 게 아쉽다고 말했다.

강진군 성전면이 고향이라 강진댁으로 불리는 윤귀순(87세) 씨는 "열아홉 살에 언니 소개로 한국전쟁 참전 상이군인인 신랑을 만나 이제껏 농사만 짓고 살았다"며 "농한기 때는 집에서 이녁 나락 담을 가마니 짜고 보통 때는 반남장에, 큰일 있을 때는 영산포장으로 가서 물건을 샀다"고 회상한다. 1980년대 후반까지 5일마다 열리던 반남장은 사라졌다. 산업화 바람에 면의 인구가 줄어들면서 자연스레 오일장도 흔적을 잃었다.

성내마을에서 나서 한 번도 고향을 떠난 적이 없다는 나종삼(57세) 씨는 "지난 20여 년 동안 운수업을 하면서 팔도를 돌아다니며 살았다"며 "고분이 발굴된 동산은 친구들이랑 손야구 하며 놀던 놀이터였다"고 회상한다. 100여 마지기 농사와 함께 한우를 키우고 있는 나 씨의 아들 혁수(20세) 군은 "군 입대를 앞두고 부모님을 돕고 있다"며 "군 복무를 마치고 나서 취업을 나갈지 고향에 살지 생각하기로 했다"고 한다.

"마을 사람들은 '또 딸을 낳았다네' 하고 걱정스레 이야기했지만, 신랑은 네 딸을 모두 좋아하기만 했다"는 조복례(80세) 씨는 "한때 20마지기 농사를 지었지만 지금은 포도시(겨우) 먹고 살 논 4마지기만 남았다"고 한다. 딸 넷이 하나같이 잘살지만, 스스로 학비를 마련하고 장학금 받아 미국에 유학한 뒤 전남대 영문과 교수

마르지 않는 쪽박시암에
물을 뜨러 오는 사람들이 있다.

로 있는 둘째 딸 나윤희(49세) 씨 자랑에 얼굴빛이 밝아진다. 영암군이 고향인 조 씨는 마을 어른들이 왜 '동림댁'이라 불렀는지 지금도 모르겠다고 한다.

"멜론 농사를 짓던 하우스가 박물관 자리로 수용되기 전까지 꽈리고추며 상추, 토마토, 오이, 콩, 팥 등 안 해본 농사가 없다"며 "박물관이 들어왔지만 관광객이 '지나가는' 데 그치고 있다"는 정소엽(67세) 씨는 1979년 결혼해 성내마을로 들어왔다. 정 씨는 "고향 해남은 바닷가라 먹을 게 천지였는데 이곳은 '갈쿠나무'도 없어 살길이 막막했다"며 옛일을 떠올린다.

해남군 옥천면이 고향인 임혜숙(64세) 씨는 서울에서 직장 생활하던 1984년 이모의 소개로 결혼했다. "신혼 때 신랑이 '살다 힘들면 나가서 살자'고 했는데, 살다 보니 나갈 생각도 못했다"는 임 씨는 "결혼식은 서울 종로 5가에서 겁나 크게 했다"고 한다. 큰아들이 직장 생활을 그만두고 함께 방앗간을 운영하고 있으며, 작은아들은 경기도에서 경찰공무원으로 일하고 있다.

마을 뒤 언덕에 신촌리 고분 4, 5, 6호가 있고 청송로를 경계로 큰말(마을)과 작은말로 불리는 성내마을엔 지금도 물이 마르지 않아 사람들이 물을 뜨러 오는 쪽박시암이 있다.

인터뷰

아들이 선물한 승용차로 마을 일 하는 재미에 절로 신이 나

김영문　이장

"경기도 광주에서 옷 가게 할 때 단골로 찾던 집사람을 만난 지 일주일 만에 이라크로 일하러 가는 바람에 편지로 사랑을 키웠다"는 김영문(73세) 이장은 "이라크에서 일하는 이야기며 직장 동료들과 바닷가로 여행 가서 낙지랑 가오리 잡던 이야기 등을 매주 편지에 써 보냈다"고 한다. 김 이장은 1년 2개월 만에 이라크 생활을 정리하고 귀국해 결혼했다.

반남초등학교와 신북중학교를 마치고 광주의 아시아자동차에서 직장 생활을 하던 중 운전면허를 취득한 김 이장은 "공무원 시험에 합격해 발령을 기다리던 중 중동에서 일하면 국내보다 월급이 5배나 많다는 소식에 해외를 선택했다"고 한다.

이라크에서 돌아와 서울에서 시내버스 기사로 일하다 전 직장과의 인연으로 1년 2개월 싱가포르 현장에 다녀온 김 이장은 "1993년부터 광주시 서구청에서 일하다 2010년 정년퇴직해서 공무원 연금을 받고 있다"며 "부모님이 남겨 준 집과 땅이 있어 고향으로 돌아왔다"고 한다. 5남매 자녀 중 큰아들만 서울에 살고 4남매는 광주와 나주에 살고 있다. 둘째 아들이 선물한 승용차로 마을 일을 하는 재미에 절로 신이 난다는 김 이장의 뒷모습이 가벼워 보인다.

반남면

폐타이어·목재 등에 특수 형광색 꾸며
'청정전남 으뜸마을'

반남면 흥덕4리 옥련마을 | 2023년 12월 18일

옥련마을은 원래 영암군 신북면 월지리의 중심에 위치했다 하여 중촌마을이었다. 한국전쟁을 거치면서 반남면 흥덕리에 속한 '뒷등' 사람들이 더 많아져 옥련마을이 생겼다. 현재도 옥련마을의 남쪽 중촌덕림정길에 접한 4가구는 영암군 신북면 월지4리 중촌마을이다. 행정구역이 옥련마을을 둘로 나뉘었지만 한마을 사람으로 살고 있다.

옥련마을에 경사 났다. '청정전남 으뜸마을'에 선정된 반남면 흥덕4리 옥련마을은 오늘(2023.12.18) 전남도지사 표창을 받는다. 주민들이 뜻을 모아 폐타이어와 목재 등을 활용해 특수 형광색으로 마을 입구를 꾸몄다. 기후변화로 위기를 겪는 지구를 지키고, 어두운 거리를 눈에 띄게 하여 주민의 안전을 도모하자는 취지다.

옥련마을의 남쪽 중촌덕림정길에 접한 4가구는 영암군 신북면 월지4리 중촌마을이다. 행정구역이 옥련마을을 둘로 나뉘었지만 한마을이다.

목수며 미장, 조적 등 건축 일을 하면서 직접 집을 지어 1990년 고향인 영암군 신북면에서 이사 온 조삼룡(77세) 씨는 "지금은 밭이 됐지만 이 집에 있던 연못에 핀 연꽃을 보고 마을 이름을 지었다고 들었다"며 "텃밭 건너 아랫집은 영암"이라고 한다. 올

폐타이어와 목재 등을 활용해 진입로를 가꾼 옥련마을은 '청정전남 으뜸마을'에 선정됐다.

해부터 마을 노인회장을 맡고 있는 조 씨는 "무릎이며 허리가 아파 더는 일할 수 없어 내년부턴 20여 마지기 논을 다른 사람한테 맡기기로 했다"고 한다.

"열아홉 살에 결혼하면서 반남 사람으로 살고 있다"는 이경애(85세) 씨는 "외동딸이라고 귀하게 자랐는데, 남편을 키운 시이모님과 친정어머니, 교통사고로 거동이 불편한 남편 병간호하며 자식들 키우느라 세월이 어떻게 흘렀는지 기억도 없다"고 한다. 이 씨는 2008년 나주시장으로부터 효부상을, 2018년엔 나주향교 전교로부터 열녀상을 받았다.

반남면에서 처음으로 개인택시 자격을 얻었다는 박계수(64세) 씨는 "1979년에 운전면허를 따서 영암군 시종면의 택시회사에서 일을 시작했다"며 "1986년 처음 시작할 당시엔 나주 관내 63명의 개인 택시가 부부 동반 모임을 하기도 하고 함께 봉사활동을 했다"고 한다. 2008년 택시 일을 정리한 박 씨는 고향으로 돌아와 한우를 키우며 논농사를 하고 있다.

'전주댁' 최정애(68세) 씨는 "왕곡면 신원리 고향에서 살다 제과 회사에 다니던 남편을 만나 연애 결혼했다"며 "영암군 신북면에 있던 화신사진관에서 결혼식을 했다"고 한다. 본관이 댁호가 됐다는 최 씨는 "회관에서 어르신들 식사도 해드리고 마을 일 하기에 젤 젊은 내가 작년까지 10년간 이장을 했다"고 한다.

태어나던 해인 1952년에 옥련마을로 왔다는 박천일(72세) 씨는 "보일러 연료비 부담 때문에 인근 배 밭에서 전정한 가지를 구해와 정리하고 있다"며 "더 나이 들면 못할까 염려돼 틈 나는 대로 준비해서 앞으로 몇 년은 땔감 걱정하지 않아도 된다"고 뿌듯해한다. 박 씨는 한국농어촌공사 반남출장소에서 30여 년 일하고 2012년 퇴직했다.

반남면 소재지인 흥덕1리 자미마을에 사는 박인환(74세) 씨는 "20여 년 전부터 텃밭과 축사를 마련해 매일 아침저녁으로 소 밥 주러 출퇴근한다"며 "김장 김치를 아들들이 가져가고 나니 우리 먹을 게 부족해서 텃밭에 남은 배추를 수확했다"고 한다. 한때 30여 두까지 키웠다는 박 씨의 축사에는 한우 10여 두만 남았다.

"열다섯 살에 서울의 중식당에서 숙식하며 사회생활을 시작했다"는 전국종(67세) 씨는 "용산 국제빌딩의 지하 주차장에서 세차장을 하던 중 건강이 나빠져 1990년 고향으로 돌아왔다"며 "비닐하우스에 보온 덮개를 덮고 1만 수로 시작해 지금은 번듯한 축사에 육계 9만 수를 키우고 있다"고 한다. "겨울철에 접어들면서 조류독감(AI) 예방에 만전을 기하기 위해 소독 시설을 강화할 계획"이라는 전 씨는 "탯자리인 우리 집을 끝으로 영암군 시종면이 시작된다"고 덧붙인다.

"이사 온 지 채 한 달도 되지 않았다"는 김○주(53세) 씨는 "경기도 안양시에서 살다가 3년 전 남편 고향인 금천면으로 귀농했다"며 "5,000여 평 배 농사를 짓는데, 창고가 필요해 마당 넓은 집을 찾다 이곳으로 왔다"고 한다. 스스로 '초보 농사꾼'이라는 김 씨는 "생전 처음 농사짓는 거라 서툴고 힘들고 벌이도 되지 않는다"고 푸념한다.

영암군 신북면·시종면과 경계를 이루고 있는 옥련마을은 원래 신북면 월지리의 중심에 위치했다 하여 중촌마을이었다. 1950년 한국전쟁을 거치면서 흥덕리 경계인 '뒷등'에 사람들이 많이 살게 되면서 중촌보다 커지자 새로운 마을 이름을 찾게 되었다고 한다. 이에 마을 주민들이 반남면 초대 면장이자 학자인 금운 정순규에게 마을 이름을 지어줄 것을 요청해, 마을 안 연못의 연꽃을 보고 옥련마을이라 했다고 한다. 한때 80여 명이 북적북적 살던 옥련마을엔 28명만 남았다. 그나마도 겨울 추위를 피해 자녀들 집으로 떠난 이들이 많아 마을이 썰렁하게 느껴질 정도다.

우산각은 옥련마을과 영암군 신북면 중촌마을이 함께 사용한다.

인터뷰

자동차 정비 '최고'의 꿈을 이루고 고향으로 돌아오다

박찬일　이장

최고를 목표로 자동차 정비에 도전했다는 박찬일(53세) 이장은 "누나가 있는 경남 창원에서 기술을 배워 취직한 대우 국민차 정비 공장이 첫 직장"이라며 "단기사병으로 지원해 야간엔 경계 근무를 하고 주간에는 직장 생활을 병행하느라 꼬박 48시간 동안 잠을 못 잔 적도 있다"고 한다.

"회사에서 '별 다섯'에 해당하는 최고 등급 자격증인 골드 레벨까지 취득했다"는 박 이장은 "대우자동차가 이름을 바꾼 쉐보레 자동차 정비 분야의 최고 자리인 정비사업소장을 끝으로 지난 2020년 고향으로 내려왔다"고 한다. 박 이장은 "전화기 너머로 들려오는 어머니 목소리에서 가족력인 치매 증상을 눈치채고 서둘러 귀향을 결심했다"고 한다.

고등학교 3학년 때 고향 후배들을 격려하기 위한 '반남면 출신 신입생 환영회'에서 2년 후배인 부인을 처음 만났다는 박 이장은 "지금껏 제가 의지하고 살 수 있었던 건 모두 집사람 덕"이라고 말한다.

고향으로 돌아와 한우를 키우며 쌀농사를 짓고 있는 박 이장은 "1년 과정인 한우농업대학 마지막 수업을 마치고 졸업만 남았다"며 "한 시간도 빠지지 않아 개근상은 받을 것"이라고 웃어 보인다. 언니보다 열 살 어린 초등학교 5학년인 작은 딸이 초등학교를 졸업하면 부인과 함께 내려올 계획이라는 박 이장이 농사에서도 '최고'가 되길 기대한다.

반남면

전통 옹기 지키는 청년, 귀농한 중년이 주민들과 어울려 살아

반남면 대안2리 구영마을 | 2025년 1월 13일

마을회관 인근의 구은마을과 우산각 너머 영안마을을 합쳐 구영마을이 됐다. 주민들은 구은마을을 구멍태, 영안마을을 후산마을이라 부른다. 전통 옹기의 맥을 이어가는 옹기 장인과 부모님이 하시던 일을 이어 과수원을 운영하는 40대들이 마을에 활력을 불어넣고 있다.

반남면에서 공산면으로 향하는 지방도 821호선에 접해 있는 '대안리 고분군'을 지나면 도로 오른쪽으로 구영마을을 알리는 커다란 표지석을 만난다. 진입로를 따라가다 만나는 삼거리에 마을회관이 있다. 마을회관 인근의 구은마을과 우산각 너머 영안마을을 합쳐 구영마을이 됐다. 주민들은 구은마을을 구멍태, 영안마을을 후산마을이라 불렀다. 그 이유를 묻자 "우리야 모르제. 옛날부터 그렇게 불렀응께"라며 웃을 뿐이다.

"일신방직에 다니던 남편이 충남방적으로 스카우트 되어 대전과 천안 등에서 살다 큰아이 중학교 2학년 때 본가로 들어와 산 지 40년이 넘었다"는 장정숙(77세) 씨는 "친정이 광주 서창들에 많은 농토를 갖고 있었지만 직접 농사를 지어본 적은 없다"며 "삼포천 건너 공산면 복용리 양계단지에서 계란을 선별하는 일을 하며 돈도 벌고 사람들과 어울리기도 했다"고 한다.

마을을 둘러싸고 있는 선왕산 너머 신촌리 성내마을이 고향인 김애자(79세) 씨는 "자미산과 선왕산 사이 고갯길로 친정에 가는데 채 10분이 걸리지 않았다"며 "큰오빠가 김대중 대통령과 가까운 사이였고, 친구인 김상현 국회의원과 함께 식사한 적도 있다"고 한다. 김 씨는 "혼자 있는 내가 걱정되는지 객지에 사는 4남매가 번갈아 한 달에 한 번 꼴로 다녀간다"고 덧붙인다.

"산포면 산제리에서 택시 타고 트럭에 이불이랑 장롱을 싣고 산골짜기로 시집왔다"는 이영자(87세) 씨는 "친정에서 기계 베틀을 썼는데, 여기 오니 손으로 베를 짜더라"며 "큰집에 있던 기계 베틀을 가져다 농사지은 목화로 미영베(무명베의 방언)를 밤낮없이 하루에 1필을 짜서 반남장에 내다 팔아 생계를 꾸렸다"고 한다.

2022년 문을 연 '마루옹기' 김정우(42세) 씨는 "도자기 전공하던 대학 시절 도예 작가의 일을 보조하러 갔다 옹기 장인의 모습에 끌렸다"며 "시중에 유통되는 옹기의 95%는 공장에서 기계로 찍어내고, 전통 기법을 지키는 옹기점은 전국에 30여 곳이 되지 않고 그나마 대부분 고령층이라 그 맥이 끊기지 않을까 걱정"이라

지방도 821호선을 따라 공산면으로 향하다 오른쪽으로 구영마을을 만난다.
사진 오른쪽 봉우리가 선왕산이다.

고 한다. 완도군 약산면이 고향인 김 씨는 "무안군 몽탄면과 경남 김해에서 10여 년 옹기를 배우던 중 우연한 기회에 국립나주박물관에서 본 토기가 옹기의 원형이라는 생각에 이곳에 터를 잡았다"며 "소금 굽던 가마를 1년 반 동안 설득해 사 와서 2023년 11월에 첫 항아리를 만들 수 있었다"고 만족스러운 듯 웃어 보인다.

"스무 살에 시집올 때 54호가 살았다"는 김옥영(71세) 씨는 "꽁보리밥 먹고 농사지으며 새끼 꼬고 가마니 짜서 10년 만에 3,000평 논을 사서 과수원으로 만들었다"며 "수확을 많이 할 욕심에 배나무 500주를 밀식해 농사짓다 나무가 크니까 절반을 베어 내야 했다"고 한다. 곁에 있던 주민은 "이 말은 꼭 해야겠다"며 "김 씨 아들이 회관에 좋은 텔레비전을 희사했고 올 때마다 간식도 사 가지고 온다"고 끼어든다.

마을회관 앞에서 대봉감과 배 출하를 준비하는 '태평농장' 황광옥(41세) 씨는 "영암군 금정면에서 과수원을 하는데 일하러 오는 반남 사람들이 많아서 2012년에 저장 창고와 선과장을 짓고 작업장을 옮겼다"며 "부모님이 하시던 일을 이어 구영마을 주민

전통 옹기를 이어가고 있는 김정우(42세) 씨는
굴뚝으로 쓰던 옹기를 조명으로 재탄생시키고 있다.

들과 함께 살아갈 계획"이라고 한다.

"비빌 데 없이 맨몸뚱이 하나로 버텨냈다"는 이용구(68세) 씨는 "영산동 장터가 탯자린데 반남서 산 지 40년이 넘었다"며 "일거리 찾아 완도며 진도의 수로 공사 현장에서 한 달 넘게 일하다 눈비 와서 일을 쉴 때 집에 다니러 오곤 했다"고 한다. 부인 김희숙(63세) 씨는 "바닷길이 갈라지는 진도 회동 고향마을의 사촌오빠네 바지락 채취 일을 온 남편을 만나 결혼했다"며 "가로 정비 등 면의 자활근로사업이 세 딸 키우고 사는 데 많은 도움이 됐다"고 말을 더한다.

2018년부터 배(300주)와 대추(230주)를 기르는 강동근(62세) 씨는 "농사 경험이 적어서일 수도 있지만, 경제적 관점에서 과수농업의 경쟁력에 대해 심각하게 고민하고 있다"며 "2009년 직장 일로 영산포에 와서 살다 더 나이 들기 전에 귀농하기로 결심했다"고 한다. 여수가 고향인 강 씨는 "조용하고 쾌적한 환경도 좋지만 무엇보다 같은 식구처럼 받아 준 마을 사람들이 좋다"고 덧붙인다.

영암군에서 소방공무원으로 일하는 나종수(56세) 씨는 "친구들과 함께 선왕산 길을 가로질러 초등학교 다니고, 마을 앞 논둑길 건너 중대마을 지나 중학교 다니던 기억들이 파노라마처럼 선하다"고 말문을 열고는 "봄이면 아카시아꽃 따먹고, 집 앞 둠벙(웅덩이)에서 물고기 잡아 음식 나누던 일이 옛이야기로만 남는다"며 아쉬움을 나타낸다.

마을 주민들이 십시일반 모금하고 시와 도의 지원을 받아 마을회관을 짓고, 2년 뒤인 2015년 마을 가운데 언덕에 우산각을 세워 쉼터로 이용하고 있다.

인터뷰

트랙터 한 대로 쉼 없이 일해 남부럽지 않은 삶 일궈

김의근 이장

"굴삭기며 추레라, 대형, 특수 등 운전면허는 모두 갖고 있다"는 김의근(65세) 이장은 "30여 년 전 고향으로 돌아와 트랙터 한 대로 시작해 한시도 쉬지 않고 부지런히 일해, 빚은 남았지만 남부럽지 않을 정도로 일궜다"고 뿌듯해한다.

"농기계 값이 연체된 것도 모르고 일만 하다 느닷없이 신용불량자가 돼 20여 년을 고생했다"는 김 이장은 "이명박 땐가 음주운전으로 모든 면허가 취소될 뻔했는데 1주일 만에 사면됐다"며 "그날 이후로 술과 담배를 모두 끊었다"고 밝은 웃음을 짓는다.

김 이장은 "일곱여덟 살 때 손바닥에 피가 나도록 새끼를 꼬고 얼어붙은 땅을 쇠스랑으로 깨서 보리씨를 뿌렸다"며 "아홉 살 때부터 10여 년은 충청북도 제천의 누나네 집에서 담배며 누에고치 농사를 돕다 '담배 독'에 쓰러져 병원에 실려가기도 했다"고 한다.

"농사짓던 땅이 충주호에 수용되던 열아홉 살에 청주로 나와 직장 생활을 시작했다"는 김 이장은 "부산의 신발공장을 거쳐 경기도 마석의 주물공장에서 공장장으로 일하다 홀로 되신 어머니를 모시기 위해 귀향했다"고 한다. "토박이의 막둥이로 이장을 맡은 지 10년째"라는 김 이장은 "마을 길을 넓히고 국화 심어 가꾸고 하수도를 정비하는 등 일을 쉬지 말라는 팔자인 것 같다"며 "예산이 없다며 미뤄지고 있는 오수관 정비하는 게 우리 마을의 당면한 일"이라며 '일'로 이야기를 마친다.

공산면

용이 승천하듯
청년들 돌아오는 농촌의 꿈 그려

공산면 화성3리 청룡마을 | 2022년 9월 5일

지금은 흔적조차 찾기 힘들지만 마을 뒤 언덕의 과수원에서 구석기 유물인 격지, 큰 돌에서 떼어 낸 얇은 돌조각이 출토됐다. 청룡마을에 수만 년 전인 구석기시대부터 사람들이 살았음을 증명한다. 그때부터 영산강과 삼포천을 터전으로 나주의 오랜 역사를 이어오고 있다.

용이 똬리를 틀고 있는 형상이라 해서 청룡마을로 불리었다. 마을 뒷산 언덕에서 구석기시대 유물이 출토된 것으로 미루어 수만 년 전부터 사람들이 살기 시작했던 곳이다. 나주의 많은 마을이 그러하듯 청룡마을도 영산강과 삼포천을 터전 삼아 선사시대부터 사람들이 살아온 오랜 역사를 안고 있다. 하지만 현대에 와서 그 흔적조차 공유하지 못한다는 점이 아쉽다.

청룡마을엔 현재 10가구 16명이 살고 있다. 한때는 30여 가구 150여 명에 달했지만 산업화 물결에 휩쓸려 사그라들었다고 한다. 집터조차 없어진 곳도 10여 가구가 넘는다.

마을이 내려다보이는 언덕에는 기독교 대한감리회 화성교회가 있다. 1970년 인접한 성남마을에 문을 연 교회는 1993년 이곳으로 이사해 왔다. 감리교회는 독립운동과 이화학당·배재학당 등으로 우리에게 친숙한 교회다. 김창수(62세) 목사는 "경제적으로

화성 앞뜰 들녘에서 바라본 청룡마을. 마을 뒤 언덕에서 구석기시대 유물이 발견됐다.

어려운 시기에 아이들 보육을 지원하면서 선교 활동을 시작했다"며 "민족과 세상을 구원하고자 하는 감리교회 본연의 사명을 통해 지역사회와 함께 할 수 있도록 노력할 것"이라고 밝혔다.

김용재(53세) 이장은 "20~30년 전만 하더라도 마을 사람들이 서로 도와 함께 경조사를 치렀는데 지금은 오다가다 만나면 인사나 하는 정도로 데면데면해졌다"며 아쉬움을 표하고 "마을 규모가 적어 아직까지 코로나 확진자도 없고 한 분 한 분 직접 찾아가 마을 일을 상의할 수 있다"고 웃는다.

마을 중앙에 원주 이씨 사당인 경모제가 있다. 인근 화산마을과 동촌마을이 원주 이씨 집성촌인 까닭에 청룡마을에도 10가구 중 4가구가 원주 이씨다. 주민 대부분은 쌀농사를 짓는다. 20여 년 전까지만 하더라도 가가호호 3~4마리 한우를 키웠지만 지금은 모두 빈 외양간만 남았다. 주민들이 소 팔아 자녀 대학 등록금을 마련했다 하여 대학을 '우골탑'이라 불렀던 게 그리 오래지

청룡마을 중앙에 원주 이씨 사당인 경모제가 자리하고 있다.

않았는데 지금은 팔 소도 대학 보낼 자녀도 없는 상황이 됐다고 한다.

화성 앞뜰을 지나 마을로 들어오는 입구에 주민들의 식수이자 빨래터였던 샘터가 있다. 지금은 콘크리트 구조물로 닫혀 있지만 주민들은 샘터를 보며 옛 추억을 떠올린다.

대학에서 한문학을 가르치고 정년퇴임한 뒤 53년 만에 고향으로 돌아온 이승열(76세) 씨는 "옆집 사람이 죽어 나가도 모를 만큼 각박해진 시골 인심을 여실히 느낀다"며 "농촌이 상대적으로 우수한 '바깥세상 대비 비교가치'를 갖고 상생과 공생의 가치를 공유하는 마을을 만들었으면 한다"는 바람을 꺼낸다. 여우가 죽을 때 자기가 살던 굴로 머리를 향한다는 수구초심(首丘初心)을 이야기한 이 씨는 '마냥 고향이 좋아' 2016년 탯자리인 지금의 집터에 집을 지었단다. 광주광역시가 고향인 부인은 4년 뒤인 2020년에 내려왔다.

동강면 출신 김천심(75세) 씨는 세 살 연상의 왕곡면 남자와 결혼했다. 왕곡면에서 살다 일곱 살 아들을 불의의 사고로 잃고 나서 이곳으로 이사 온 지 40여 년이 흘렀단다. 천진난만한 아이의 모습이 떠올라 살 수가 없었단다. 신랑은 베트남전쟁에서 허벅지에 총알이 박히는 부상을 입었지만 아무런 보상이나 지원도 받지 못했단다. 본인이 챙기지 않아서 그렇단다. 그러다 보니 김 씨가 집안 살림을 책임져야 했다. "땅 한 뙈기 없는 살림에 두 손 두 발로 흙 파서 아이들을 키웠다"는 김 씨는 "200년 넘은 흙집 여기저기서 흙이 무너져 내리고 있지만 손 쓸 엄두를 내지 못하는 게 젤 안타깝다"고 말했다.

　　베어놓은 깨를 말리느라 마당에 나온 이○선(31세) 씨는 귀농 2년 차 새내기 농부다. 경기도에 본사를 둔 전기회사에서 직장 생활을 하다 농사를 짓기 위해 그만뒀다. 아버지 건강이 좋지 않고 장남이라는 이유도 있지만 "부모님이 이뤄놓은 기반에 젊은 패기로 성실히 하면 성공할 수 있다"는 이 씨는 "어려서부터 부모님 농사일을 도우며 자라서 잘 해낼 자신이 있다"고 목소리를 높인다. 청년들이 되돌아오는 농촌이 청룡마을의 용이 웃음 짓는 날이 아닐까 기대해본다.

인터뷰

고향 살고파 직장 생활 포기하고 귀향

김용재　이장

지금 살고 있는 집에서 나고 자라 53년째 청룡마을을 지키고 있다는 김용재(53세) 이장은 "농사지으며 고향을 지키다 보니 결혼할 사람을 만날 기회조차 갖지 못했다"고 말했다.

기술 배워 안정적인 직장 생활을 바라는 부모님 뜻에 따라 전라북도에 있는 이리공업고등학교에 진학했지만 적성에 맞지 않은 데다 낯선 객지 생활의 어려움에 고향으로 돌아왔다고 한다.

왜소한 체격으로 병역을 면제 받은 김 이장은 9남매(5남 4녀)의 막내다. 다른 형제들은 모두 고향을 떠나 살고 있다. "광주에 사는 큰 형님이 젤 편하고 좋다"는 김 이장은 "명절 때는 물론이고 가족이 생각날 때면 형님 집으로 간다"며 장남과 막둥이라는 특수 관계에서 온 우애라고 너스레를 떤다. 일찍 부모님을 여의어 큰형이 아버지 같고 큰누나가 어머니처럼 느껴진단다. 다행히 일흔 살이 넘은 두 분을 포함하여 모든 형제가 건강하고 화목하게 지내는 게 젤 큰 행복이란다.

마을 앞 화성 앞뜰과 인근 동촌리·남창리에서 60마지기 쌀농사를 짓고 있는 김 이장은 "또래 친구들이랑 왁자지껄 떠들며 뛰놀고 마을 어른들이 정겹게 모이던 그 시절이 그립다"며 "더 많은 젊은 사람들이 다시 돌아오는 마을을 만들고 싶다"는 소망을 밝힌다.

공산면

농토는 적지만 공산초 우등상 독차지하고 공직자 많이 배출

공산면 남창3리 송산마을 | 2023년 6월 12일

소나무가 많아 솔매라고도 불리며 마을 뒤 안짓봉이 바람을 막아줘 아늑하고 포근한 화목한 마을이라고 주민들은 이야기한다. 마을 가운데 공터에는 여전히 수질 좋은 물이 솟는 샘이 있다.

"잘하믄 한 말이나 나오는디, 하지 말라는 일한다고 자식들도 안 먹는다 그래." 빈집 터에 심어놓은 녹두밭에서 잡초를 뽑는 최공순(88세) 씨는 "딱히 할 일도 없고 빈 땅 놀리는 것보다야 낫제"라며 잰 호미질을 이어간다. 다시면이 고향인 최 씨는 왕곡면 출신 남편을 만나 공산면 남창3리 송산마을로 들어와 산 지 64년째라고 한다.

옛 국도 23호선을 따라 공산면사무소를 지나 500여 미터쯤 가다 오른쪽에 있는 송산마을은 이름에서 알 수 있듯 소나무가 많아 '솔매'라고 불렸다. 주민들은 마을 뒤 안짓봉이 바람을 막아줘 포근하고 아늑한 느낌을 주는 화목한 마을이라고 입을 모은다.

한우 번식우를 키우기 위해 반남면에서 이사온 지 17년째라는 류금례(75세) 씨는 "반남면에서 별정우체국을 하기 전에는 식당도 하고 안 해본 게 없다"며 "살다 보니 돈보다 맘 편히 사는 게 더 중하다는 걸 알게 됐다"고 덧붙인다. "내 손으로 키운 손주들이 학

교 다니느라 자주 못 오는 것이 아쉽다"는 류 씨는 장흥군이 고향이다.

동강면이 고향인 최수권(70세) 씨는 1990년 소와 돼지를 키우기 위해 부인의 고향 마을로 이사 왔다. "그때만 하더라도 마을을 둘러싸고 크고 이쁜 소나무가 즐비했다"는 최 씨는 "30여 마지기 논밭에서 벼농사랑 감자 고추 등을 재배하고 있다"고 한다. 2011년에 새로 지었다는 최 씨의 집은 마을 초입에 있어 오고 가는 주민들이 들르는 '사랑방' 역할을 하고 있다.

20여 년째 부녀회장을 맡고 있는 황상심(59세) 씨는 "우리 또래가 15명으로 제일 많아 당산나무 주변 언덕에서 술래잡기며 땅칼(크고 작은 두 개의 막대기로 하던 놀이인 자치기를 그렇게 불렀다고 함) 하며 놀던 기억이 새롭다"며 "물이 항상 넘치던 마을샘은 지금도 2가구가 생활용수로 사용할 만큼 수질이 좋다"고 한다.

송산마을의 유일한 국가유공자인 양회연(80세) 씨는 "맹호부대 소속으로 베트남전쟁에 참전했다. 포항제철 세우고 고속도로 만든다고 매달 월급에서 10달러씩을 뗐다"며 "국가 발전에 헌신한 유공자들에게 버스비 할인은커녕 아무런 혜택도 없는 것은 너무하다"고 목소리를 높인다. "참깨는 가물어야 잘 되는디 올해는 비가 많이 온다고 해서 걱정"이라는 양 씨는 고향인 동강면에서 아홉 살 때 부모님이 이 마을로 이사 왔다고 한다.

"전국 팔도를 돌아다니며 직장 생활도 하고 식당도 하고 가축도 키웠다"는 황의천(72세) 씨는 "2015년에 수술한 뒤로 특별한 이상이 없다는 데도 시도 때도 없이 나오는 소변 때문에 아무 데도 못 가고 집만 지키고 있다"고 속상해한다. 하지만 공고를 졸업하고 서울에서 직장에 다니는 큰아들이 '나중에 고향으로 돌아와 살겠다'고 해서 든든한 위안이 된다고 한다.

다도면 신동리가 고향인 김수자(73세) 씨는 스무세 살에 결혼하면서 송산마을 사람이 됐다. "큰아들과 딸은 결혼해서 아들 둘씩 낳아 잘 살고 있는데 작은아들이 결혼할 생각이 없다고 해서 걱정"이라는 김 씨는 "평생 깨랑 콩 심어 자식들 키운 기억

마을 초입에 있는 당산소나무 언덕은 마을 사람의 어릴 적 놀이터였다.

밖에 없다"고 한다.

열아홉 살에 직장 생활을 위해 고향을 떠나 경기도 부천시에서 살다 10여 년 전 고향으로 돌아왔다는 황영숙(74세) 씨는 "홀로 되신 어머니 병간호를 하기 위해 올 수밖에 없었다"며 "부모님이 사시던 집이 있고 어릴 적 함께 놀던 친구가 있는 고향이라 생활에 큰 불편은 없다"고 한다. 송산마을에 선산이 있어 매년 6월 6일에 가까운 사촌들과 가족 모임을 갖는다는 황 씨는 "일하는 거나 사는 거나 마찬가지로 제 하기에 달려 있다"고 덧붙인다.

"해마다 농자재 값과 비료 값 등 생산비는 꾸준히 올라가는데 농산물 가격은 불안정해서 농사짓는 재미가 없다"는 김형렬(68세) 씨는 "광주에서 직장에 다니는 아들이 30대 후반이 다 되

베트남전쟁에 전한 국가유공자 양회연(84세) 씨가
참깨 밭에서 살아온 이야기를 들려주고 있다.

도록 짝을 못 만나는 것인지 결혼할 생각이 없는 것인지 속을 알 수 없다"고 한다. 인근 4만 평에 벼농사만 짓는다는 김 씨는 "아들만 결혼하면 걱정할 일이 없다"고 웃음 짓는다.

마을 사람들은 '다른 마을에 비해 농토는 적지만 공직자는 공산면에서 한두 손가락에 꼽을 만큼 많다'고 자랑스레 이야기한다. 공산초등학교 우등상을 독차지하다시피 했고 지금도 공무원이며 교사, 경찰 등으로 일하는 마을 사람이 많다는 것이다. 지난 4월까지 목포대학교 사무국장을 지낸 행정안전부 이병철 국장도 이 마을 출신이다. 한때 50여 가구 100여 명이 넘던 마을은 20여 가구 30명이 채 되지 않는다.

인터뷰

마을 사람 쉴 우산각이 빨리 생겼으면…

배강욱 이장

"마을 사람들이 함께 쉴 수 있는 우산각이 있으면 좋겠다"는 바람을 밝히는 배강욱(68세) 이장은 "나주시 전체에서 우산각 없는 마을은 우리 마을뿐일 것"이라고 한다. 면장에게 건의해서 긍정적인 답변을 받았다는 배 이장은 "조만간 성사되길 기대하고 있지만 예산 탓을 하는 공무원들에 여간 실망한 게 아니다"고 한다.

최근 배 이장은 마을 뒤 삼거리가 어두워 가로등 설치를 요청했다. "관련 예산이 없다는 말만 하더라"는 배 이장은 "차라리 우리가 직접 달 수 있게라도 해주면 좋겠다"고 한다.

올해 처음으로 이장을 맡아 마을 일에 의욕을 보이지만 번번이 '예산이 없다'는 이유로 좌절하고 있다는 배 이장은 "없는 예산이라도 아껴서 더 잘 쓸 생각을 해야는데 그렇지 않은 거 같아 아쉽다"며 "최근 배수로를 정비하는 데 2,500만 원이 들었다는데 우리가 했으면 절반 이상을 아껴서 마을의 다른 필요한 일도 할 수 있었을 것"이라고 아쉬워한다.

배 이장은 광주로 고등학교를 진학하면서 고향을 떠났다가 5년 전에 돌아왔다. "부모님 돌아가시고 10여 년 넘게 비어 있던 집도 걱정되고, 두 아들이 모두 결혼하고 나서 더 늦추지 않고 내려왔다"는 배 이장은 소일 삼아 동강면에서 한우 30여 마리를 키우고 있다. 어릴 적 함께 놀던 또래 친구가 10명이나 됐다는 배 이장은 "돌아와 보니 그 시절 추억이 생생하다"며 웃음 짓는다.

> 공산면

5개 면민 찾는 전통시장 신축 등 농촌 중심지 활성화 사업 추진

공산면 금곡 4,5리 장승백이마을 | 2024년 7월 29일

면사무소가 있는 마을은 '소재지'라 부르며 행정과 경제 활동의 중심 역할을 했다. 마을 입구인 현 공영주차장 터에 장승이 있어 장승백이라 했고 동강면, 왕곡면, 반남면과 영암군 시종면 등 인접 지역 주민들이 오일장을 보러 다니던 주요 거점이었다. 최근 〈어쩌다 사장〉 촬영으로 관광지로 유명해졌다.

장승은 마을이나 절 입구에 남녀 쌍으로 세워 나그네의 위치를 알려주는 이정표 구실을 하거나 마을의 수호신 역할을 했다. '천하대장군', '지하여장군'이라 새긴 장승이 전국적으로 퍼진 것은 조선시대부터라고 한다. '장승백이'라는 지명이 전국에 널리 분포한 것은 그런 이유에서다. 공산면사무소 소재지인 삼거리 공영주차장에 장승이 있어 장승백이마을이라고 했다. 1980년대 금곡 4, 5리로 나뉘면서 4리를 상장성, 5리를 하장성이라 부르게 됐다.

장승백이마을은 최근 전국적으로 유명해졌다. 지난 2022년 2월부터 5월까지 13회로 방송된 〈어쩌다 사장〉 시즌 2 촬영지인 공산할인마트가 주인공이다. 공산할인마트 유원재(60세) 씨는 "방송 나가고 초기에는 관광객들로 소재지에 활기가 넘쳤다"며 "지금도 방송 보고 왔다는 손님들이 있다"고 한다. 강원도 횡성군

이 고향인 유 씨는 "서울에서 직장 생활하다 키 크고 잘생긴 남편을 친구 소개로 만나 결혼했다"며 "남편 고향인 복룡리로 내려와 농사지으며 살다 2001년부터 마트를 시작했다"고 한다.

인근 화성리가 고향인 공산이발관 이무남(74세) 씨는 "초등학교를 마치고 집안일 돕다 1967년에 서울로 기술 배우러 가서 10여 년 만에 돌아왔다"며 "목욕탕 탈의실에서 자며 보일러실 일로 서울 생활을 시작했다"는 이야기를 꺼내고 "소재지 4개를 포함해서 공산면 전체에 이발관이 12개나 있었는데 지금은 나만 남았지만 일당도 하지 못할 정도"라고 낮은 한숨을 쉰다.

금곡농약사 강성종(69세) 씨는 "외상 거래가 1,000건이 넘었는데 지금은 200건도 되지 않을 정도로 농촌 소멸이 심각하다"며 "광주에서 농자재 관련 도매업을 하다 30여 년 전 돌아와 가게 문을 열었다"고 했다. 금곡 3리가 고향인 강 씨는 개업할 때부터 '진주강씨연락소' 현판을 달고 문중 사람들의 사랑방을 겸하고 있다.

2022년 나주시노인복지관의 '어르신 백일장 대회'에 입선한 강연봉(87세) 씨는 "먼저 간 영감을 생각하며 '내 가슴에 카네이션, 당신 사진에 카네이션'으로 시작하는 '그리움'이란 시로 상을 받았을 때의 감동은 '대학에 간 것만큼'이나 기뻤다"며 "노인회 총무 10년, 회장 4년 포함 25년을 봉사하고 4년 전 그만뒀다"고 목소리에 힘을 준다.

"가게 앞 햇볕 가리개 틀에 제비가 집을 짓는 바람에 해가 비쳐도 작동을 못하고 있다"는 백향식당 유순자(66세) 씨는 "4마리 새끼 중 한 마리가 떨어져 죽어서 묻어주었다"며 "서내동에서 나서 한국병원 장례식장을 10여 년 넘게 운영하는 등 나주에서 살다

6년 전 이곳에 터를 잡았다"고 한다.

"식당 주방장으로 일하는 남편보다 1년 먼저 내려와 시부모님으로부터 일을 배웠다"는 신지은(49세) 씨는 "힘에 부쳐 방앗간을 내놓으셨다는 말을 듣고 '제가 해볼랍니다'하고 물려받았다"고 한다. "서울에서 직장 생활을 하다 이모 소개로 남편을 만났는데 시어머니가 제 고향인 영암군 군서면 같은 마을 출신이라 놀랐다"는 신 씨는 "50여 년 부모님 손을 거쳐 제가 제일떡방앗간을 운영한 지 13년째"라고 한다.

여행지에서 맛본 꽈배기에 반해 창업을 결심하고 매일 3시간 거리를 오갔다는 최원주(45세) 씨는 "4년 전 진도 여행에서 가수 송가인의 집 앞에 있는 '꽈배기어라'를 맛본 뒤 매일 출퇴근하며 반죽부터 배웠다"며 "대학 때 만난 남편의 고향에서 한우를 키우며 살고 있는데 서울의 친구들에게도 내려와 살아보라고 추천한다"고 한다.

덕수경로당에서 만난 황앵순(84세) 씨는 "50년 넘게 잡곡 가게를 하다 5년 전 아들에게 물려줬다"며 "남편이 구두 만드는 기술로 생계를 이었는데 공장에서 대량으로 만들기 시작하면서 손님이 줄자 남편 몰래 과일이며 쌀을 마을을 돌아다니며 팔기도 했다"고 한다.

"일제 강점기에 징용으로 끌려간 아버지가 해방되고 영산포로 들어와 정착했다"는 박군자(80세) 씨는 "가정 형편이 어려워 결혼은 생각도 못하고 지내다 늦은 나이인 스물아홉 살에 결혼해 중포리에서 농사지으며 살았다"며 "큰아들은 서울의 건설 회사에서 직장에 다니고 둘째 딸은 병아리 감별사로 독일에서 산다"며

공산면과 인접한 왕곡, 반남, 동강면, 영암군 시종면민들이 찾던 전통시장이 2022년 농촌 중심지 활성화 사업으로 새 모습을 갖췄다.

5남매 자랑이 그치지 않는다.

금곡 4,5리는 2022년 5월 왕곡, 반남, 동강면과 영암군 시종면 등 5개 면의 주민들이 이용하는 전통시장을 신축하는 등 농촌 중심지 활성화 사업이 한창이다. 사업을 주도하고 있는 이광석(65세) 추진위원장은 "일을 하려면 제대로 해야지 생색만 내고 예산만 낭비해선 안 된다"며 "주민들이 이용하고 외지인들의 접근성을 높이기 위해선 국도 23호선에 접해 있는 보건지소 뒤 야산을 활용해야 한다"고 목소리에 힘을 준다. "농림부에 직접 전화해서 설명하고 시와 도에도 주민들의 뜻을 전달하기 위해 백방으로 노력해서 최근에서야 기본계획을 확정했다"는 이 위원장은 제8대 나주시의회 부의장을 지냈다. 농촌 중심지 활성화를 통해 새롭게 태어날 장승백이마을을 그려본다.

인터뷰

공산초 2,000명 넘고 인근에서 중학교 와 '대공산'으로 불려

김종구 이장

"세탁물을 받지 못할 만큼 손님이 많았다"는 김종구(66세) 금곡 4리 이장은 "고등학교를 졸업하고 옷 만드는 기술을 배우기 위해 퇴계로에 있는 '서울양복점'에서 일을 시작했다"며 "빈대한테 물리면서 가게에서 먹고 자며 3년을 배워 고향으로 돌아와 세탁소를 겸하는 양복점을 차렸다"고 옛 기억을 불러낸다.

1만 명이 넘는 주민들이 살던 공산면이 산업화 바람에 밀려 2,000여 명을 간신히 넘기는 수준이라는 김 이장은 "신곡리 덕음 광산이 한 달에 두 번 간조(품삯 지급)를 하던 시절에는 현금 유통이 활발해서 빈 가게를 찾을 수 없었다"며 "지금은 일이 없어 논농사 지으며 밭에서 고추를 키워 팔아야 겨우 현금 구경을 할 정도"라고 한다.

"초등학생 수가 2,000명이 넘어 교실이 부족해 오전, 오후 반으로 나눠 공부"하던 때를 떠올리는 김 이장은 "왕곡, 반남, 동강, 시종면에서도 공산중으로 진학하기 때문에 통학 버스에 학생들이 콩나물시루마냥 넘칠 정도여서 '대공산'이라고 불리기도 했다"고 어깨를 으쓱 추켜세운다.

10여 년 이장을 하다 4년 쉬고 다시 이장을 맡은 지 4년째라는 김 이장은 "새로 들어오는 태양광발전 사업자를 끈질기게 설득해서 마을 자금을 유치하는 것을 보고 주민들이 다시 일을 맡겼다"며 "내 일보다 마을 일이 우선이라고 생각한다"고 웃음 짓는다.

동강면

임금께 진상 어팔진미(魚八珍味)
'장어' 등 영산강 물고기로 생계 유지

동강면 장동1리 수문마을 ｜ 2022년 8월 22일

영산강 지류인 삼포천을 막는 수문이 있어 수문마을이라 불린다. 수문 안쪽은 민물이고 바깥쪽은 바닷물이었다. 2017년 리듬댄스 경진대회에서 최고상을 받았다. 마을회관에서 대전리로 가는 감나무밭에서 구석기시대 유물인 찍개와 몸돌 등이 출토됐다. 1980년대 마을 앞 진천뜰 문화재 발굴 조사에서 선사시대 패총이 확인됐다.

"춤 하면 수문마을 여자들이 최고여!" 마을회관에 모인 주민들이 목소리를 높인다. 2017년 '노인 맞춤형 운동 처방 서비스사업단'이 주관한 '리듬댄스 경진대회'에서 동강면 장동리 수문마을 여성들로 구성된 '드림생미파워댄스' 팀이 금상과 최고상을 받은 것이다. 2016년 가을부터 매일 저녁마다 모여 연습했단다. 노력한 대가가 큰 상이어서 더 기뻤다고 한다. 아쉬운 점은 당시에 함께 참가한 18명 중 6명이 돌아가시고 2명은 요양원에 있다는 것이다. 세월이 야속하다.

　영산강 지류인 삼포천(三浦川)을 막는 수문이 있어 '수문마을'이라 불린다. 수문 안쪽은 민물이고 바깥쪽은 바닷물이었단다. "그때만 해도 영산강 물고기라면 알아줬다"는 이경자(81세) 씨는 "숭어며 장어, 짱뚱어, 운지리(망둥어), 모치(잉어과 민물고기)에 기

(게)를 잡아서 가까운 진천리랑 공산면 화성리, 멀리는 시종장까지 걸어서 물고기를 팔러 다녔다"고 한다. 특히 이곳 장어는 임금께 진상하던 나주 특산품, '어팔진미' 중 하나인 '수문리 장어'다. 무안군 일로읍이 고향인 이 씨는 "교통이 불편해 바닷길로 발동기(배) 타고 수문 앞에서 내렸다"며 "어머니가 죽어도 돌아오기 힘들 것이라고 했지만 평야가 넓은 동강에서 굶진 않을 것이라는 말을 듣고 결혼했다"고 60여 년 전을 회상한다.

양유순(89세) 씨는 "영암군 신북면 친정 마을에서 13년을 살다 남편 고향인 이 마을로 돌아와 벼농사를 주로 지었다"며 "난리 때도 사람이 다치지 않아 숨어 사는 마을이라 해서 '숨은 마을'이라고도 한다"고 너스레를 떤다. 양 씨는 "1967~1968년 대 가뭄은 잊을 수 없다"며 "호미로 땅을 파 모를 심었지만 다 말라 죽는 바람에 쌀 한 톨 수확할 수 없어서 돼지 4마리를 팔아 쌀 한 말을 살 정도"였단다.

수문마을은 한때 90여 세대 200여 명이 넘는 큰 마을이었지만 지금은 반도 채 되지 못한다. 떠나는 사람은 있어도 돌아오는 사람은 없다고 아쉬워한다.

맥주 회사에서 정년퇴직한 남편의 고향으로 8년 전 귀향한 당진 출신의 김옥자(68세, 가명) 씨는 "일가친척도 있고 마을 사람이 모두 가족 같은 분위기라 적응해 사는 데는 어려움이 없었다"며 "교통이 불편하고 문화와 체육 활동을 할 수 없다는 단점이 있지만 주어진 환경에 맞춰 만족하며 살고 있다"고 말한다.

수문마을이 고향인 김양수(79세) 씨는 "마을 가까이에 저수지가 없어서 벼농사만으론 살기 힘들어 미장이며 목수 일을 해서 애

삼포천을 타고 들어오는 바닷물을 막는 수문 옆 조산(사진 오른쪽 언덕) 너머
진천 뜰 뒤로 수문마을이 평화롭게 펼쳐진다.

들을 키웠다"며 "경지 정리가 끝난 1990년대에서야 제대로 농사 지을 수 있었다"고 말한다. 김 씨는 "마을 입구 고롱나무가 있는 야트막한 언덕을 '말무덤' 또는 '몰무덤'이라고 한다"며 "말을 묻었다고 하기도 하고 시신을 몰아넣고 묻었다는 이야기도 있다"고 한다.

스무 살에 결혼해서 58년째 수문마을에 사는 주정애(78세) 씨는 "4남매의 장남인 남편과 함께 형제들 건사하고 6남매 키우기 위해 농사일이 없는 겨울엔 호롱불을 켜놓고 가마니를 짰다"며 "가장 비싼 '1등 쌀가마'를 하룻밤에 10개까지 짜며 디지게 살았어도 남은 건 16마지기 논이 전부다"고 말했다.

김영숙(85세) 노인회장은 "마을 앞 수문 옆에 조산이라는 무덤이 있는데 큰 구렁이가 살아 영암군 남해포 구렁이랑 1년에 한 번 만나러 간다는 이야기를 들으며 자랐다"며 "광산 김씨가 18호로 가장 많고 경주 이씨와 제주 양씨가 각 5호 정도 살고 있다"고 말한다. 김 회장 등 마을 사람은 '양감자'로 불리던 양남조 전 전남도의원을 자랑한다. 고구마를 흙 속에 대량으로 저장하는 기술을 연구하는 데 성공해서 제2대 전남도의원(1956~1960년)까지 지냈단다. 1970년대에 이원섭이라는 목포대학교 사범대학 사친회 이사와의 인연으로 목포대 사범대학 출신 선생님이 6명이나 배출됐다.

기록에 따르면 현 공무원 체계로 3급 이상 고위 공무원에 해당하는 당상관, 통정대부를 지낸 광산 김씨 문숙공파 16세손 김대옥이 임진왜란 때 이곳에 터를 잡고 정착했다고 한다. 마을회관에서 대전리로 가는 감나무 밭에서 구석기시대 유물인 찍개와 몸돌 등이 출토되어 구석기시대부터 사람들이 살았던 것으로 추정된다. 1980년대 마을 앞 진천 뜰 논에서 문화재 발굴조사가 있었는데, 800여 평의 논을 구획을 나누어 조사한 결과 도자기와 옹기 등의 유물이 출토됐다고 한다. 국립나주문화재연구소에 확인한 결과 원삼국시대(기원전 100년~기원후 300년) 패총(선사시대 사람들이 먹고 버린 조개껍데기 등이 쌓여 층을 이룬 유적) 등으로 밝혀졌다.

동강면에서 출발해서 공산면, 영산포, 나주로 나가는 시내버스가 하루 여섯 번 들어온다. 수문마을의 오늘은 또 그렇게 저물어간다.

인터뷰

거동 불편한 아내 걱정… "동강서 젤 큰 마을"

김영숙　노인회장

"건강이 젤이여. 수술하믄 좋아질 줄 알았는디 바깥출입도 못하게 돼부렀어!" 수문마을 김영숙 노인회장(85세)은 지난해 다리 수술 후 거동이 불편한 아내 건강이 젤 걱정이란다. 친구 소개로 옆 마을인 대전1리 출신인 부인을 처음 만났다. 첫인상부터 맘에 들어 양가 어른들의 허락을 얻어 1967년 결혼했다.

"우리 마을이 경지 면적이나 가구 수 모두 동강면에서 제일 큰 마을이다"며 어깨를 으쓱하는 김 회장은 1970년 이장에 당선된 데 이어 새마을지도자회장과 개발위원장 등 30여 년 마을 일을 맡았는가 하면 농협 이사도 지냈단다.

강원도 홍천군에서 포병으로 군 생활을 한 2년 6개월과 인천에서의 직장 생활 2여 년을 제외한 평생을 수문마을에서 살았다는 김 회장은 "뇌혈관이 막혀 죽을 고비를 맞았지만 운 좋게도 이튿날 바로 수술을 해서 살아났고, 전립선암은 수술 없이 약물치료로 회복했다"며 건강 이야기를 다시 꺼낸다.

슬하에 3남 1녀를 두었지만 먼저 죽은 둘째 아들이 여전히 눈에 밟힌다는 김 회장은 "살아 있으면 쉰두 살인데 갑작스러운 사고로 가부렀다"며 남은 3남매는 서울서 각자 사업을 하고 있고 "명절이나 생일이면 빠지지 않고 찾아오는 자식들이 큰 힘이 된다"고 한다.

동강면

JP 자금과 DJ 고향 돌로 지은
마을 창고는 DJP연합의 상징

동강면 진천1리 내동(운정)마을 | 2023년 7월 24일

동강면 진천1리 내동마을을 운정마을이라고 부른다. 1968년 큰 가뭄이 들었을 때 박정희 정권의 최고 실력자인 운정 김종필 전 국무총리의 도움으로 지붕을 개량하고 마을 창고를 지었기 때문이다. 삼포천 갈대를 말려 소금물에 삶아 빗자루를 만들어 방 안 청소할 때 썼다.

"김대중 대통령 고향인 하의도 돌을 진천포까지 배로 싣고 와서 마을 창고를 지었지라우."

56년 전 지은 마을 창고 앞 우산각에서 만난 마을 주민들은 그때 기억을 생생히 기억하고 있다. 1968년 큰 가뭄이 들었을 때 박정희 정권의 최고 실력자인 김종필 전 국무총리가 내놓은 개인 재산으로 148세대의 지붕을 개량하고 마을 창고를 지었다는 것이다. 훗날 언론들은 이 마을 창고를 'JP가 돈을 내고 DJ 고향에서 돌을 가져와 지었기 때문에 김대중 대통령을 당선시킨 DJP연합의 상징'이라고 적고 있다.

초복이던 7월 11일에는 주민들이 마을 창고에 모여 삼계탕으로 '복달임'을 했다고 한다. 마을회관 앞에는 1968년에 건립한 '운정 김종필 수혜 기념비'와 1999년 국무총리 때 방문해 심은 기념 식수가 자라고 있다. 동강면 진천1리 내동마을을 운정마을이라고

DJ 고향 하의도에서 뱃길로 가져온 돌로 JP가 낸 돈으로 지은 진천 1리 마을 창고는
훗날 DJP연합을 통한 김대중 대통령 당선의 상징이라는 평을 듣고 있다.

부르는 이유이기도 하다.

올해 환갑이라는 박양희(61세) 씨는 내동마을이 고향이다. "겉보리 서 말이 없어서 처가살이를 했다"고 말문을 연 박 씨는 "서울에서 직장 생활하다 사업하는 남편을 만나 결혼했는데 사업이 기울어 친정으로 내려왔다"고 한다. "큰아이 낳고 열흘 만에 고향에 와서 3년 안에 빚 정리하고 서울로 올라가서 다시 시작하자고 독하게 마음먹었다"는 박 씨는 "운 좋게도 1년 만에 빚을 갚고 나니 농사짓는 게 더 낫겠다 싶어 정착했다"고 한다. 박 씨의 아버지는 나주시의회 초대 의원을 지낸 고 박규순 씨다.

"할아버지가 배 3척으로 마을 앞 진천포에서 삼포천과 영산강을 타고 목포까지 여객운송 사업을 했다"는 조재근(69세) 씨는 "농토도 많아 할아버지 땅을 지나지 않으면 동강을 다닐 수 없을 정도였다는 이야기를 들으며 컸다"고 한다. 조 씨는 15년째 신세계 농장을 운영하며 1만 평에 쌀농사만 짓고 있다.

내동마을이 고향인 박현숙(69세) 씨는 "서울에서 직장 생활 하다 혼자 계신 어머니 농사 도우러 와서 옆 마을인 천서마을 출신 남편을 만나 연애 결혼했다"며 "논이 삼포천에 접해 있어 일하다 맛조개며 게를 잡아 음식해서 먹었다"고 한다. "영산강 둑을 막기 전이라 숭어며 전어, 운저리(문절망둑), 짱뚱어 등 바닷고기도 많았다"는 박 씨는 "우리 또래가 유난히 많은 30~40여 명에 달할 정도로 큰 마을이었다"고 초등학생 시절을 떠올린다.

전라북도 남원이 고향인 이영자(83세) 씨는 "섬으로 다니며 장롱이며 밥상 수선하고 칠 먹이는 일 하며 4남매 키우고 생계를 이어왔다"며 "기술자인 남편이 '집집마다 찾아가서 일감을 가져오라'고 하길래, 이장한테 부탁해서 마을 방송으로 알렸더니 사람들이 모여들었다"고 한다.

"제과 기술자로 시작해서 제과점부터 택시 운전이며 중식당, 제지공장, 건축 현장 등 안 해본 일이 없다"는 윤현덕(69세) 씨는 "충청북도 보은 출신인 집사람을 만난 대전에서 17년, 부산에서 19년, 경기도 안산에서 16년을 살다 5년 전에 이 마을에 정착했다"고 한다. 문평면이 고향인 윤 씨는 "두 부부 노령연금으로 생활하며 먹거리 대부분은 텃밭에서 직접 키워 해결한다"고 한다. 윤 씨는 광주에서 교회 목사로 있는 아들과 인천에 살고 있는 딸 남매가 7명의 손주를 낳았다고 웃음 짓는다.

"고향이 바로 옆인데도 살다 보니 자주 못 다녔다"는 허덕님(89세) 씨는 "스물한 살에 시고모 중매로 결혼했으니까 그새 70년 세월이 지났다"고 전했다. 공산면 복용리 용연마을 출신이라 '용연댁'으로 불렸다는 허 씨는 "자식들 굶기지 않으려고 힘든지도 모르고 살았다"며 "많이 가르치진 못했어도 4남매 모두 우애 좋게 살며 힘들 때 고생을 잊지 않고 있다"고 한다.

동강면 인동리가 고향인 오연순(69세) 씨는 "농한기를 이용해서 삼포천 갈대꽃을 말려 소금물에 삶아 빗자루를 만들었다"며 "수수로 만든 빗자루는 마당 쓸 때 사용하고 갈대 비는 방 안 청소할 때 썼다"고 한다. "쌀농사랑 담배 농사지으며 한우도 키웠다"는 오 씨는 "우리 마을은 다른 마을에 비해 논이 많아 배곯는 일은 별로 없었다"고 말한다.

동강농협에 다니다 축산업을 하던 아버지한테 30여 마리 분양받고 20여 마리를 새로 사서 한우 농장을 하고 있는 조형근(36세) 씨는 "직장 생활을 하면서 아버지 일을 도와 제 농장을 시작했지만 5년 전에 농장 일에 전념하기 위해 직장을 그만뒀다"고 한다. 광주에서 직장 생활하던 조 씨의 형 창근(37세) 씨도 "작년 10월부터 농장에서 전업으로 한우를 키우고 있다"며 "초등학생인 아이들 교육 때문에 광주에서 출퇴근하고 있지만 노후에는 고향에 들어오는 것도 나쁘지 않을 것 같다"고 한다. 조 씨 형제의 고향살이가 성공할 수 있기를 바란다.

내동마을 초입에는 태고종 사찰인 일광사와 진천교회가 있다. 100년 넘은 흙 불상이 있는 일광사 주지 원공스님은 "진천들에 바닷물이 들어오던 시절에 진흙으로 빚은 부처님은 그리 흔치 않아 문화재청과 문화재 지정을 협의하고 있다"고 한다.

인터뷰

어렵고 배고픈 시절 이겨내고 자수성가한 삶

김대석 이장

"6개월 만에 세상에 나온 막둥이 독자인 아이가 인큐베이터에서 2개월 7일을 보낼 때는 세상에 보이는 것이 없었다"는 김대석(75세) 이장은 "건강을 회복하고 어느새 성인이 되어 소방공무원으로 생활하고 있다"며 뿌듯해한다.

"초등학교 시절 마을 또래 친구들이 20여 명이나 됐다"는 김 이장은 "학교 가는 길에 지금은 교차로가 들어선 넓은 터에서 '나이먹기'며 '기마전'하고 놀다 시간에 쫓겨 책보 메고 뛰어간 게 엊그제 같다"고 한다.

"학교 다녀오면 지게에 낫 들고 멀리 양지리 백련산까지 나무하러 다니고 그마저도 부족해 잡초를 베어 말려서 땔감으로 썼다"는 김 이장은 "100여 마지기 논밭에 소도 댓 마리 키우는 지금은 어느 누구 부러울 것 없는 자수성가한 삶"이라고 한다.

스물여섯 살이 되던 해 대전리가 고향인 부인을 만나 6남매를 두고 있는 김 이장은 "결혼 전부터 교회에 나가던 집사람 따라 기독교인이 됐다"고 한다. 아버지께 밭에 교회를 짓자고 말씀드려 진천교회가 들어왔다. 교회를 짓기 위해 당시 신학대학교 학생이던 지금의 정철 목사와 함께 손이 부르트도록 곡괭이질을 했다고 한다. 잠시 비가 그친 사이 약통을 등에 지고 밭으로 향하는 김 이장의 짙게 패인 주름에서 '성공한 인생'이라는 그의 신산한 삶의 역사가 그려진다.

동강면

행정과 경제의 '중앙'이었던 마을, 젊은이들의 웃음이 가득할 날을 그리며

동강면 인동3리 중앙마을 | 2024년 10월 14일

중앙마을은 1914년 일제의 행정구역 개편으로 면사무소가 들어서면서 사람들이 모여 살았다. 처음 어린이집 문을 열 때만 하더라도 정원(110명)을 초과할 수밖에 없었지만 최근 10여 년간 원생 수가 20명을 넘은 적이 없다. '나주에서 처음으로 짐발이 자전거를 탄 여자'는 고향으로 돌아와 식당을 열고 짱뚱어탕으로 나주를 '주름' 잡았다.

"짐발이 자전거에 비니루 뭉치를 싣고 호비(호남비료공장)로 납품하러 가는 여자는 나밖에 없었어!"

'나주에서 처음으로 짐발이 자전거를 탄 여자'라고 소개한 정정자(72세) 씨는 "10대 후반에 언니와 함께 중앙동에서 '나주비니루'를 운영하다 서울의 백화점에 취직해서 2년 정도 직장 생활을 했다"고 한다. 고향으로 돌아와 결혼하고 성신식당을 연 정 씨는 "먹어본 사람들마다 최고라고 소문내는 바람에 짱뚱어탕으로 나주를 '주름잡아' 부렸다"며 "가물치며 장어로 손님들 발길이 끊이지 않던 1세대 식당 중에서 나만 남았다"고 웃음 짓는다. 정 씨는 인동2리에서 분리된 인동5리 월현마을이 고향이다.

5·18 광주민중항쟁 관련자로 쫓겨 산에서 5일간 숨어 지냈다는 중앙이발관 정병진(64세) 씨는 "5월 20일 밤 반남지서 무기고

에서 무기를 싣고 광주로 옮기는 일로 항쟁에 참여했다"며 "공수부대가 투입됐다는 소식에 총과 실탄을 반납하고 돌아왔는데 경찰이 찾는 바람에 산으로 피신해 붕어를 잡아 들깻잎에 싸서 날것으로 먹으며 버텼다"고 한다. 30여 년 전 탯자리에 이발관을 연 정 씨는 "그때만 해도 소재지에 이발관이 4곳이 있었는데 지금은 다 문을 닫았다"고 했다.

"학생 손님들이 끊이지 않아 밥 먹을 시간이 없을 만큼 바빴다"며 말문을 연 김정자(86세) 씨는 60여 년 전 동강초등학교 앞에 학용품점을 열던 때를 떠올리며 "사람들이 도시로 떠나 문구만 팔아선 살 수 없어 철물과 잡화도 취급한다"고 한다. 무안군 삼향면이 고향인 김 씨는 "33년 교직 생활을 하던 큰아들이 3년 전 심장마비로 느닷없이 먼저 간 게 가슴 아프다"며 눈시울을 붉힌다.

광주와 서울에서 사업을 하다 30여 년 전 고향으로 돌아온 박두석(66세) 씨는 "나주시의원에 출마하는 선배를 돕기 위해 내려와 건설 회사를 하며 노래방도 했다"며 "손님이 없어 문을 닫은 가게를 살림집으로 바꾸기 위해 공사 중"이라고 한다.

"서울 을지로 롯데호텔 지을 때 설비 일을 하며 기계와 인연을 맺었다"는 동강종합카농기계센터 양시천(71세) 씨는 "농협 농기계센터에서 직원을 뽑는다는 소식에 고향으로 돌아와 직장 생활을 시작했다"며 "1982년에 독립해 사업을 시작했는데 뒤를 이어갈 사람이 없어 걱정"이라고 했다. 양 씨는 장동1리 수문마을이 고향이다.

"더 나이 들기 전에 고향으로 돌아가자 마음먹고 5년 전 내려

동강농협 옥상에서 바라본 인동3리 중앙마을은
행정복지센터와 초등학교 등이 위치한 동강면의 '중앙'이다.

와 철물점을 임대했다"는 김기수(69세) 씨는 "40여 년 객지 생활을 하며 항상 고향에서 살 생각을 했는데, 막상 와서 보니 인건비도 벌기 어려운 실정"이라며 물건을 정리하는 손길을 바삐 움직인다.

1964년 별정우체국으로 문을 연 동강우체국을 2000년부터 운영하는 서경수(54세) 국장은 "어르신들이 가지고 온 물건을 옮기는 것은 물론 포장하고 전표 쓰는 것까지 모두 도와드려야 한다"며 "불과 20여 년 만에 면민 수가 4,500여 명에서 2,300여 명으로 절반가량 줄었다"고 한다. 목포시가 고향인 서 국장은 "젊은 국장이라고 주민들이 따뜻하게 맞아주어 적응하는 데 큰 어려움 없이 중앙마을 사람으로 살고 있다"고 했다.

작년 말 문을 연 복지센터에서 만난 이〇우(16세) 군은 "좋은 시설에서 편하게 운동할 수 있고, 소파가 있어 앉아 쉬거나 친구들과 어울려 대화할 수 있어 너무 좋다"며 "일주일에 4~5일은 혼자 오기도 하고 친구들과 함께 헬스장을 찾는다"고 한다.

"20대 초반 서울의 스포츠용품 회사에 다니며 시작한 바느질과 평생을 함께하고 있다"는 박점숙(66세) 씨는 "커튼 밑자락에 무게를 주기 위해 쇠붙이 대신 동전을 넣어 준다"며 "내가 행복하면 남도 행복하지 않겠냐"고 웃음 짓는다. 문평면 학동리가 고향인 박 씨는 "IMF 때 사업을 정리하고 남편이 먼저 고향으로 돌아왔고, 아이들 학교를 마치고 10여 년 전 내려와 의류 수선을 하고 있다"며 재봉틀 바늘의 빠른 움직임에 눈길을 맞춘다.

"최근 10여 년간 원생 수가 20명을 넘은 적이 없다"는 동강어린이집 양순화(63세) 원장은 "1995년 처음 시작할 때는 '오지 말라고 할 수 없어' 110명 정원을 초과해 120명이 다닐 때도 있었다"며 옛 일을 떠올린다. 인접한 월량3리 본촌마을이 고향인 양 원장은 "어릴 적 친구들과 함께 거랭이(긴 막대 끝에 부챗살 모양의 긁개를 달아 물고기를 잡거나 조개를 잡는데 이용한 도구)를 이용해 영산강에서 장어 새끼를 잡아 팔기도 했다"고 한다.

인동3리 중앙마을은 1914년 일제의 행정구역 개편으로 동강면의 명칭을 갖게 되고 면사무소가 들어서면서 사람들이 모여 살았다. 행정복지센터와 동강초등학교, 동강농협, 보건지소, 우체국 등이 들어선 중앙마을은 동강면의 행정과 경제의 '중앙'이라는 의미를 갖고 있다. 중앙마을에 젊은 사람들의 웃음소리가 넘쳐나는 날을 그려본다.

인터뷰

물고기 많이 잡는 날엔 동네 잔치 열기도

신동학 이장

"지구 100바퀴에 달하는 400만 킬로미터를 무사고로 운행했지만, 나이 드니 인지 능력이 떨어지는 것을 느껴 스스로 은퇴를 결정했다"는 신동학(70세) 이장은 "작년 말까지 37년간 관광버스를 운행하며 국내는 안 가본 곳이 없다"고 한다.

'관광버스가 대표적인 사양산업'이라고 강조한 신 이장은 "차량 가격이 4배 이상 올라 1년에 감가가 2,000만 원이 넘고 1킬로미터 운행 비용이 1,500원에 달해 서울 한번 다녀오면 100만 원이 드는데 이용 요금은 턱없이 낮다"며 "벌이가 좋던 1990년대까진 한해 벌어 집 한 채 살 정도였다"고 한다.

최근엔 관광버스 대신 캠핑카를 운전한다는 신 이장은 "낚시를 좋아하고 운동이랑 나들이를 즐기는 집사람과 함께 시간 날 때마다 바닷가로 나간다"며 "물고기를 많이 잡는 날은 마을 사람들이랑 동네 잔치를 열기도 한다"고 웃어 보인다. "광주에서 중학교 다닐 때 고향 집에 왔다 초등학교 친구인 집사람을 만나 함께 배드민턴이랑 탁구를 치며 사랑을 키웠다"는 신 이장은 "취미가 같다는 게 사는 데 큰 힘이 된다"며 "우리를 닮아 남매들과 손주들도 운동과 여행을 좋아해서 11식구가 함께 어울리는 걸 즐긴다"고 한다.

완도군으로 갯바위 낚시를 떠날 채비를 하는 신 이장이 밝은 웃음을 짓는다.

다시면

학문과 문화 분야의 많은 인물을 배출한 증문마을

다시면 문동3리 증문마을 | 2022년 9월 19일

일제가 마을 이름의 의미를 훼손하기 위해 더할 증(增)을 일찍 증(曾)으로 달리 썼다는 증문마을 이름처럼 학문과 문화 분야에 많은 인물을 배출했다. 마을 뒤 언덕에서 구석기시대 몸돌과 격지 등 유물이 출토됐고, 남초등학교 뒤편에는 청동기시대 고인돌이 13기 분포하고 있다고 기록돼 있다. 폐교된 다시남초등학교 왼편은 큰 증문, 오른편은 작은 증문으로 나뉜다.

다시면 문동3리 증문마을의 이름에는 높은 학문 또는 학문을 넓힌다는 뜻이 담겨 있다. 옛날에 유명한 학자가 나왔다는 이야기도 있다. 조선 정조 때 규장각에서 펴낸 《호구총수》(1789년)에 '불어날 증(增)' 자를 써 증문촌으로 기록된 데서 그 의미를 찾을 수 있다. 그런데 1912년 일제가 펴낸 《지방행정구역명칭일람》에는 '일찍 증(曾)' 자를 쓴 증문리로 표기돼 있다. 일제가 마을 이름의 의미를 훼손하기 위해 의도적으로 한자를 달리 쓴 것으로 보인다. 문제는 나주시청 홈페이지에도 일제의 지명을 그대로 쓰고 있다는 점이다. 하루빨리 정비해야 할 것이다.

폐교된 다시남초등학교 왼편은 큰 증문, 오른편은 작은 증문으로 나뉜다. 한때는 100여 호에 이르는 큰 마을이었지만, 지금은

사진 중앙의 폐교된 다시남초등학교 오른쪽이 작은 증문, 왼쪽이 큰 증문이다.

큰 증문에 30여 가구, 작은 증문에 4가구가 남았다. 큰 증문은 조선 초 함평 이씨가 이주해 온 집성촌이고, 작은 증문은 진주 강씨들이 모여 살았다. 이제 작은 증문에 강씨는 한 집만 남았다.

마을회관 앞에서 마을에 하나뿐인 간판 없는 가게를 운영하고 있는 이창범(81세) 씨는 "찾아오는 손님이 없어 가게 문을 닫으려고 했지만 주민들이 만나 이야기할 데가 없다는 하소연에 유지하고 있다"며 "고향 사람들의 사랑방 역할이면 족하다"고 한다.

무안군 삼향면이 고향인 나귀님(88세) 씨는 "결혼해 이 마을에 들어올 때만 해도 또래 친구들이 9명이나 있었는데 지금은 한 사람만 남았다"며 "열심히 쌀농사 지어 5남매를 키웠다"고 한다.

증문마을에는 베트남전 참전 국가유공자가 2명 있다. 이준헌 씨는 백마부대에서, 이무남 씨는 맹호부대에서 복무했다. 이준헌 씨의 부인 김승례(68세) 씨는 노안이 고향이다. 스물세 살 되던 1977년 군 복무를 마치고 고향으로 돌아온 이 씨와 결혼했다. "남편이 건강이 좋지 않아 아이들 키우고 집안 살림을 도맡아 했다"

는 김 씨는 "농사일을 하면서 소재지에 있는 어망 공장도 다니고 품앗이도 하는 등 닥치는 대로 일해서 2남 1녀 키우고 반듯하게 집도 지었다"며 웃음 짓는다.

작은 증문에서 한우를 키우고 있는 박원배(68세) 씨는 나주시 경현동 출신이다. 2008년 증문마을로 들어오기 전까지 30여 년간 레미콘과 트레일러 등 화물 운수업을 했다. "번식우 65두 키우는 일을 평생 직업으로 생각한다"는 박 씨는 개인적으로야 조용한 마을에서 편하게 사는 것은 좋지만, 10여 곳이나 되는 빈 집터를 바라보면 머잖아 마을이 사라질까 걱정이다.

작은 증문 버스 승강장에서 마을로 들어가다 보면 흡사 첨성대를 가져다놓은 듯한 착각에 빠진다. 광주에서 인테리어 사업을 하다 2016년에 귀촌한 정채성(69세) 씨가 폐건축 자재를 모아 만든 것이다. 첨성대에 끌려 집으로 들어가면 다보탑과 석가탑을 형상화한 작품들(?)을 만난다. 마당을 둘러싸고 사과나무며 포도, 자두, 복숭아, 호두, 매실, 아로니아, 감, 대추 등 유실수가 가득하다. "꿈같은 노후를 즐기고 있다"는 정 씨는 "집에서 죽산보며 저수지까지 여유롭게 걸으며 건강도 챙기고 있다"며 만족해한다.

인근 두만마을 가는 길에 있는 옹골에서 오리 2만여 수를 키우고 있다는 이경헌(64세) 이장은 월태리 원동이 고향이다. 1994년 양계작목반으로 옹골에 들어와 정착했다. 옹골에는 한우 4농가와 닭 2농가, 오리 1농가가 축산 단지를 이루고 있다. 이 이장은 "2017년 마을회관 앞에 조성된 '증문전통마을숲'에 250년이 넘은 오래된 소나무가 노거수로 지정돼 있지만 제대로 관리되지 않고 있다"며 "수줍은 여인네 형상을 한 한 그루가 재작년부터 죽어가고 있어 시에 살려내자고 요청했지만 예산이 없다는 이유로 방치돼 있어 안타깝다"고 답답해한다.

마을 이름이 보여주듯 증문마을은 이영범 전 다시면장과 고 이행남 전 조선대 교수 등 많은 인물을 배출했다. 서울에서 시사문화사라는 출판사를 창업한 고 이교헌을 비롯, 의재 허백련을 사사한 희재 문장호 선생도 이 마을 출신이다. 희재 선생은 의재 문하에서 국전 입선부터 특선, 초대작가 등을 지냈고, 조선대와 전남대 등에서 후학을 양성한 우리나라 동양화의 큰 줄기다. 2002년에 대한민국 옥관문화훈장도 받았다. 마을 주민들은 희재 기념관 건립 등의 사업을 검토하고 있다고 한다.

마을 뒤 언덕에서 구석기시대 몸돌과 격지 등 유물이 출토됐고, 다시남초등학교 뒤편에는 청동기시대 고인돌이 13기 분포하고 있다고 기록돼 있지만 주민들은 실체를 알지 못한다며 의아해하고 있다.

증문 전통마을 숲에는 250년 넘은 소나무 6그루가 자태를 뽐내고 있다. 수줍은 여인의 형상을 한 한 그루(사진 오른쪽)를 예산이 없어 살리지 못하고 있다.

인터뷰

5·18 광주민중항쟁 때 잃은 친구 몫까지 당당히 살 터

이경헌 증문마을 이장

증문마을에서 7년째 이장을 맡고 있는 이경헌(64세) 씨는 1980년 광주민중항쟁이 인생을 바꿔 놓았다. "세 번의 죽을 고비를 넘기고 살아남았지만 함께했던 친구를 잃었다"는 이 이장의 눈가가 붉어진다. 친구의 몫까지 당당히 살겠다고 다짐하곤 한단다.

1980년 5월 서울에서 직장 생활을 하다 군 입대를 위해 고향에 와 있던 이 이장은 20일 오후 1시경 시민군의 가두 방송을 듣고 합류했다. 그날 밤 9시쯤 나주에 집결하여 광주로 향했다. 효천역 앞에서 대치하다 진압군이 일시 허용할 때 광주 시내로 진입했다. 그런데 바로 뒤 세 번째 차량부터 인근 야산에 있던 진압군이 집단 발포를 시작했다. 이 이장은 "순서가 조금만 늦었다면 진압군의 총에 이 세상 사람이 아니었을 것"이라고 담담하게 말한다.

도청을 지키며 항쟁을 이어가던 중 또 한 번 죽을 고비를 맞았다. "어이없지만 운전하던 친구가 면허가 없다는 이유로 다른 차로 갈아타는 바람에 변을 면했다"는 이 이장에게 세 번째 고비는 항쟁 마지막 날이었다고 한다. 26일 저녁 총기를 반납하고 고향으로 돌아오던 중 효천역에서 만난 진압군의 무자비한 폭력 앞에 죽음을 느꼈다. 다행히 곁에 있던 아주머니들이 "워째 생사람을 잡는다요? 시위랑 상관없는 우리 일행인디"라며 뜯어말리는 바람에 무사할 수 있었단다. 다시면에서 함께 출발했던 친구 박형

서는 돌아오지 못했다. 이 이장은 올해부터 5·18광주민주화운동 공로자회 회장을 맡고 있다.

이 이장은 목포과학대 토목조경학과 신입생이다. 대학 2학년인 막둥이 아들보다 후배다. '이 나이에 무슨 공부냐' 싶겠지만, 잠재해 있던 공부하고 싶은 욕망을 실천했다고 한다. 영광이 고향인 부인과 서울서 직장 생활하며 만나 1986년 결혼해 2남 1녀를 뒀다. 골프선수를 희망했던 큰아들이 너무 늦게 시작하는 바람에 뜻을 이루지 못해 아쉬움을 갖는단다.

다시면

영산강서 재첩 잡고 인기 좋은 다시쌀 팔러 기차 타고 목포까지

다시면 가흥1리 정가마을 | 2023년 5월 15일

볕과 물을 좋아하는 쪽을 재배하기 가장 적합한 정가마을엔 염색장 정관채 선생이 있다. 정 선생의 제자들은 마을에 공방과 전시장을 열었다. 영산강에 합류하는 문평천에 접해 있는 정가마을 앞 가상들에서 벼와 블루베리 등 시설채소 농사를 짓는다.

"마을을 지나던 도인이 '정직한 사람들이 사는 마을'이라 했다고도 하고, '수다면의 맨 가에 위치'해서 정가마을이라는 말도 있다"고 한다. 다시면 가흥리 정가마을 장인환 이장(58세)의 설명이다.

《나주시지》에는 뒤의 설명으로 기록돼 있고, 영산강에 합류하는 문평천에 접해 있는 마을 앞 들녘을 '가상들'이라 한다고 덧붙여 있다.

정가마을 들머리에 '풍정'이라는 카페를 연 최용회(53세) 씨는 "수도권에서 프로그램 개발자로 일하던 어느 날 하루라도 젊을 때 고향에서 자리 잡자고 맘 먹었다"며 "집 뒤 야산에 고분이 있어 '보물이 있는 풍정마을'이었는데 지금은 정가마을에 편입돼 없어졌다"고 한다. 카페 이름을 풍정이라 한 것도 마을 이름이 잊히지 않길 바라는 마음이란다. 블루베리 농사를 병행하는 최 씨는 "유통 과정이 불편해서 작년에 수확한 블루베리의 90퍼센트를 카페

에서 소비했다"며 "올해는 카페 1층에 판매장을 두고 우리 지역에서 재배한 각종 농산품을 함께 판매할 계획"이라고 전한다.

임준택(53세) 씨도 고향으로 돌아온 지 5년째다. "인천의 방산 기업에서 일했었는데 고향이 좋아서 돌아왔다"는 임 씨는 "정년 이후 객지에서의 삶을 생각하니 막막하기도 하고 농사는 조금이라도 빨리 시작하는 게 낫겠다고 판단돼 과감히 결단했다"고 한다. 쌀농사와 함께 샤인머스캣을 재배하는 임 씨는 "처음 2년 동안 버섯이며 사과, 대추 등 여러 품목을 공부하며 준비했다"며 "샤인머스캣 재배 3년째인 올해부터 본격적으로 판매에 들어갈 계획"이란다.

고향을 묻는 물음에 망설임 없이 "여가 고향이제"라는 박순희(94세) 씨는 "스무 살에 결혼해 이 마을 사람이 돼 70년 넘게 살았응께 고향이나 진배없다"고 한다. 무안군 일로읍에서 나고 자란 박 씨는 "가진 것 없이 두 내외가 손발이 닳도록 일해서 7남매를 키웠다"며 "둘째 아들 내외가 서울 살다 내려와 농사를 크게 짓고 있는 지금은 마을 사람들이 제일 부러워한다"고 눈웃음을 짓는다.

"친정아버지한테 쌀 10섬을 빚 내서 마을 앞 신작로 곁에 가게를 차렸다"는 문종심(76세) 씨는 "가게가 자리 잡고 나서 친정에 빚을 갚으러 갔더니 엄마가 '그냥 갖고 가라'는 바람에 끝내 못 갚았다"고 한다. 강진군 작천면이 고향인 문 씨는 무안군 삼향면 출신 남편을 만나 1971년에 정가마을에 들어왔다. 문 씨는 "두 사람이 맨몸뚱이로 와서 헌 집 사고 새집 짓고 살다 5년 전에 귀향한 아들이 작년에 집을 다시 지었다"며 옛일을 떠올린다.

풍정댁 최칠순(90세) 씨는 "영산강변에서 김장 김치 씻고 재첩

다시면에서 왕곡면으로 향하는 무숙로를 따라가면 정가마을을 만나게 된다.

이며 새우 잡던 기억이 있다"며 "다시 쌀이 인기가 좋아서 기차 타고 목포로 팔러 다녔다"고 한다. "하루에 300킬로그램 넘게 팔 때도 있었다"는 최 씨는 "제대로 밥 한 끼 사 먹지 못하고 1원에 4개 하던 노점의 풀빵으로 끼니를 때우며 6남매 키우고 집 사고 논도 샀다"며 구부러진 손가락을 내보인다.

광주시 광산구 하산동이 고향인 이종태(53세) 씨는 "조용한 마을에서 텃밭 가꾸며 살고자 하는 꿈을 이루기 위해 2010년 정가마을에 정착했다"며 "나주공업고등학교에 진학하면서 나주와 인연을 맺었고, 목수로 한옥 건축 현장에서 일하며 살았다"고 한다. 이 씨는 "오늘은 가까운 저수지로 낚시 가려고 한다"며 부인과 함께 차에 오른다.

2000년대 초 화순군에 전남대학교병원이 들어올 때 나주로 이사 왔다는 김종선(64세) 씨는 "송월동 주택가에 살다 푸성귀라

국가무형문화재 제115호 염색장 정관채 선생이
체험학습 온 영산중학교 학생들에게 쪽염색을 가르치고 있다.

도 직접 길러 먹고 살아야겠다는 생각에 2018년 정가마을로 들어왔다"고 한다. "강원도며 경상도며 전국에 안 다닌 곳이 없다"는 김 씨는 "한번 들어가면 7~8개월은 일해야 하는 건설 현장의 특성 때문에 집에서 가까운 현장만 다니려고 한다"며 "여유로운 삶을 꿈꾼다"고 말한다.

마을 입구에 '정관채 삼거리' 표지가 있다. 마을 출신으로 50여 년 가까이 쪽염색(마디풀과의 한해살이풀인 쪽을 이용하여 실이나 천 따위에 물을 들이는 일)에 매진해 온 국가무형문화제 제115호 염색장 정관채(66세) 선생의 전수교육관이 있기 때문이다. 미술교사로 정년퇴직한 정 선생은 미대에 진학하면서 본격적으로 쪽염색에 빠져들었다.

"영산강변은 볕과 물을 좋아하는 쪽 재배에 최적화된 지역"이라는 정 선생은 "어머니 뱃속에서부터 쪽과 인연을 맺었다고 해도 과언이 아니다"며 "쪽 재배부터 색을 만들기까지 모든 정성과 시간을 쏟아야 가능하다"고 강조한다. 정 선생의 제자 유혜영(51세) 씨는 작년에 마을의 빈집을 사서 '휴갤러리'를 열었다. 2명의 제자가 마을에 공방을 차렸고, 공방 터를 알아보고 있는 제자들도 대여섯이나 된다고 한다.

정 선생의 배우자이자 이수자인 이희자(62세) 씨는 "결혼하면서 자연스레 염색장이가 됐다"며 "무형문화재나 이수자에 대한 지원을 확대해 전승에만 전념할 수 있기를 희망한다"고 덧붙인다. 둘째 아들 정찬희(33세) 씨와 함께 체험학습 온 영산중학교 학생들을 맞는 이 씨는 "정가마을의 미래를 쪽염색에서 찾을 수 있었으면 하는 바람"이라고 한다.

100여 가구가 넘는 큰 마을이 30여 가구로 줄었지만, 더 많은 젊은이가 돌아와 활기를 되찾는 정가마을을 그려 본다.

인터뷰

농사짓겠다고 온 아들, 기계와 정보 취득 빨라 믿음직

장인환 이장

"다른 욕심은 없어도 기계 욕심은 있다."

장인환(58세) 이장은 "고등학생 때 처음 접한 경운기 타는 재미에 해가 지는 줄 몰랐다"며 "비료 뿌리고 밭 갈고 하는 쓰임새가 달라 35,75,130마력의 트랙터를 각각 갖고 있다"고 한다. "2018년 다시면에서 가장 먼저 드론 자격증도 땄다"는 장 이장은 "농사일이 많아지는 것에 비례해 기계에 대한 욕심도 더 많아지는 것 같다"며 웃는다.

24세 되던 1989년에 상경해 서울의 중고차 매매 단지에 중식당을 연 장 이장은 "손님이 많아 돈벌이도 좋았지만 나이 많은 직원들과의 관계에서 오는 스트레스를 매일 술로 풀다시피했다"며 "지나친 과음으로 신장에 이상이 오자 '이러다 큰일 나겠다'는 걱정이 들었다"고 말했다.

"낯설고 힘든 객지 생활에 건강도 심상치 않아 4여 년의 서울 생활을 정리했다"는 장 이장은 광주로 와서 택시에 뛰어들었다. 회사 택시를 매입해 동료와 함께 하루 2교대를 한 장 이장은 "일할 욕심에 무리한 탓에 두 달 만에 쓰러져 병원 신세를 졌다"며 "세상일이 욕심만으로 안 된다는 것을 깨닫고 여유를 찾으려 노력했다"고 한다.

그때 부인을 만났다. "첫눈에 반한다는 것이 무슨 말인지 알게 됐다"는 장 이장은 "회사 총무부에서 일하던 집사람이 어느 날 갑자기 눈에 들어왔다"고 한다. 3여 년 연애 끝에 1996년 1월 7일에 결혼한 장 이장은 "그해 태어난 큰아들이 어엿한 어른이 됐다"며 "부산에서 국립한국해양대학교를 졸업하고 농사짓겠다고 돌아온 아들이 믿음직스럽다"고 한다.

"기계를 사용하는 것이나 정보를 얻는 게 우리 세대와는 다르다"는 장 이장은 "농사도 각종 교육과 지원 등 정보가 중요하다는 걸 아들을 보면서 느낀다"며 뿌듯해한다. 아들과 16살 터울인 초등학교 5학년인 딸이 태어나던 해에 고향으로 돌아온 장 이장의 대를 이은 농사 성공을 기원한다.

다시면

조선 건국의 철학 민본사상, 정도전 유배지 백동마을서 시작

다시면 운봉1리 백동, 백운마을 | 2024년 5월 13일

백룡저수지를 경계로 위는 사기 구워 팔아 생계를 유지해 사기실로 불리던 백운마을이고, 아래는 삼봉 정도전의 유배지인 삼봉초당이 있는 백동마을로 나뉜다. 2005년 도올 김용옥은 '인민의 삶과 정신을 혁신한 토지개혁, 종교개혁 등 그 사상이 동학, 의병, 독립운동, 광주민중항쟁을 거쳐 오늘 우리 사회의 개혁 정신까지 이르고 있으니 이곳 소재동이야말로 우리 민족의 끊임없는 혁명의 샘물이다'는 〈신소재동기〉를 썼다.

"삼봉의 초사는 두자미(杜子美, 두보의 자)의 초당보다 더 길이 청사에 남으리라. 그가 전하는 것은 초사의 이름이 아니요, 조선왕조를 일관한 민본(民本)사상이요. 인민의 삶과 정신을 혁신한 토지개혁, 종교개혁 등의 영구혁명론이다. 그 사상이 동학, 의병, 독립운동, 광주민중항쟁을 거쳐 오늘 우리 사회의 개혁 정신에까지 이르고 있으니 이곳 소재동이야말로 우리 민족의 끊임없는 혁명의 샘물이다."

도올 김용옥이 2005년 가을에 쓴 '신소재동기'는 이렇게 마친다. 다시면 운봉1리 백동마을에 유배 와 조선 건국의 밑그림을 그린 삼봉 정도전의 〈소재동기〉를 도올이 해석한 것이다. 삼봉은 백동마을에서 3여 년 유배 생활을 통해 어렵지만 함께 나누고 아

'조선 건국의 산실 삼봉(정도전)초당'이 덕룡산 아래 소박하게 자리하고 있다.

낌없이 내어주는 나주사람들에게 받은 감동을 조선 건국의 핵심 사상으로 삼았다. 민본사상은 백동마을 사람들에게서 나온 것임을 〈소재동기〉가 확인하고 있다. 백룡산 자락에 있던 절, 소재사(消災寺) 때문에 '소재동'으로 불렸다고 한다.

월태리에 살며 인터넷에 '백룡산 사랑' 카페를 운영하는 남창원(74세) 씨는 "백룡산에 자생하는 100여 종이 넘는 야생화며 버섯, 새 등을 소개하고 있다"며 "40여 년 교직 생활을 통해 인연을 맺은 나주가 제2의 고향"이란다. 2013년 다시초등학교에서 정년 퇴직한 남 씨는 광주광역시 광산구가 고향이다.

"벌이 있응께 벌을 키웠제"라고 말문을 여는 박귀례(79세) 씨는 "서울의 지인들을 찾아가 꿀을 판 돈으로 살림을 하고, 분봉하고 벌을 팔아 목돈을 만들었다"며 "벌이 예민해서 작은 소리에도 스트레스를 받고 농약한 과수원에 갔다 오면 바가지로 퍼내야 할 만큼 많이 죽기도 했다"고 한다. 광주광역시 남구 대촌동이 고향인 박 씨는 "1년에 한 번 3명이 유사를 맡아 마을 주민들과 함께 음식을 나누는 '샘계'를 지금도 유지하고 있다"고 덧붙인다.

서울의 가발공장에서 직장 생활을 하다 결혼해 백동마을 사람이 된 지 47년째라는 허영심(73세) 씨는 "쌀농사보다 소득이 좋은 대봉 농사를 시작한 지 10여 년 됐다"며 "논농사는 기본이고 쌀이며 보리, 밀 등 쉴 틈 없이 일만 하며 살았다"고 멋쩍은 웃음을 짓는다. 허 씨의 고향은 영암군 덕진면이다.

"20여 년 어머니를 업고 목욕탕이며 미용실, 병원을 다녔더니 이제는 약을 먹지 않으면 걷지도 못할 만큼 허리가 망가졌다"는 이덕순(62세) 씨는 "아이들 키우느라 나주 시내에서 살았는데 어머니 돌아가시던 2007년에 고향으로 돌아왔다"고 한다.

마을 표지석 뒤 양곡창고 앞에서 밭에 뿌릴 미생물 영양제를 만들고 있는 오행우(43세) 씨는 "기계로 짓는 대농은 직장 생활에 비할 바 아니란 생각에 바깥으로 나갈 생각도 하지 않았다"며 "세 살인 아이가 다닐 유치원이 없어 집사람이 나주 시내까지 등·하원 하느라 불편한 것 빼면 고향에서 사는 데 만족한다"고 웃는다.

"백룡산에서 내려오는 물길을 우리 집 아저씨가 이장하면서 정비해 포장했고 쪼빡샘(바가지샘)은 아직도 남아 있다"는 정영란(78세) 씨는 "빈집이 많아지면서 외따로 떨어진 집에 사는 게 무서워 10여 년 전 아랫마을로 내려왔다"고 한다. 백동마을에서 나고 자라 부녀회장을 맡고 있는 정 씨는 마늘종 수확하고 잡초 뽑아야 한다며 호미를 쥐고 발걸음을 옮긴다.

마을 들머리에서 음식점 '호수정'을 했던 윤영문(54세) 씨는

운봉1리는 백룡저수지를 경계로 위는 백운마을, 아래는 백동마을이다.

"호프집이며 놀이공원, 눈썰매장 등 전국을 돌아다니며 안 해본 일이 없다"며 "여러 직업을 가졌는데 부모님한테 물려받은 재능인 요리 실력을 밑천으로 산다"고 말했다. 윤 씨는 무안군 망운면에서 낙지요리 전문점을 경영하고 있다.

행정구역 변경으로 1983년 문평면에서 다시면이 된 운봉1리는 백룡저수지를 경계로 아래쪽은 백동, 위는 백운마을이다. 백운마을에서 만난 박병인(73세) 씨는 "김대중 대통령 덕택에 장애인 특채로 경기도 안산시 환경미화원으로 20여 년 일하고 10여 년 전 요양을 겸해 공기 좋은 고향으로 돌아왔다"며 "사기그릇을 구워 팔았다 해서 사기실로 불렸는데 언제부턴가 사구실로 바뀌었다"고 한다. 박 씨는 어려서 나무에서 떨어져 다치는 바람에 장애를 입었다.

"어머니 모시고 살기 위해 직접 벌목한 목재를 구입해 식구들과 함께 10년째 한옥 집을 짓고 있다"는 김상희(58세) 씨는 "준공만 남긴 마무리 단계에 있어 곧 전입할 것"이라고 말했다. 김 씨는 마을을 감싸고 있는 금성산 너머 노안면 안산리가 고향이다.

"10여 호의 작은 마을이고 백동마을과 멀리 떨어져 있어 사실상 행정의 사각지대"라는 박병만(58세) 씨는 "금성산 안쪽의 신광리 덕산마을도 우리랑 비슷한 상황으로 행정구역을 조정해서 두 마을을 하나로 묶는 게 바람직하다"고 주장한다. "산골 마을이라 농토가 적어 장작을 해서 내다 파는 게 가장 중요한 생계 수단이었다"는 박 씨는 "한겨울 추위에 어머니랑 형들이 새벽부터 나무를 해서 수레에 싣고 다시장·영산포장으로 팔러 다녔다"고 기억을 떠올린다. 30여 년 광주광역시에서 유통업을 해 온 박 씨는 2015년 고향 땅에 집을 짓고 7남매 형제들과 나눌 먹거리를 위해 텃밭을 일군다고 한다. 백운마을 위로 파란 하늘과 흰 구름이 한 폭의 풍경화처럼 펼쳐진다.

인터뷰

눈 내리는 겨울 토끼 잡는다고 백룡산 뛰어다녀

정기연 이장

"뼈가 빠져라 농사지어도 우리 내외 인건비 빼고 나면 남는 게 없다"는 정기연(77세) 운봉1리 이장은 "농민들도 보고 배워 더 나아져야 하는데 선진지 견학 같은 것은 꿈도 못 꾼다"며 "갈수록 농업 관련 예산을 없애는 바람에 일하는 재미가 없다"고 눈살을 찌푸린다.

"행정구역 변경으로 문평면에서 다시면으로 바뀐 거 말고는 한 번도 주소를 옮긴 적이 없다"는 정 이장은 "중·고등학교 다닐 땐 친구들이랑 선후배들과 어울려 다시역까지 걸어가서 기차 타고 나주로 2시간 이상 통학했다"고 어릴 적 추억을 꺼낸다. 정 이장은 "어릴 때 최고의 교통수단이 자전거였는데 우리 마을엔 한 대도 없었다"며 "다른 데서 자전거를 보고 오신 어르신이 '여물도 안 먹고 잘 가더라'고 하시던 말씀이 떠오른다"고 말했다.

대전광역시에서 건설공병단으로 군 복무를 시작한 정 이장은 "각종 건설 현장을 다니며 남들보다 편하게 군 생활을 했는데 전역 3개월 앞두고 전투사령부로 개편되는 바람에 광주로 전출 와서 예비군 교육 담당으로 전역했다"고 한다.

"무안군 현경면으로 시집간 마을 사람 소개로 정월 초닷새에 선봐서 보름 뒤에 예식을 올렸다"는 정 이장은 "그땐 좋고 싫고 없이 어른들이 정해준 대로 살아야 하는 줄 알았다"며 곁에 앉은 부인을 바라보며 멋쩍게 웃는다.

> 문평면

쪽염색으로 6대를 이어갈
윤 씨네 6남매가 사는 명하마을

문평면 북동2리 명하마을 | 2023년 1월 2일

마을 앞까지 바닷물이 들어와 천연 매염제의 원료인 굴 껍데기를 구하기 쉬워 쪽염색과 인연을 맺었다. 큰골과 명동, 햇골로 이루어진 명하마을엔 청동기시대 유물인 고인돌 8기 등 14기가 있다. 임진왜란 때 의병장을 지낸 금계 노인 선생의 출생지이자, 보물 제311호인 《금계일기》의 고향이다. 노인 선생의 호를 딴 금계저수지가 있다.

"아빠는 5대, 나는 6대. 할아버지와 아버지를 잇는 염색장이 되고 싶어요." 고교 1학년인 윤판각(17세) 군의 꿈이다. 윤 군은 그 꿈을 이루기 위해 원예고등학교에 진학했다. 한발 한발 다가가는 윤 군의 꿈이 영글고 있는 곳은 문평면 북동리 명하마을이다.

윤 군의 할아버지는 국가중요무형문화재 제115호 염색장인 고(故) 윤병운 선생(1921~2010년)이다. 고 윤 선생은 4대째 가업을 잇기 위해 1936년 쪽염색에 입문했다. 윤 선생의 아들인 윤대중(60세) 씨 역시 어려서부터 쪽과 함께했다. 윤대중 씨는 2004년 염색장 전 단계인 전승 교육사가 됐다. 전승 교육사는 문화재청의 평가를 거쳐 국가중요무형문화재로 지정받지만 아직까지 평가의 기회조차 갖지 못하고 있다. 문화재청은 20여 년째 예산이 부족하다는 이유만 거듭하고 있다.

최경자(53세) 씨는 1998년 윤대중 씨를 만나 가정을 이루면서 쪽염색과 인연을 맺었다. 최 씨는 "아버님의 작업 일지를 작성하느라 궁금한 걸 묻고 답을 들으면서 쪽염색의 과학에 매료됐다"며 "인근 지역보다 평균온도가 3℃ 낮은 지형적 특성이 발효라는 환원 과정에 영향을 주어 명하마을의 독특한 쪽색을 내는 것을 알게 됐다"고 쪽염색의 원리를 밝힌다. 마을 앞까지 바닷물이 들어와 천연매염제의 원료인 굴 껍데기를 구하기 쉬웠다.

판각 군을 포함한 최 씨의 6남매 역시 쪽염색에 빠져 있다. '나로 인해 100명이 먹고살았으면 좋겠다'는 시아버지의 유지를 잇기 위해 최 씨는 2012년 사회적기업 '명하햇골'을 설립했다. 마을 주민들이 함께 참여해서 만든 명하햇골은 2012년부터 해마다 10월에 '명하마을쪽빛축제'를 열고 염색체험과 다양한 문화공연으로 마을 소득 증대에 앞장서고 있다. 코로나로 2020년부터 축제는 중단됐지만 해마다 20만 명이 마을을 찾게 만들었다.

명하햇골의 탄생부터 함께 한 황영희(63세) 씨는 "함평군과 접해 있어 나산면 오일장이나 문평장을 주로 이용했고, 명절을 앞두고는 함평장에도 다녔다"며 "설 쇠고 보름까지 집집마다 걸궁놀이를 하며 쌀이랑 돈을 거둬 부녀회 활동에 보태기도 했다"고 기억한다. 목포가 고향인 황 씨는 "식구들이 모두 물김치를 좋아해서 동치미는 우리 집 자랑 중 하나다"라고 덧붙인다.

"마을 사람들이 함께 품앗이해서 농사를 지었고 인정이 넘치는 마을이었다"고 말문을 연 한명옥(56세) 씨는 "봄이면 향우들과 함께 마을을 가로질러 흐드러지게 피는 벚꽃 잔치를 열기도 했는데 갈수록 마을이 쇠락해지는 바람에 7~8년 전부터 그마저도 멈

한해에 20만 명이 넘는 관광객을 불러 모은 명하쪽빛마을협동조합이 부활의 몸짓을 하고 있다. 조합원들이 전라남도 관계자 등과 회의를 하고 있다.

쳤다"며 아쉬워한다.

함평군 학교면이 고향인 노성애(69세) 씨는 "길 건너 나산면 딸기밭이며 양파밭을 생계터전으로 해서 자식들 키우고 살았는데 이제는 몸이 불편해 아무 일도 하지 못하고 운동 삼아 마을 산책만 할 뿐"이라며 "세상이 좋아져 멀리 떨어져 살고 있는 5남매와 손주들이랑 영상통화로 얼굴이나마 볼 수 있어 좋다"며 웃음 짓는다.

역시 학교면에서 시집 와서 67년째 명하마을에 살고 있는 김전실(85세) 씨는 "마을이 산중이라 논은 없고 온통 서숙밭(조밭)만 있어서 까끌까끌한 서숙밥(조밥)이 주식이었다"며 "마을 위쪽에 저수지를 만들면서 논이 생겼고 전기도 늦게 들어왔다"고 회상한다.

"지금 석산이 들어온 큰골에는 계단처럼 생긴 멋진 문턱 바위가 있었고 구들장으로 쓰는 넓고 평평한 돌이 많이 나왔다"고 기억하는 윤병옥(70세) 씨는 자녀들 교육 때문에 광주광역시에서 20여 년 생활했다. "광주 살면서도 주소는 이곳 명동에 됐다"는 윤씨는 "형제들과 함께 나눠 먹기 위해 100여 통의 양봉과 논농사를 짓고 있다"고 한다.

큰골과 명동, 햇골로 이루어진 명하마을은 한때 70~80여 가구에 이르는 큰 마을이었지만 지금은 큰골엔 석산이 들어왔고 명동에 5가구, 햇골에 23가구만 남아 있다. 햇골 당산나무 지나 마을 중심부에 8기 등 14기의 고인돌로 미루어 볼 때 청동기시대부터 사람들이 살았을 것으로 추정된다. 마을 앞 고막원천을 경계로 함평군과 접해 있는 명하마을은 임진왜란(1592년) 때 의병장을 지낸 금계 노인(1566~1622년) 선생의 출생지다. 노인 선생이 쓴 《금계일기》는 정유재란(1597년) 당시 일본군에 포로로 끌려가 중국 측의 도움으로 명나라를 거쳐 귀국할 때까지를 기록한 책으로 보물 제311호로 지정돼 있다.(1963.1.21.) 저수지를 쌓으면서 노인 선생의 호를 따서 금계 저수지로 이름 지었으며, 함평노씨 후손들이 마을 주민들과 함께 금계국민학교를 세우기도 했다.

임진왜란 때 의병장을 지낸 금계 노인 선생의 후손들이 마을 주민들과 함께 금계국민학교를 세웠다. 폐교된 학교 정문 뒤편으로 교사가 보인다.

인터뷰

쪽빛 가을 하늘에 사람들로 넘쳐나는 마을 꿈꿔

정만식　명하쪽빛마을협동조합 이사장

"한창 잘 나가던 초창기에 코로나로 직격탄을 맞았다." 명하쪽빛마을협동조합(이하 조합)의 정만식(71세) 이사장이 말한다. 2012년 설립된 조합은 쪽염색을 주제로 체험과 휴양, 음식 만들기와 축제 등을 진행해왔다. "마지막 축제가 진행된 2019년엔 21만 명이 마을을 찾았다"는 정 이사장은 "코로나로 3년 넘게 활동이 중단되어 언제 어떻게 다시 일어설 수 있을지 답답하다"고 속내를 터놓는다.

문평면 농민회장(2003~2005년)과 나주시 농민회장(2007~2009년)을 지내기도 한 정 이사장은 "30년 전과 똑같은 쌀값이 농촌과 농민의 현실을 상징적으로 보여준다"며 "농산물의 가격 결정에 생산자인 농민이 개입하지 못하고 정부의 결정에 따라야 하는 현실은 정상이라고 할 수 없다"고 지적한다.

"초등학교를 마치고 열 다섯 살 어린 나이에 자전거 배달로 사회 생활을 시작했다"는 정 이사장은 "미장 기술을 배워 건설 일을 시작해 하청 회사를 세워 제법 돈도 벌었지만 갑자기 수금이 안 되는 바람에 부도났다"며 "전세금 빼서 함께 일한 사람들 인건비를 치르고 나서 큰누님이 살던 이 집으로 들어왔다"고 한다. "처음엔 5년 계획으로 건강만 회복하고 다시 사업을 시작하려 했지만 살다 보니 명하마을 사람이 됐다"며 밝게 웃는다.

맑은 쪽빛 가을하늘 아래 사람들이 넘쳐나는 명하마을을 꿈꾸는 정 이사장의 꿈이 하루빨리 이루어지길 기대한다.

문평면

우산각 5개, 샘이 6개나 있던
문평면에서 가장 큰 마을

문평면 산호1리 남산마을 ㅣ 2023년 11월 27일

'남산낙토 만세번영.' 문평면의 옛 이름인 거평부곡 관아의 남쪽 산 아래에 있다 하여 이름 지어진 천안 전씨들이 모여 살던 마을이다. 1684년 창건된 남강사는 지금의 국방부 장관에 해당하는 병조판서에 추증된 전상의와 임진왜란 때 김천일 장군과 함께 의병으로 나라를 지킨 전경완, 지방수령인 금성판관을 지낸 전수완 등을 배향하고 있다.

문평면에서 가장 크고 앞서간다 하여 '일남산(一南山)'이요, 농토가 넓어 풍요롭고 즐겁다는 의미의 '남산낙토 만세번영(南山樂土萬世繁榮)' 표지석이 반기는 마을. 산호1리 남산마을은 문평면의 옛 이름인 거평부곡 관아의 남쪽 산 아래에 있다 하여 이름 지어졌으며, 160여 가구가 살던 큰 마을로 우산각이 5개, 샘이 6개, 가게가 4개나 있었다고 한다.

"겨울이면 쉴 틈 없이 가마니 짜서 머리에 이고 고막천 지나 고개 넘어 함평장에 가서 팔아 아이들 설빔 해줬다"는 이양순(86세) 씨는 "지금 보면 저 산을 어떻게 넘어 다녔는지 상상도 하기 힘들다"고 한다. 다시면 문동리가 고향인 이 씨는 67년째 남산마을에 살고 있다.

탯자리를 지키며 살고 있는 전갑섭(63세) 씨는 "초등학교 6학

년 때 마을 대표(일본식 표현으로 '부락장')로 토요일에 103명의 학생을 인솔해서 줄지어 학교에 갔다"며 "하교할 때도 운동장에 함께 모여 '새마을노래'를 부르며 마을로 돌아왔다"고 한다. 마을 초입에서 한우 60여 두를 키우는 전 씨는 국제라이온스협회 나주금성라이온스클럽 회장을 맡아 봉사활동에도 앞장서고 있다.

한국전쟁이 한창이던 열 살 때 피난 와서 정착한 노판순(84세) 씨는 "넉넉한 친정 살림 덕분에 젊어서는 고생하지 않았는데 마흔 살 넘어 농사일을 무지막지하게 했다"며 "새벽 2시에 일어나 식구들 밥해 놓고 마을 사람들과 함께 무안군의 무·수박밭 등에서 일하고 저녁에 돌아왔다"고 한다.

다시면 월태리가 고향인 이정남(90세) 씨는 "다시면 복암리에서 신혼살림을 시작해 8년을 살다 스물 아홉 살 되던 해에 시부모님과 함께 이사 왔다"며 "맬겁시('이유 없이'란 뜻의 사투리) 시어머니의 시집살이가 심해서 집 밖에 나가 귀를 막고 서 있기도 하고 샘에 빠져 죽을까 하는 생각까지 했다"며 그때가 떠올랐는지 눈시울을 붉힌다.

"겨울이면 친구들과 어울려 마을 앞 방죽에서 썰매 타고 놀았다"는 전현옥(63세) 씨는 "깨끗하고 물이 많던 문평천에서 잡은 재첩으로 끓여 먹던 된장국 맛을 지금도 잊지 못한다"고 한다.

"가진 게 없어 제대로 가르치지 못한 큰아들한테 젤 미안하다"는 이금례(83세) 씨는 "중학교도 마치지 못하고 서울로 돈 벌러 가겠다는 아이를 붙잡을 수 없었다"며 "큰아들이 목수 일을 한 탓인지 작은 아들도 건축과를 나와 서울로 취직했다"고 한다.

인접한 오룡리가 고향으로 '8공주 엄마'라고 말문을 연 나승

'남산낙토 만세번영' 표지석 뒤로 남산마을이 넓게 자리하고 있다.

희(86세) 씨는 "딸만 낳는다고 시어른들의 잔소리가 '면 내 최고'였다"며 "지금은 날마다 딸들이 전화해서 안부 묻고 반찬 만들어 오고 맛난 거 먹으러 다닌다"고 자랑스레 이야기한다.

"산에서 손야구 하다 할아버지들한테 '어른들(묘소) 밟는다'고 혼나서 도망 다니기도 했다"는 김경연(64세) 씨는 "동창이 40명이나 되는 통에 마을의 동·서·위·아래로 나뉘어 무리 지어 놀았다"고 한다. "80여 두의 한우를 기르다 구제역 파동 때 정리하고 쌀농사만 짓는다"는 김 씨는 "우리 마을은 농사를 지을 땅이 넓어 특용작물을 하지 않는다"고 한다.

스물 두 살에 결혼한 다시면 송촌리 출신 장성자(83세) 씨는 "부자는 겸상하지 않는 예법에 따라 시아버지는 혼자 드시고 시어머니와 남편이 한 상에서, 나는 시누이들과 방바닥에 놓고 먹어야 해서 같은 김치라도 3그릇에 담아야 했다"며 "파를 데쳐서 담근 파숙지며 배추, 상추, 시금치 등 철마다 나는 채소로 반찬을 했다"

고 한다.

"남편이 술·담배도 않고 워낙 착실한 탓에 집과 함께 20마지기 논을 사서 이사 왔다"는 학동리가 고향인 '학동댁' 박경순(89세) 씨는 "60여 년 전 신혼 생활하던 영암군 신북면에서 남산마을로 들어올 때 집에 작두샘을 파서 공동 우물로 물 길러 다니지 않았다"고 한다.

중학교를 졸업하고 떠났다가 45년 만에 고향으로 돌아왔다는 전균섭(65세) 씨는 "정년퇴직한 2020년까지 구례군에서 30년 넘게 보건직 공무원으로 일했다"며 "초등학교 남자 친구들 13명이 매년 한 번씩 모이는데, 지난 11일 전북 군산시의 선유도에서 만나 어릴 적 이야기를 나눴다"고 한다. 전 씨는 천안 전씨 종친회장으로 문중 일을 맡고 있다.

마을 가운데에 천안 전씨 남강사(南岡祠)가 있고 마을 동쪽에 금성 나씨 추모사가 있다. 1684년 창건된 남강사는 지금의 국방부장관에 해당하는 병조판서에 추증된 전상의와 임진왜란 때 김천일 장군과 함께 의병으로 나라를 지킨 전경완, 지방수령인 금성판관을 지낸 전수완 등을 배향하고 있다. 2007년에 세워진 추모사 앞에는 현재의 기획재정부 차관 격인 호조참판을 지낸 나태환과 사후에 승정원 좌승지(현 공무원 체계로 1급 고위공무원)에 추증된 나달성의 묘비석이 있다. 청동기시대 유적인 지석묘 6기가 오륜마을로 진입하는 도로변에 남아 있다.

인터뷰

아들딸 직장 갖고 결혼해, 우리 부부만 행복하면…
장갑수 이장

"소로 쟁기질하던 시대에 마을 청년들과 함께 영농단을 만들어 트랙터며 콤바인, 이앙기 등으로 농사지었다"는 장갑수 이장(66세)은 "번식우를 주로 키우는데, 브루셀라병으로 60여 두를 모두 정리한 뒤 조금씩 늘려가고 있고 지금은 30여 두 정도 된다"며 "계속 오르기만 하는 사료 값 부담이 제일 고충"이라고 한다. "20대 때 잠깐 서울에서 직장 생활도 했는데 재미도 없고 벌이도 시원찮아 고향으로 돌아왔다"는 장 이장은 "마을 선배가 일하던 편물공장과 우산공장의 숙소에서 먹고 자며 밤낮으로 일하고 노량진 길거리로 팔러 다녔는데 첫 월급이 얼마였는지도 기억나지 않는다"고 한다.

"당시엔 늦은 나이인 스물여덟 살에 이웃집 할머니 소개로 목포에서 직장에 다니는 진도군 서거차도 출신의 부인을 만났다"는 장 이장은 "첫눈에 반해 시간 날 때마다 고막원역에서 기차 타고 목포로 집사람 만나러 다녔다"며 "바쁜 농번기에 '밥해주러' 온 게 계기가 돼 함께 살다 1년 뒤에 결혼했다"고 한다. "고생만 시키고 잘해주지 못해 집사람한테 미안하다"는 장 이장은 "가끔 집사람이 서운해하는데 앞으로 더 잘하려고 한다"며 웃는다.

부인과 사이에 1남 1녀를 둔 장 이장은 "아들은 빛가람동에 살며 회사에 다니고 딸은 목포에서 직장 생활을 한다"며 "둘 다 결혼도 했고 손주도 봤으니 앞으론 우리 부부만 행복하게 살면 된다"고 너스레를 떤다.

문평면

우회도로 개설·IC 인접 발전 가능성 높은 문평면의 행정·경제·교통 중심

문평면 안곡2리 신안마을 | 2024년 11월 11일

안영마을에서 분리돼 '새로운 안영'이라는 뜻을 지닌 신안마을. 도시화의 물결에 휩쓸려 우시장이 섰던 문평장이 문을 닫고 오가는 사람들도 줄었다. 대도리 대도저수지에서 시작된 안곡천이 신안마을을 위아래로 나눠 아래쪽은 행정복지센터와 농협, 우체국 등 공공기관이 있고 위쪽은 빈터만 남은 오일장을 중심으로 상가가 형성돼 있다.

안곡1리 안영마을과 한마을을 이루었지만, 면사무소며 농협, 오일장이 들어서고 지방도 825호선이 생기면서 문평면의 행정과 경제, 교통의 중심지가 돼 '새로운 안영'이라는 의미의 '신안마을'이라 했다. 역사를 거슬러 올라가면 마을 동쪽 오룡리에 살던 나대용 장군이 거북선을 연구하여 시험했던 남해 바다의 물길이 지났을 것으로 보인다. 일제강점기 전라도 일대에서 군자금을 모집하는 등 항일독립운동을 한 공로로 건국포장(1977년)과 애국장(1990년)에 추서된 독립투사 정동근 선생(1867~1945년) 추모비가 면사무소 건너에 우뚝 서 있다.

황토찜질방이 문을 연 2008년부터 '이용주민 현황과 일상생활' 등을 기록해 온 안차임(81세) 씨는 "결혼하고 서울서 살다 몸이 아파 죽을 고비를 넘기고 고향으로 돌아와 아궁이 딸린 단칸방

안곡천과 지방도825호선이 만나는 지점에 독립투사 정동근 선생 추모비가 우뚝 서 있다.

흙집에서 뻥튀기 팔아 아이들 키우고 살았다"며 "오일장이 없어졌어도 혹시나 하고 갖고 있던 뻥튀기 기계를 작년에야 정리했다"고 한다. 동원리가 고향인 안 씨는 "큰 수술을 하고 살아난 경험을 겪다 보니 이웃을 위해 살아야겠다는 생각에 초대 문평면 적십자 봉사회장을 맡았다"고 말했다.

신안마을 버스승강장 옆 문평공업사 이종택(63세) 씨는 "20대 때 경기도 의정부시의 농기계 수리회사에서 일하다 고향으로 돌아와 집터에 가게를 열고 아버지와 함께 일했다"며 "소리를 잘하셔서 광주MBC '얼씨구학당'에 출연하기도 한 아버지(이광재, 92세)가 일손을 놓고 안영마을로 들어가신 20여 년 전부터 혼자 일하고 있다"고 한다.

"40여 년간 홀시어머니를 왕비처럼 모시고 몸이 불편한 남편과 3남매 키우느라 안 해본 일 없다"는 학교 앞 슈퍼 정미숙(67세) 씨는 "두레박으로 물 긷고 나무하고, 잠자는 시간을 줄여 핫도그랑 붕어빵 만들고, 방학 때는 시내 통조림공장에 일하러 다니고 휴일엔 석축 쌓고 잔디 심는 산일도 해야 했다"며 "결혼하기 전까지 광주 광산구 고향에선 쌀과 보리를 구분하지 못할 정도로 애지중지 컸다"고 웃어 보인다. 정 씨의 헌신적인 삶이 알려져 나주군수(1994년)와 한국효도회(2005년)의 효부상을 받기도 했다.

'친구 따라 강남 간다'는 말처럼 우연찮게 신안마을과 인연이 됐다는 문화전자 김용환(72세) 씨는 "군 복무 마치고 친구네 집에 놀러왔다 가게를 열게 된 게 1978년 11월"이라며 "군에 가기 전에 배웠던 전자 기술을 이용해 각종 가전제품을 수리하며 살았다"고 한다. 일한 지 10여 년 만인 1987년 현재의 건물을 지은 김 씨는 "한눈 안 팔고 열심히 일해서 은행 빚 다 갚고 나니 사람들이 다 빠져나가 버렸다"고 씁쓸하게 웃음 짓는다.

"장사하고 농사짓고 4남매 키워서 여운 거 말고 뭐 있당가"라는 '옛고무신집' 창순자(84세) 씨는 "나이 들고 더 안 아프려고 운

우시장이 섰던 문평장은 농작물을 말리는 빈터만 남았다.

동하는 거 말고 아무것도 안 해"라며 '더 할 말 없다'며 손사래를 친다.

"전국을 다니며 20여 년간 건설 현장에서 용접 일하고 택시도 했다"는 문평철물건재 강정원(63세) 씨는 "1998년 선배 권유로 빈 가게를 인수했다"며 "길 건너 식당이 있을 때만 해도 살 만했는데, 지금은 손님보다 가게가 더 많다"고 한다. 인접한 오룡1리가 탯자리인 강 씨는 "살아보니 고향만 한 곳이 없다"며 밝게 웃는다.

광주광역시 서구가 고향으로 무심한 듯 도시 남자 분위기가 드러나는 김재진(59세) 씨는 "문평IC가 설치돼 발전 가능성이 높아졌다"며 "마을을 가로지르는 지방도 825호선 우회도로 개설은 주민들이 긍정적인 방향으로 협의해서 함께 잘 살 수 있는 방안을 찾아가고 있다"고 한다.

"아이 낳고 몸조리하러 친정에 왔다 부모님이 50년 넘게 하던 방앗간을 이어받은 지 27년째"라는 봉미숙(58세) 씨는 "문평장은 우시장이 섰던 큰 장으로 어려서 또래 친구들과 함께 고무줄놀이며 돌짓기(공기놀이)하던 놀이터이기도 했다"며 "아버지는 살림이 어려운 옆집을 위해 기름 짜는 기계를 외상으로 얻어줘 참기름 집을 열게 하는 등 이웃끼리 서로 도우며 살았다"고 옛일을 떠올린다.

대도리 대도저수지에서 시작해 고막원천에 합류하는 안곡천이 신안마을을 위아래로 나눠 아랫쪽은 행정복지센터와 농협, 우체국 등 공공기관이 있고 위쪽은 빈터만 남은 오일장을 중심으로 상가가 형성돼 있다. 신안마을을 동서로 나눈 지방도 825호선의 우회도로가 개설되고 난 뒤 사람 사는 맛이 되살아나는 모습을 떠올려본다.

인터뷰

벌통 앞에 있으면 시간 가는 것도 잊어

박인우 이장

"벌 키우는 사람만이 진짜 꿀을 맛볼 수 있다"는 박인우(66세) 이장은 "지인이 선물한 벌통 2봉을 밑천 삼아 시작해 200봉이 됐다"며 "아카시아와 찔레꽃, 해오라기 등이 동시에 피는 문평 벌꿀 맛은 여느 꿀에 비할 바 없이 가장 맛이 좋다"고 자랑스레 이야기한다. "벌통 앞에 있으면 시간 가는 것마저 잊을 만큼 재미있게 키우기 때문에 아는 사람들과 가족들끼리만 나눠 먹는다"고 덧붙인다.

문평이발소를 운영하는 박 이장은 "열여섯 살 무렵 산호리 남산마을에서 형과 함께 이발 일을 시작해 10여 년 만에 이곳으로 나왔다"며 "형님이 무리해서 짓다 부도를 맞게 된 가게를 넘겨받아 혼자 일하기 시작했는데, 장날이면 밥 먹을 시간도 없을 만큼 손님들이 줄을 섰다"고 한다.

박 이장은 "형제처럼 지내던 지인이 사업을 확장하면서 은행 보증을 서는 바람에 가진 걸 모두 날리고 이 집만 간신히 건졌다"며 "1980년대 1억 원이면 집이 10채가 넘는 어마어마한 돈인데 매년 두 번씩 이자만 감당하기도 힘에 부쳤다"고 옛 기억을 떠올린다.

이발 일이 싫어 도시로 탈출했던 박 이장은 "경북 구미의 전자회사에 다니다 집사람을 만났다"며 "긴 생머리의 매력적인 첫 모습을 지금도 잊지 못한다"며 눈꼬리가 춤을 춘다. "남매 모두 자리 잡고 결혼까지 했으니 우리 역할은 여기까지"라는 박 이장은 "쉬는 날이면 집사람과 산에 다니는 게 가장 큰 낙"이라며 밝게 웃는다.

노안면

개발위원회 구성으로
어르신 봉사와 민주적 마을 운영 도모

노안면 오정1리 오리마을 | 2022년 11월 21일

"오정리 들어오면 따순 짐이 나는디 딴 마을은 찬바람이 분다"는 오리마을은 쌀이 좋아 밥이 찰지고 부자 마을로 소문났다고 한다. 뒷산에 있었다는 고인돌 8기는 확인이 어렵고 마을 입구에 1기만 남았다. 마을 앞 논밭에 비닐하우스를 설치해 채소류 등을 재배하다 2000년대 들어 한라봉과 레드향 등 만감류로 소득을 높이고 있다.

"우린 암것도 몰러어~ 평생 농사짓고 애들 키우느라 정신없이 살았제. 이별재 넘어 문평까지 나무하러 다니고 새벽에 풀 베어 논에다 거름 되라고 깔고 살다 봉께 다 늙어부렀어." 박금옥(83세) 씨는 비단 이고 다니던 중매쟁이 소개로 얼굴도 모르는 오리마을 신랑과 결혼했다. 금천면 원곡리에서 영산강 나무다리를 건너오던 65년 전 기억을 떠올린다.

마을회관에서 주민들과 이야기하던 정기하(89세) 씨는 걸어서 30분 거리인 인근 광주광역시 광산구 삼도동이 고향이다. 정씨는 "밭에서 기른 콩이며 깨, 고추 등을 이고 지고 나주장까지 걸어가서 내다 팔고 필요한 물품을 사 왔다"며 "마을 사람들과 함께 아이 업고 오가며 흥이 날 때는 덩실덩실 춤도 추며 즐겁게 다녀오면 뉘엿뉘엿 해거름이 됐다"고 옛일을 회상한다.

오리저수지 쪽에서 바라본 마을 정경. 해거름 염소를 끌고 가는 주민 모습이 정겹다.

길 건너 구정리에 살다 스물한 살에 결혼했다는 최근덕(88세) 씨는 "70여 년 전 결혼할 때 차를 타고 왔는디 그 뒤로는 제대로 차를 타 본 기억이 없다"며 웃음 짓는다. "산자락에 논밭이 있어 비가 안 오면 농사를 짓지 못했다"는 최 씨는 "오정천 파서 물 품어 논에 물 대고 농한기 때는 가마니 짜서 생계를 이어왔다"며 새끼를 잘 꼬았다고 자랑한다.

94세 어머니를 돌보러 왔다는 김종태(70세) 씨는 "어려서 또래 친구들이 20여 명이나 돼 마을 뒤 옥산으로 놀러 가 기타 치고 음식 나눠 먹던 기억이 새롭다"며 "심혈관 질환으로 약물 치료 중인 어머니가 최근에 요추골절로 병원 치료를 받으셨는데 요양병원을 마다하고 집으로 오시는 바람에 식사를 챙기느라 광주 집에서 이틀에 한 번은 다녀간다"고 어머니 걱정을 내비친다. 공무원으로 정년퇴직한 김 씨는 나주시청에서도 근무했었다고 한다.

교육 공무원으로 정년퇴직한 남편의 고향으로 1998년에 돌아왔다는 나정순(69세) 씨는 "처음 3년은 농막에 살다가 빈집을 샀다"며 "광주서 직장 생활하다 대학생인 남편을 만나 9년 연애 끝에 결혼했다"고 한다. 반남면 신촌리가 고향인 나 씨는 "신안군이며 진도군, 함평군, 영광군 등 남편 근무지를 따라 도내 곳곳에서 살아봤다"며 "비슷한 연배의 이웃이 8가구 정도 있어 서로 정 붙이고 살려고 노력한다"고 속내를 내비친다.

1990년대 초 지인 소개로 오리마을에 텃밭을 일구며 살기 시작했다는 박선재(71세) 씨는 "광주에서 아파트에 살 때는 답답했는데 여기 오니 밖에 나가기가 싫다"며 "상수도가 들어와 수돗물을 식수로 사용하고 있지만 지하수가 너무 좋아 여전히 샘물을 많이 쓴다"고 집 앞 '공동 샘'을 가리킨다.

올해 처음으로 이장을 맡은 김동규(65세) 씨는 "한때 150가구가 넘는 큰 마을이었는디 지금은 50가구가 채 되지 않는다"며 "마을 발전을 위해 60대 초중반 젊은 층을 중심으로 개발위원회를 구성해서 마을회관에 에어컨과 전기장판을 설치하고 시설을 개·보수하는 등 봉사활동을 하고 있고 10만 원 이상의 마을 돈 지출에 동의를 받도록 하는 등 민주적인 운영도 도모하고자 한다"고 밝혔다.

개발위원장을 맡고 있는 김동연(65세) 씨는 "고향이 그리워 돌아온 지 11년째인데 나이 드신 어르신들의 외로운 모습에 마음이 아팠다"며 "몇몇이 우리라도 자식 노릇 하자며 뜻을 모아 어르신들 공경하고 마을이 화합하는 데 앞장서려고 한다"는 포부를 밝힌다. "오정리 들어오면 따순 짐이 나는디 딴 마을은 찬바람이 분다는 어르신들의 말씀을 기억한다"는 김 위원장은 "쌀이 좋아

물 좋고 쌀 좋기로 유명한 오리마을은 지금도 샘물을 생활용수로 사용하고 있다.

밥이 찰지고 부자마을로 소문났었는디 지금은 그 명성을 잃고 있어 아쉽다"며 마을 일에 열심히 봉사하겠다는 뜻을 내비친다.

마을 이름은 형세가 오리를 닮아서라는 말도 있고, 샘 근처에 버드나무 5그루가 자랐던 데서 유래했다는 이야기도 있다. 마을 입구 길가에 고인돌 1기가 남아 있다. 산중턱에 8기의 고인돌이 있다는 기록은 있지만 주민들은 실체를 모르고 있다. 김정환 전 노안면장과 농협중앙회 감사실장을 지낸 김승환 전 나주문인협회장이 이 마을 출신이다.

김해 김씨 집성촌이던 오리마을은 지금도 3분의 2가 김해 김씨다. 큰길에서 마을로 들어서는 초입에 들어선 10여 개 사업장이 지역과 특별한 유대가 없어 주민들의 불만이 높다. 마을 앞 논밭에 비닐하우스를 설치해 채소류 등을 재배하다 2000년대 들어 한라봉과 레드향 등 만감류로 소득을 높이고 있다.

인터뷰

제주 견학에서 만난 레드향 육지서 처음 재배

김동규 이장

"육지에서 처음으로 레드향을 시작했을 거요"라며 말문을 여는 김동규(65세) 이장은 "1990년대 초부터 비닐하우스에서 청양고추며 토마토, 가지 등을 재배했는데 시세 변동으로 힘들어하며 작목 변경을 고민하던 중 제주도에서 감귤 농사를 짓는 마을 선배를 찾아냈다"고 당시를 회고한다. 선배를 만나 귤과 한라봉 등 여러 품종의 농사 현장을 견학하다 레드향과 인연을 맺었다고 한다.

당시 일본에서 인기를 끌지 못해 실패한 품종인 레드향이 제주에서 제맛을 내더란다. 김 이장은 "영악한 일본 사람들이지만 제대로 인정받지 못해서인지 상표권도 등록하지 않아 로열티 없이 농사지을 수 있다는 점도 매력 중 하나였다"며 "2010년부터 비닐하우스 3동 1,200평에 레드향만 재배하고 있다"고 한다.

마을 친구들과 함께 어울려 놀던 20대 초에 광산구 삼도동 출신 부인과 결혼해 1남 1녀를 둔 김 이장은 "두 아이 모두 광주에 살고 있어 자주 다니러 와 든든하다"며 "레드향은 설에 맞춰 수확해서 전량을 택배로 판매하는데 남매가 와서 거들어 주는 게 큰 힘이 된다"고 만족해한다.

개발위원을 맡은 동년배 선후배들에게 거듭 고마움을 표현하는 김 이장은 "주민들이 함께 화합하고 웃고 사는 마을을 만들고 싶다"는 소박한 바람을 밝히며 웃음 짓는다.

노안면

인근 마을 주민들과
새로 이사 온 사람들 어우러진 문화마을

노안면 학산7리 문화마을 | 2023년 6월 26일

문화마을은 승천보가 내려다보이는 영산강변 노안면 학산7리다. 도산1리 도천마을 사람들과 새로 이사 온 사람들이 지난 2000년부터 마을을 이뤘다. 마을 북서쪽에 가뭄에도 마르지 않고 물맛이 좋으며 약효가 뛰어나다고 알려진 샘이 있다. 마을 조성 초기엔 생활용수로 사용했고 지금도 샘물이 솟아나고 있다.

편리, 풍요, 아름다움, 교양, 세련, 우아함…. '문화' 하면 떠오르는 단어들이다. '문화'적 삶을 살고자 하는 것은 사람의 기본 욕구라고 할 것이다. 나주의 유일한 문화마을이 '승천보'가 내려다보이는 영산강변 노안면 학산리 7구에 있다. 교통이 불편하고 다섯 마을로 흩어져 서로 만나기조차 힘들던 도산1리 도천마을 사람들과 새로 이사 온 사람들이 지난 2000년부터 마을을 이뤄 어울려 살고 있다. 1998~1999년 나주시가 농어촌공사 전남지사에 위탁해 당초 61세대를 목표로 '노안지구 문화마을 조성 사업'을 추진했지만 아직까지 20여 세대는 입주하지 않은 채 비어 있어 이웃 주민들이 텃밭으로 일구고 있다.

도천마을에 살다 문화마을 조성 추진위원으로 활동했던 박래호(80세) 씨는 "1998년에 농협을 퇴직하고 퇴직금으로 집을 지

영산강 승촌보 쪽에서 본 문화마을은 해송에 둘러싸여 아늑하게 다가온다.

었다"며 "지형이 좋고 교통이 편리해서 살기 좋다"고 한다. 박 씨는 "다른 지역에서 살다 이사 온 사람들이 이사 떡만 돌리고 나서 마을 일에 함께하지 않는 경우가 많다"는 아쉬움을 표하며 "함께 대화하고 인사하고 더 잘 어울려 살면 좋겠다"는 바람을 나타낸다.

30여 년의 서울 생활을 정리하고 2019년 귀향한 김정숙(68세) 씨는 "세 아들이 모두 서울에 살고 있어 남편이랑 한 달에 5~6번은 서울 나들이를 한다"며 "퇴직하고 내려오기 위해 마련한 조카의 땅에서 가족들 먹을 고추며 깨, 마늘, 고구마, 옥수수 등을 기르며 소일하고 있다"고 한다.

광주시 광산구에 살다 7년 전 문화마을 주민이 된 박중기(72세) 씨는 "대리석 가공업을 했는데 나이 들면서 시골살이에 대한 꿈이 있었다"며 "지출도 줄이고 운동과 여유를 즐기고자 승촌보 승촌공원이 가까이 있는 이곳으로 왔다"고 한다. 박 씨 부부는 광주시에서 직장 생활하는 아들과 함께 살고 있다.

"위치도 좋고 강아지 키우며 조용한 전원생활에 맞춤이다 싶어 들어왔다"는 이○화(51세) 씨는 "살아보니 전투기 소음으로 인한 불편이 이만저만 아니다"라고 한다. 기자가 마을을 찾을 때마다 어김없이 광주군공항의 전투기 비행 소음이 취재를 방해했다. 인근 지자체 공무원인 이 씨 역시 광주시 광산구의 아파트에서 살다 2021년에 집을 짓고 이사 왔다.

경남 창원시가 고향인 최○서(52세) 씨는 "사업 관계로 인천에 살다 광주 와서 10여 년 살고 작년 10월에 옆 마을 출신인 형부 소개로 집을 사 들어왔다"며 "자가용만 있으면 생활에 불편이 없고 집 안에 자그만 텃밭을 일궈 상추며 옥수수 등을 심고 기르는 재미가 있다"고 웃음 짓는다. 최 씨는 "큰아들은 무난히 직장 생활을 하고 있는데, 작은아들이 전공과 전혀 관계없는 미용을 배운다고 해서 걱정"이라고 한다.

도천마을 남편을 만나 '노안 사람'이 된 광주시 광산구가 고향인 강영자(80세) 씨는 "도천마을에서 10여 년 쌀농사 짓고 살다 광주로 나가 건축 일을 해서 아들과 두 딸을 키웠다"며 "마을이 조성되던 2000년에 터를 분양받아 집 짓고 고향으로 돌아왔다"고 한다. 강 씨의 논밭은 여전히 도천마을에 있다.

"전두환 때문에 사업이 망했다"고 말문을 여는 이동환(78세) 씨는 "1979년 말에 수천 만 원을 투자해서 도자기 판매업을 시작했는데 전두환이 정권을 잡으려고 광주를 쑥대밭으로 만드는 바람에 물건만 납품하고 수금할 수 있는 형편이 되지 않았다"고 한다. "빚지고 못 사는 성격 때문에 남은 물건을 헐값에 정리해서 채무를 해결하고 고향으로 내려왔다"는 이 씨는 "큰 욕심 부리지 않고 남들보다 10배 더 열심히 하자는 각오로 논밭 일구고 미나리 키워 딸 다섯을 키웠다"고 한다.

문화마을 북쪽으로 국도 13호선 사이에 '해송정'이라는 정자가 있었다고 전해진다. 원래 이곳은 육송과 적송이 많은 지역인데 한양으로 과거 보러 가는 선비들이 남해안의 해송 씨앗을 가져다 뿌렸기에 해송이 많아졌다는 것이다. 해송에 둘러싸인 언덕에 밀양 박씨 청제공파 부동공 문중의 선산과 2021년 지어진 제각(帝閣)이 있다.

마을 북서쪽에 오래된 우물이 있다. 예로부터 가뭄에도 마르지 않고 물맛이 좋으며 약효가 뛰어나다고 알려진 샘이라고 한다. 마을 조성 초기만 하더라도 주민들이 생활용수로 사용했고 지금도 샘물이 솟아나고 있지만 사유지인 탓에 더 이상 이용할 수 없다고 한다.

1993년 제8대 노안농협 조합장을 지낸 고 김용재 씨가 마을에 살다 5여 년 전에 작고했다고 한다. 문화마을은 올해 나주시보건소가 운영하는 '100세 안심 경로당' 시범사업에 선정돼, 주민들의 건강 증진을 위한 다양한 신체 활동과 치매 예방을 위한 인지 활동을 진행하고 있다. 정부 계획대로 조속히 광주군공항이 이전한다면 문화마을의 '문화적 풍요'가 더욱 확대될 것으로 기대된다.

인터뷰

직원들 애로사항 듣는 것에서부터 사업 시작

최덕례 이장

"다른 지역에서 벌어 나주에서 쓴다."

남편과 함께 건축 일을 하는 최덕례(54세) 이장은 "목포시와 장흥·무안·강진·영암군 등 현장에 일하러 다닌다"며 "열심히 일하는 것만큼 수금도 잘해서 힘들게 일하는 직원들이 더 힘이 날 수 있도록 일주일에 3~4번은 함께 식사하며 이야기를 나눈다"고 한다. "굳이 회식이랄 것도 없다"는 최 이장은 "직원들의 애로사항이 무엇인지 듣는 것부터 사업은 시작된다"며 "남편의 일 처리가 꼼꼼하고 착실한 만큼 일하고 나서 좋은 평을 들을 때가 가장 행복하다"고 말했다.

"아침에 식당에 출근해서 영업 준비해놓고 건축 현장으로 달려가 회사 일 보고 하다 보니 둘 다 제대로 되지 않더라"는 최 이장은 "빛가람동에서 초밥집도 하고 마을 입구에 '최가네 식당' 간판도 달았지만 회사 일에 전념하고자 정리했다"고 한다.

올해로 4년째 이장을 맡고 있는 최 이장은 노안면의 '똑순이'로 통한다. 자율방범대장과 의용소방대장, 새마을부녀회장으로 10년 넘게 활동해서 얻은 별명이다. 친구 소개로 용산마을이 고향인 남편을 만나 두 아들을 두고 있는 최 이장은 "남편은 첫인상부터 지금까지 순하기만 한 사람"이라고 웃음 짓고는 "고등학교 졸업하고 지역 인재 채용으로 빛가람동 공공기관에 취직해 열 살 아래 중학생인 동생을 보살피고 있는 큰아들이 대견하다"고 한다.

노안면

금안권역·공간 정비 사업 등
'호남 3대 명촌' 명성 회복 기대

노안면 금안동 | 2024년 2월 26일

금안동은 노안면 금안리 인천, 반송, 광곡 등 7개 마을과 영평리 영안, 구정리 구축, 용산리 월송·송정·금곡마을 등 12개 마을을 부르던 이름이다. 대동계가 열리는 쌍계정의 현판은 조선 서예의 대가 한석봉이 썼다. 서원과 정자, 재실이 20여 곳, 효자비 등 비석이 100여 개, 고인돌 56기가 있는 금안동은 살아 있는 역사 교육장이자 박물관이다.

고려시대 첨의중찬(종1품)을 지낸 정가신(1224~1298년), 해군 잠수함 '정지함'에 이름을 준 도원수(정2품)로 조선 건국의 기틀을 만든 무관 정지(1347~1391년), 책 읽다 잠든 집현전 학사에게 세종대왕이 옷을 덮어줬다는 일화의 주인공으로 두 번의 영의정(정1품)을 지낸 신숙주(1417~1475년), 왜란에 맞서 의병을 모집해 싸우고 당상관인 첨지중추부사(정3품)를 지낸 홍천경(1553~1632년), 그리고 우리나라 언론사상 처음으로 신문사를 사회와 사원에 환원한 매일경제신문 창업주 정진기(1929~1981년), 나주 부시장을 지낸 전라남도 동부본부장 정찬균(1965년~), 나주배원협 전무 신명수(1967년~), 나주시청 도시재생팀장 정찬종(1970년~), 노안농협 전무 신영천(1970년~)…. 이들은 모두 금안동 출신이다.

전라남도 유형문화재 제34호 쌍계정에서는 매년 음력 4월 20일
지방자치의 근원이라 할 수 있는 금안동 대동계가 열린다.

금안동은 노안면 금안리 인천, 반송, 광곡 등 7개 마을과 영평리 영안, 구정리 구축, 용산리 월송·송정·금곡마을 등 12개 마을을 부르던 이름이다. 1914년 일제에 의해 행정구역이 통·폐합되기 전까지 금안면으로 불렸다. 우거진 숲에 모여든 새들의 낙원이라는 의미에서 금안(禽安)이라 불렸으며, 사신으로 가서 공을 세운 정가신이 원나라 황제에게서 금으로 만든 말안장 등을 받고 돌아왔다 하여 금안(金鞍)이라 했다고 한다.

금안동의 자랑 중 하나로 대동계(大同契)를 꼽을 수 있다. 임진왜란으로 황폐해진 마을을 다시 일으키고 주민들이 함께 가꾸자는 취지로 행해진 대동계는 지방자치의 근원이라는 평가를 받는다. 지금도 음력 4월 20일이면 마을 사람들이 쌍계정에 모여 계를 연다. 1280년 정가신이 세운 쌍계정의 현판은 조선 서예의 대가인 한석봉이 썼다.

금안권역단위정비사업으로 2018년 건립된 전통 한옥 금안

금안동을 가로지르는 노안천 빨래터에는 금안동 사람들의 애환이 쌓여 있다.

관을 오른쪽에 두고 반송마을 지나 광곡마을로 향하면 척사정과 경렬사, 신숙주 생가터, 서륜당, 쌍계정, 월정서원을 만난다. 한걸음 옮길 때마다 역사를 만난다고 해도 과언이 아니다. 서원과 정자, 재실이 20여 곳, 효자비 등 비석이 100여 개, 고인돌 56기가 있는 금안동은 그 자체가 살아 있는 역사 교육의 현장이자 박물관이다.

인천마을회관에서 만난 이춘희(81세) 씨는 "5형제 가르치려고 1984년 상경해 당시 유행하던 전자오락실 등을 하며 10년을 살다 돌아왔다"며 "육사를 나온 막내아들 결혼식장에서 고생했던 때가 떠올라 절로 눈물이 나더라"고 지난날을 회상한다. 빛가람동이 된 금천면 동악리가 고향인 이 씨의 큰아들(홍선희)은 지난해 서울시 용산구청 자치행정과장으로 정년퇴직했다.

"금성산 장사바우 지나 문평면 동막골이랑 백동까지 나무하러 갔다 캄캄한 밤길에 돌아왔다"는 정옥순(89세) 씨는 "큰딸을 낳고 먹을 게 없어서 죽음을 생각할 만큼 막막하기도 했고, 산에서 밤을 주워 명절 때 쓰려고 뒤꼍 흙에 묻어뒀는데 쥐들이 다 먹어 치웠을 땐 어이가 없더라"고 한다. 영평리 영안마을 출신인 정

씨의 댁호는 영안댁이다.

함평군 나산면이 고향인 이순임(84세) 씨는 "65년째 살고 있응께 고향이나 진배없다"며 "농협에서 빚을 내서 소를 샀고 쟁기질해 준 삯이랑 송아지 판 돈을 밑천 삼아 논도 사고 살림을 키웠다"고 한다.

광곡마을에서 만난 정국기(69세) 씨는 "군대를 마치고 광양제철, 울산석유화학단지 건설현장 등에서 일하다 20여 년 전 고향으로 돌아왔다"며 "조경 일하는 틈틈이 논농사 짓고 감나무를 가꾸는데 금성산에서 고라니며 멧돼지가 내려와 농사를 망칠 때가 많다"고 한다. "비가 많이 오면 노안천 징검다리가 넘쳐 건너지 못하고 원당마을로 돌아서 왔다"는 정 씨는 정지 장군 후손이라고 목소리에 힘을 준다.

"작은아버지가 만든 〈매일경제〉 신문과 잡지 등을 통해 60여 년째 세상과 소통한다"는 정회만(68세) 씨는 "미래 세대엔 현재 직업의 90퍼센트가 새로운 일자리로 대체되고 빈부격차는 더 심해질 것"이라고 한다. 정 씨는 "어려서부터 글 쓰고 책 읽고 노래 듣는 걸 좋아했는데 어느새 시인이 됐다"고 한다. 정윤기(1922~2007년) 전 나주중앙초등학교 교감선생이 정 씨의 부친이자 정진기 매일경제신문 창업주의 형이다.

55년 만인 2020년에 귀향한 정찬봉(73세) 씨는 "중학생 때 검찰공무원이던 아버지의 근무지인 대구로 이사 갔다"며 "서울 무교동에서 식당을 하던 30대 중반 어느 날 '60살이 넘으면 고향으로 돌아가 곧은 선비의 표상이던 할아버지처럼 살아야겠다'고 맘 먹었다"고 한다.

원당마을에 사는 홍기동(55세) 씨는 "30년 가까이 수도권에서 수입 가구를 유통하는 직장에 다니다 사업을 시작했는데 경제 상황이 나빠져 정리하고 텃자리로 돌아왔다"며 "혼자 계신 어머니랑 의견 차이로 다투기도 했는데 '평생 살아오신 삶에 끼어들 게 아니라 도와 드리자'고 맘먹고 나니 사는 게 즐거워졌다"고 한다. 홍 씨는 나주교통에서 버스 운전원으로 일하고 있다.

공장 부지를 찾던 중 아버지 고향에 터를 잡았다는 홍기재(55세) 씨는 "전남에서 최대인 주민 42명이 조합원으로 참여해 초벌구이한 볏집삼겹살과 김치 등을 온라인으로 판매하는 마을기업 금안협동조합의 성공을 위해 노력하고 있다"며 "현대 유통 트렌드에 맞춰 지역이 갖고 있는 자원을 활용해 지역 발전에 기여하고자 한다"는 뜻을 밝힌다.

20여 년 가까이 악취 문제로 갈등을 빚어 온 마을 입구 돈사를 정비하는 농림축산식품부 공간정비사업을 위해 주민협의체를 구성해 대표를 맡은 홍 씨는 "금안동이 갖고 있는 역사문화자원과 금성산이라는 자연 자원을 연계해 살기 좋은 마을을 만드는 데 주민들이 역할을 할 수 있도록 할 것"이란다. 홍 씨의 바람대로 '호남 3대 명촌, 금안동'이 새롭게 탈바꿈하길 기대해본다.

인터뷰

교복 입고 시작한 40년 공무원 퇴직… 마을에 보탬 되길

최안순　금안한글농촌체험마을 사무장

"이 옷 입지 말고 언니가 입는 옷 입고 와요." 처음 출근하던 날 군수의 말이 또렷하다는 최안순(69세) 금안한글농촌체험마을 사무장은 "고등학교 3학년 때 9급 공무원 시험에 합격해 재학 중인 11월에 신안군청으로 발령났다"며 "어렵던 시절이라 옷이라곤 교복밖에 없었다"고 한다. 최 사무장은 "4여 년 신안군에서 일하다 1980년에 고향인 나주군 다시면으로 오게 됐다"고 한다. 그해 풍산홍씨 종부가 돼 4남매를 키우고 2016년 나주시청 규제개혁팀장으로 40년 공직 생활을 마쳤다.

"서울 구로공단의 인형 공장에서 일하면서 고등학생인 친구와 편지를 주고받으며 공부하고 싶은 열망을 키웠다"는 최 사무장은 "또래들보다 2년 늦게 새끼 돼지 팔아 등록금을 내고 고등학교에 진학했다"고 했다.

최 사무장은 "금안한글농촌체험마을은 전래놀이나 요가 등 문화 강좌로 주민들과 함께하는 한편, 인근 학생들이 참여하는 쿠키 만들기, 한복·한옥·한글 체험을 진행하고 있다"고 한다.

금안2리(반송·원당) 이장 일을 겸하며 "주민들이 함께 금안 권역을 가꾸는 데 자그마한 힘이라도 보탬이 되고자 한다"는 최 사무장의 바람대로 금안동이 주민들과 방문객들이 함께 즐기는 명촌으로 거듭나길 소망해본다.

영강동

일제 때 영산강 둑 쌓고
농경지와 배 과수원 생겨 마을 형성

영강동 11통 남부마을 | 2023년 1월 16일

신흥산 구릉에서 삼국시대 석곽 4기가 발견됐다. 보고서의 현장에는 대나무와 소나무만 무성할 뿐 석곽의 흔적은 찾을 수 없다. 마을 앞까지 바닷물이 들어오던 시대에 형성된 역사를 잃은 것이다. 2001년 《나주시지》의 '분식집 5곳, 서점과 학원 각 3곳, 미용실 2곳, 주유소와 자동차수리점, 슈퍼 등이 있다'는 기록이 무색하다.

영강동 남부고분군. 영산중학교 뒤 신흥산(59미터) 북동쪽 구릉에서 삼국시대 장례 문화를 보여주는 돌로 만든 관인 석곽 4기가 발견됐다. 2009년 문화재청 국립나주문화재연구소가 발간한 〈나주시 문화유산 종합학술조사보고서〉의 기록이다. 보고서의 기록을 따라 찾아온 현장에는 대나무와 소나무만 무성할 뿐 어떠한 흔적도 찾을 수 없었다. 마을 주민들도 실체에 대해 들은 바가 없다고 한다. 영산강 유역에 바닷물이 들어오던 시대에 형성된 역사 유적을 잃었다는 상실감에 고개를 갸웃거릴 뿐이다.

마을 입구에 있는 초등학교 앞에서 마트를 하다 최근에 문을 닫은 이정금(86세) 씨는 "결혼하면서 영암군 신북면 고향을 떠나 강 건너 선창가 죽전골목에서 60여 년 쌀장사를 해서 6남매 공부시키고 결혼시키고 6년 전에 이곳으로 왔는데 도저히 장사가 안 돼 문

신흘산을 둘러싸고 영강동 남부마을이 있다.

을 닫았다"며 "금쪽같던 딸아이를 마흔일곱 살 꽃 같은 나이에 병으로 먼저 보내고 나니 지금도 가슴이 미어진다"고 눈시울을 붉힌다.

초·중·고등학생 37명을 돌보고 있는 지역아동센터 김하정(49세) 시설장은 "학습 환경과 센터 분위기가 좋아지고 있다는 평가를 받아 보람을 느낀다"며 "학생 대다수가 다문화와 한부모 가정으로 다른 지역보다 열악한 환경이지만 친환경 국산 식자재를 이용해 성장기 아이들에게 좋은 음식을 제공하려고 노력하고 있다"고 한다.

보일러 대리점을 하기 위해 1996년 고향인 전라북도 군산시에서 이 마을에 터를 잡은 최완임(69세) 씨는 "처음 올 때만 해도 오가는 사람도 많고 나름 상권이 형성된 짱짱한 곳이었는데 갈수록 쇠퇴해가는 모습이 안타깝다"며 "벌이는 줄더라도 맘 편하게 일하고 싶어 10여 년 전부터 본사 간섭에서 벗어나고자 대리점을 그만두고 다양한 제품을 취급하고 있다"고 한다.

영강초등학교 정문 앞에서 피아노 학원을 경영하고 있는 김신영(47세) 씨는 "2003년 처음 학원을 열 때보다 80%가량 원생이 줄었다"며 "각 학년이 4개 반이었는데 지금은 1개 반에 20명이 채 되지 않지만 배우려는 학생이 있는 한 이 자리를 지키고자 한다"고 전한다.

"어르신들이 주변 분들의 상태에 대해 당신의 일처럼 관심을 주시고 오며 가며 인사해주시고 안부를 묻는 등 따뜻함을 느낀다"는 연리지재가복지센터 정운(32세) 팀장은 "다른 동 지역에 비해 연로하신 분들도 많고 낙후돼 복지 서비스에 대해 전혀 모르시는 분들도 있어 저희의 역할이 절실한 지역으로 최선을 다하고자 한다"는 사명감을 밝힌다.

마을 가운데에 있는 기독교대한성결교회 나주금성교회에 부임하는 남편과 함께 2003년에 마을에 왔다는 김영희(58세) 씨는 "지인들을 만나거나 전화 통화할 때면 스스로 '나주댁'이라고 이야기한다"며 "처음 나주터미널에 도착했을 때 나주 도심의 어두움이 생소했는데 지금은 서울 생각이 나지 않을 정도로 편하고 익숙하다"며 만족감을 나타낸다.

강원도 인제군에서 군 복무 중이라는 임○현(23세) 씨는 "2017년까지 살던 왕곡면 월천리는 대중교통이 불편했는데 여기는 시내버스가 수시로 지나고 기차역도 인접해 있어 여러모로 편리하지만 젊은 사람을 만나기 어려워 안타깝다"며 "다음 달 21일이면 복무를 마치고 전역하는데 이후 진로가 고민"이라며 약속 장소로 발걸음을 재촉한다.

일제강점기 영산강에 제방을 쌓고 농경지와 배 과수원이 생기

일제강점기에 영산강 제방을 쌓고 농경지와 배 과수원이 생기면서
본격적으로 마을이 형성됐다. 마을 뒤편에 남아 있는 배 과수원만이 지난 역사를 보여준다.

면서 본격적으로 마을이 형성된 남부마을은 전반적으로 휑하다는 느낌을 지울 수 없다. 유치원과 초·중·고등학교, 146세대의 아파트까지 있지만 거리의 상가들이 대부분 비어 있기 때문이다.

《나주시지》에 따르면 2001년에 분식집이 5곳, 서점과 학원이 각 3곳, 미용실 2곳에 주유소와 자동차 수리점, 슈퍼 등이 있었지만, 현재 남아 있는 점포는 미용실과 작은 상점과 피아노 학원 1곳뿐이다. 2001년 마을 뒤로 나주역이 이전해 왔고 2011년에 나주종합스포츠파크가 들어왔다. 마을에 접한 국도 13호선 건너편엔 롯데마트가 2011년부터 영업을 시작했다. 같은 자료에 769명이던 학생 수가 224명으로 줄어든 영산고의 모습이 남부마을의 현실을 보여주는 것 같아 아쉬움이 남는다.

인터뷰

금천면 상야마을 고향은 혁신도시에 뺏겨

이옥환 통장

"땅도 잃고 사람도 잃고 고향이 완전히 사라져부렀어."

 남부마을 대덕아파트에 사는 이옥환(73세) 통장은 금천면 동악리 1구 상야마을이 고향이다. 혁신도시에 수용된 배메산 바로 앞마을이다. 혁신도시가 만들어지고 고향을 잃은 마을 사람들 30여 명이 3개월에 한 번씩 모임을 가졌다. 큰아들이 빛가람동으로 이사해서 함께 살자는 것도 거절했다. 빌딩과 아파트가 차지한 빛가람동은 더 이상 상야마을이 아니기 때문이란다.

 "마을 입구에서 슈퍼와 부동산중개소를 하면서 야채 유통도 중개했다"는 이 통장은 "봄에는 수박, 여름엔 배추와 무 등을 재배해서 대구며 부산의 대형 야채 시장에 출하하느라 날마다 100~200명씩 일하러 와서 덩달아 슈퍼도 잘됐다"고 한다. 1980년대 말 영암군 신북면 농공단지에 설립한 세라믹 회사에 투자하면서 영산동 백조아파트로 이사해서 살다가 1991년 신축한 대덕아파트로 왔다. 출퇴근이 편해서였다. 공장을 도맡아야 했던 이 통장은 IMF 경제 위기로 욕조와 변기 등 제품 수요가 줄면서 고비를 넘지 못했단다. 다행히 밀린 임금을 주고 회사 문을 닫았다.

 함께 고등학교를 다니던 옆 마을 친구의 사촌 동생과 만나 20대 초반에 결혼해 3남매를 두고 있다. 가까운 광주광역시에 살고 있는 3남매와 6명의 손주가 있어 행복하다는 이 통장은 "주변 사람에게서 부러울 것 없다는 말을 많이 듣는다"며 행복감을 감추지 않는다.

영강동

강물이 막히고 철길이 멈춘 택촌,
발길 끊어져 쇠락의 길로

영강동 8통 택촌 ｜ 2023년 4월 24일

2015년 마을 사람들이 주인공이 돼 살아온 이야기로 마을 영화를 찍고, 주민들이 손수 바느질해 만든 제품을 광주 송정역 시장의 가게를 빌려 판매하기도 했다. 택촌을 둘러싸고 폐선된 호남선 부지에 조성된 철길공원에 도내기샘이 있다. 도내기샘에는 '그녀의 세도가 정승 못지 않았다'는 나합 양씨의 이야기가 있다.

도로가 끊기고 철길이 멈추고 강물도 막혔다. 마을 앞으로 국도 1호선이 지나고 영산포역에 호남선 기차가 설 때만 해도 사람들이 와자지껄했다. 강변 모래밭이 은빛으로 반짝이던 영산강은 삶의 터전이자 물놀이장이자 피서지였다. 하지만 시간이 흘러 오가는 사람도 끊기고 영산강을 찾는 이도 없다. 마을은 활기를 잃고 잊혀간다. 영강동 택촌의 모습이다.

"영산강이 나주 발전을 위한 핵심 자원이라고 생각한다"는 나진균(65세) 통장은 "나주에 있는 수많은 역사 문화 자원을 연계해서 외지인들을 끌어들이기 위한 고민 없이 방치되고 있는 것처럼 10년 후 우리 마을의 모습이 걱정된다"고 안타까워한다. 나 통장은 "2015년 주민들이 주인공이 돼 살아온 이야기로 마을 영화를 찍고, 이듬해엔 주민들이 녹슬지 않은 솜씨로 손수 바느질해 만든

옛 국도 1호선을 따라 가다보면 영산강에 접한 택촌을 만난다.

제품을 광주 송정역시장에 있는 가게를 빌려 판매한 적이 있다"며 "준비한 작품들이 한나절도 안 돼 모두 팔렸는데, 어느 중년 부인이 작품을 준비한 영상을 보고 '어머니 생각이 난다'며 눈물을 흘리던 모습에서 어르신들 일거리도 되고 마을이 살아날 수 있는 비전을 찾았다"고 말한다. 여러 이유로 사업을 계속하지 못한 것이 못내 아쉽다고 덧붙인다.

마을 표지석을 따라가다 보면 '삼영슈퍼' 간판을 만난다. 8년 전 문을 닫았지만 여전히 마을 사람들이 사랑방처럼 들른다는 슈퍼 주인 김막래(83세) 씨는 "직접 기른 푸성귀 무침을 안주 삼아 막걸리를 마시러 오는 손님들이 많았다"며 "나이 들어 건강이 나빠지기도 했지만 오가는 사람이 없어서 슈퍼를 그만뒀다"고 한다. 스물한 살에 결혼하면서 택촌이 영암군 삼호면에 이어 제2의 고향이 됐다는 김 씨는 "모 심고 큰비가 오면 다 쓸려 내려가서 못 먹게 되는 일도 많았다"고 옛일을 떠올린다.

운동하러 나왔다는 최현숙(90세) 씨는 "부영아파트 옆에 식품 공장이 있을 때는 고구마를 썰어 말리는 일로 돈벌이를 하기도 했다"며 "마을 앞 삼영천 둑길을 너무 낮게 포장해 물에 잠기고 질퍽거려 다니기 곤란할 때가 많다"고 했다. 다시면 동당리가 고향인 최 씨는 18세에 결혼해 70년 넘게 택촌에 살고 있다.

영산포역 수화물취급소에 취직해 1978년에 이사 왔다는 강성철(84세) 씨는 "2001년 영산포역이 문을 닫기 전까지 택촌에는 사람들이 바글바글했다"며 "1980년대 초 국도 1호선이 새로 생기던 때부터 마을이 쇠락해갔다"고 한다. "공산면 금곡리가 고향이지만 태어난 곳은 일본 오사카로 어릴 때 지진으로 도로가 뒤흔들려 걸어 다닐 수 없었던 기억이 있다"는 강 씨는 2006년 나주역에서 퇴직했다.

17세에 일자리를 찾아 무작정 상경했다가 50년 만에 고향으로 돌아왔다는 나종만(72세) 씨는 "마을 뒤 '참나무밭'에서 15명 또래 친구들과 함께 땅콩치기(길고 짧은 두 개의 막대로 하는 자치기의 방언)하며 온종일 놀던 기억이 여전하다"며 "객지에서 식당 일로 시작해서 목수로 집 짓고 다니느라 콩팥이며 척추, 눈 등 성한 데가 없다"고 한다.

마을회관에서 만난 한동금(90세) 씨는 "스물세 살에 결혼하면서 고향인 영암군 금정면을 나와 택촌에서 쌀농사 지어 여섯 공주를 키웠다"며 "영산강에서 투망으로 붕어 잡고 대사리(다슬기의 방언)며 조개 잡아 마을 사람들이랑 어울려 잔치도 벌이며 살았다"고 한다.

현대건설에서 일하면서 중동을 비롯해 한강·영산강 등 현장에

영산창과 성, 와요지가 있던 택촌에 봄볕이 따뜻하다.

서 일한 10여 년을 빼고 9대째 고향을 지켜왔다는 나종순(71세)는 "아버님 대까지만 하더라도 한해에 서울대를 4~5명이 입학하고 군수며 대학교수, 변호사도 여럿 나온 학자 마을이었다"며 "강변 마을이라 논도 적고 산업화 바람에 사람들이 떠나면서 그 맥이 끊어진 것이 안타깝다"고 한다. 동수농공단지에서 유리온실용 철구조물 제조회사를 경영하는 나 씨는 "국내 시장의 50퍼센트를 차지하고 매년 10번 이상 해외 전시에 나가기도 했지만 욕심을 버리고 맘 편히 사는 게 최고라 생각한다"며 트랙터를 몰고 집 앞 텃밭으로 향한다.

나주 나씨 집성촌으로 형성된 택촌은 고려 말에 지금의 국영 창고라 할 수 있는 영산창과 성이 설치됐다. 마을 입구에 덩그러니 놓인 표지석만이 그 역사를 알려주고 있다. 기와를 굽던 와요지가 마을 남쪽 영산강변에 있었지만 발굴되지 못하고 유실됐다는 기록만 있다. 와요지를 묻는 말에 마을 사람들은 "공사하면서

폐선된 호남선 부지에 만들어진 철길공원에 나합의 이야기가 있는 도내기샘이 있다.

그냥 묻어버리더라"고 답한다.

택촌을 둘러싸고 호남선 폐사 부지에 만들어진 철길공원에 도내기샘이 있다. 도내기샘에는 나합 양씨의 전설이 있다. 한학의 대가인 전주 감사 이서구가 나주에 인물이 날 것을 점치고 사람을 불러 "삼영리로 가면 어린아이를 낳은 이가 있을 것이니 그 아이를 찾아 남아면 즉시 죽이고 여아면 살려주어라"고 했다. 확인하니 여아라 살려주었는데, 자라면서 자태가 곱고 소리도 잘하고 기악에도 뛰어나 인근 남자들의 애를 태웠다고 한다. 조선 말 외척인 안동 김씨 김좌근의 애첩이 된 그녀의 세도가 정승 못지 않았다고 하여 정승들의 존칭인 '합하'를 붙여 나주 합하, 나합이라 했다고 한다.

인터뷰

외지인과 교류 통해 발전 꾀하는 공병 줍는 통장
나진균 통장

"'통장이 뭘 그리 줍고 다니냐'고 핀잔처럼 말씀하시는 분들도 있다"며 웃음 짓는 나진균(65세) 통장은 "분리수거로 환경도 살리고 재활용품 판매 수익으로 어려운 이웃을 돕기 위해 주변 사람들에게 빈 병 함부로 버리지 말고 모아달라고 부탁한다"고 한다. "어른들이 모범을 보여야 우리 사회가 더 건강해진다는 생각으로 3년째 빈 병을 수거하고 있다"는 나 통장은 "작년에 빈 병 팔아 마련한 21만 원을 어려운 이웃을 돕는 데 쓰고 텃밭에서 기른 배추 300포기를 '영강동 독거노인을 위한 김장 담그기'에 내놓았다"고 한다.

1979년 말 군에 입대한 나 통장은 1군단 제1공병여단에서 수송병으로 복무했다. "우리 부대가 전두환이 사회 정화를 명분으로 만든 삼청교육대를 직접 설치하고 교육을 담당했다"는 나 통장은 "광주민중항쟁에 대한 실상도 모른 채 전라도 출신이라는 이유만으로 선임병들에게 많은 핍박을 받았다"고 한다. 나중에 휴가 나와서 선후배에게서 광주민중항쟁 소식을 들었다는 나 통장은 "간첩이 침투하지 않았다는 사실을 알게 됐지만 보안대의 서슬이 시퍼렇던 당시 군대에선 아무런 말도 할 수 없었다"고 한다.

군 복무를 마치고 광주에서 택시와 인연을 맺은 나 통장은 "그때만 하더라도 수입이 좋아 선망받던 직업이었다"며 "해마다 수백 대씩 택시를 늘리던 시절이라 4~5년 무사고면 가능할 줄 알았는데 1990년대 들어서면서 증차를 중단하는 바람에 2005년에서야 14.8년 경력으로 내 차를 받았다"고 한다. "20년 넘게 일했지만 부기사로 일한 시간은 경력을 인정받지 못했다"는 나 통장은 "나이 드신 부모님을 모셔야겠다는 생각으로 2010년에 광주 생활을 정리하고 고향으로 내려왔다"고 한다.

결혼 34년째인 나 통장은 "착하고 순한 집사람에 반해 3년 사귀고 결혼했는데 지금도 여전히 최고"라며 "직장을 그만두고 쉬자고 하는데도 본인이 좋아라 해서 지금도 회사에 나간다"고 한다. 두 딸과 세 손주가 '전 재산'이라는 나 통장은 "지난달에 태어난 손주만 바라보면 세상 부러울 게 없다"며 행복감을 감추지 않는다.

"마을 어른들한테 인사 잘하고 말벗하며 어울리는 조건으로 빛가람동 등 도시민들에게 텃밭을 주말농장으로 분양했다"는 나 통장은 "택촌이 택촌 사람들만의 것이 아니라 외지인들과 교류를 통해 발전해야 한다는 소신으로 통장 일에 최선을 다하겠다"고 힘주어 말한다.

영강동

둔치체육공원과 철도공원 인접해
살기 좋고 영산강 경치 빼어나

영강동 12~13통 부영아파트 | 2024년 7월 15일

포전이라 불리는 영산강 하천부지는 유채랑 배추, 무를 심어 기르는 영강동 사람들의 삶의 터전이었다. 강변의 체육공원이나 옛 철길 따라 산책하기도 좋고 최근에 문을 연 철도공원에서 아이들이랑 함께 놀 수 있는 시원한 실내 공간도 있어 주변 생활환경이 매우 좋다. 101~103동 505세대는 12통, 104~107동 489세대는 13통으로 나뉜다.

아파트 안에 곧게 뻗은 삼나무가 이곳이 주정공장 자리였음을 알려준다. 아파트 뒤편 야산을 '전기산'이라 불리었던 것은 변전소가 있었기 때문이다. 바닷길을 이용하는 영강진과 곡식을 보관하는 영강창·제창 등이 있고 기차가 물류를 책임지던 역이 있던 영강동이 영산포의 중심, '진짜 영산포'였다고 한다. 영강동에 부영아파트가 만들어지면서 소주의 원료를 만드는 주정공장이며 변전소, 유리공장, 통조림공장 등이 사라졌다.

"어려서 아버지가 일하는 주정공장으로 도시락을 가져다드리고, 명절 앞두고 공장 공동목욕탕에 뜨거운 물로 목욕하러 갈 때마다 정문 앞에서 만나던 삼나무가 그 자리에 그대로 남아 있다"는 나종화(61세) 씨는 "변전소 뒤 전기산 너머 택촌이 고향이라 영산강 둑길로 영강초를 다녔다"며 "포전이라 불리던 하천부지는 유채

상가에서 세탁소를 운영하는 나종화(61세) 씨는 "통조림공장 굴뚝이 그대로 남아 있다"고 한다.

랑 배추, 무를 심어 기르는 영강동 사람들의 삶의 터전이었다"고 과거를 회상한다. 나씨는 아파트 상가에서 22년째 세탁소를 운영하고 있다.

1989년 대홍수 때 내동마을에 있는 나주실내체육관으로 대피한 기억을 떠올린 이혜란(59세) 씨는 "영산강 둑이 터져 물난리가 나서 마을 사람들과 함께 피난을 갔다"며 "미처 피하지 못하고 죽은 사람도 많았고 극성을 부리는 모기떼 때문에 밤에 잠을 잘 수 없었던 기억이 또렷하다"고 한다.

영산강 건너 죽전골목에서 '희망참기름'을 운영한 노현순(92세) 씨는 "스물세 살에 결혼하고 얼마 안 돼 기름집 문을 열고 4년 전 아파트로 이사 오기 전까지니까 60년 넘게 했다"며 "어려서 영산포로 왔지만 고향이 화순이라 '화순댁'이라 부르고 가게 때문에 '지름댁'이라고 했고, 지금도 '지름집 아짐'이라고 부른다"고 환하게 웃는다.

"강진군 군동면에서 안창동 용두마을로 시집와서 평생을 농사짓고 살다 아저씨 죽고 일 그만하려고 5년 전에 집이랑 논을 다 정리하고 이사 왔다"는 윤형순(86세) 씨는 "결혼하기 전에 고향에서 살 때는 베 짜는 일을 젤 많이 했는데 결혼하고 와 보니 과수 농사도 없고 쌀농사만 짓더라"며 "뼈가 녹아나도록 일만 해서 3남매 키운 기억밖에 없다"고 한다.

"개인 택시를 하는 아저씨 드실 저녁 반찬으로 소고기 장조림을 해놓고 나왔다"는 이영심(78세) 씨는 "노안면 장동리에서 나고 크다 한국통신에 다니는 남편 고향인 양천리에서 신혼살림을 시작해 10여 년 살다 성북동을 거쳐 여기로 왔다"며 "젊어서 가야농공단지에 있는 공장의 구내식당을 10여 년 하기도 했다"고 덧붙인다.

송월동에서 2주 전에 이사 온 김○원(34세) 씨는 "여섯 살 된 아이가 둔치체육공원에서 자전거랑 킥보드 타고 노는 걸 워낙 좋아해서 3개월 넘게 기다렸다 입주했다"며 "광주에서 자영업도 했는데 개인 시간을 가질 수 없어 정리하고 동수농공단지의 팔도나주공장에서 일한 지 6년 됐다"고 한다. 이창동 세원맨션이 고향인 김 씨는 "영산강을 바라보는 경치가 너무 좋다"며 만족해한다.

"102동에서 신혼살림을 시작해 지금은 101동에 산다"는 유○민(36세) 씨는 "광주 광산구가 고향인데 나주에서 직장 생활을 하다 신랑을 만났다"며 "강변의 체육공원이나 옛 철길 따라 산책하기도 좋고 최근에 문을 연 철도공원에서 아이들이랑 함께 놀 수 있는 시원한 실내 공간도 있어 주변 생활환경이 매우 좋다"고 한다.

관리사무소 2층에 있는 '배꽃작은도서관' 사무국장 오향미(50세) 씨는 "아이들과 주민들이 책과 가까워지고 '책을 통한 놀이 공간'으로 만들어가려고 한다"며 "대화가 단절된 개인화된 사회에서 다양한 문화 활동과 간접 경험을 확대해야 시야가 넓어질 수 있다"며 "많은 사람이 교류하면서 행복감을 느낌으로써 선한 영향력이 확산될 수 있을 것"이라고 당찬 포부를 밝힌다.

배꽃작은도서관은 매주 토요일 오전에 중·고등 모임을 갖고 영화와 음악 등 문화행사를 체험하고, 오후엔 초등학생들과 함께 독서토론과 영어·한자·요리 교실 등의 프로그램을 운영하고 있다. 지난달 22일엔 아파트 옆에 있는 국립나주문화유산연구소와 함께 가족 소통 프로그램 '엄마, 아빠 오늘은 뭐해요?'를 열어 주민들과 함께했다. 또 2023년엔 주부들의 콘서트와 학생들의 다양한 활동을 선보이는 축제를 열기도 했다.

7개 동 994세대의 영강동 부영아파트는 101~103동 505세대 700여 명은 12통, 104~107동 489세대 660여 명은 13통으로 나뉜다. 제16·19대 국회의원을 지낸 배기운 전 의원은 국회의원에 당선된 2000년부터 살고 있고, 구한말 영산강을 터전으로 살던 민중의 삶을 다룬 대하소설 《타오르는 강》의 작가 문순태 전 대학교수도 최근 이사 왔다. 지난달 13통(통장 임현숙) 주민들은 마을 가꾸기 사업으로 아파트 입구 화단을 새 단장하기도 했다.

부영아파트 주민들이 함께 모여 이야기를 나누고 있다.

인터뷰

영강동의 역사와 문화·이야기를 한 권의 책으로 묶어

이천중 통장

"제 인생에서 가장 잘한 일은 영강동의 역사와 문화를 정리한 책을 펴낸 것입니다."

영강동 주민자치위원회 간사를 맡아 2021년 《영산포의 텃자리, 영강동은 흐른다》를 발행한 일을 꺼낸 이천중(55세) 통장은 "역사와 유래, 문화유산과 기관·시설, 사람들의 이야기 등을 글과 사진으로 한 권의 책에 '영강동의 모든 것'을 담았다"며 "그 과정에서 내가 살고 있는 영강동에 대해 한 번 더 깊이 생각하는 뜻깊은 시간이었다"고 목소리에 힘을 준다.

"지역 문제에 관심을 가지면서 10여 년 전부터 주민자치위원회에 참여하기 시작했다"는 이 통장은 "영강동 곳곳에 수국이며 백일홍을 심으며 동네가 밝아지는 보람을 느꼈다"며 "도내기샘공원을 조성할 때 자료가 없어 제대로 된 물길을 찾지 못한 점은 아쉬움으로 남는다"고 했다.

"어릴 적 할머니와 함께 도토리 주으러 온 기억이 있다"는 이 통장은 "활터인 창랑정이 있던 '전기산'은 초등부터 고등학생 때까지 거의 대부분 소풍을 다닌 곳"이라고 한다.

영산강 건너 대흥동에서 나고 살다 2003년에 부영아파트로 이사 온 이 통장은 "주민들이 함께 아파트 일에 참여하는 모임을 만들기 위해 준비하고 있다"는 포부를 밝힌다.

금남동

공동체 문화가 살아 있는
역사와 현대가 공존하는 마을

금남동 18통 죽림마을 | 2022년 7월 18일

배를 담아 팔던 '배가구'는 마을에 숲을 이룬 대나무로 만들었다. 2001년 나주역이 송월동으로 옮기기 전엔 기차를 이용하는 사람들이 오가는 길목이었다. '전두환도로'로 불렸던 남고문로를 앞에 두고 남산공원 동남쪽에 자리한 죽림마을은 영산강에 접해 있어 선사시대부터 사람들이 모여 살았다.

"배가구 하믄 모르는 사람이 없었제."

"금천이나 송월동에서 배를 사다가 대나무로 배가구를 만들어서 팔았어."

"영산포역까지 기차를 타고 오가며 팔기도 하고."

"역이 있을 때만 해도 살 만했는디."

배가구 이야기를 꺼내자 주민들이 너도나도 옛 기억을 불러낸다.

"나주역이 죽림동에 있을 때 이 동네에 정착했어요. 철도 공무원으로 정년퇴직하고 나서 지금까지 살고 있응께 고향이나 다름없제!"라는 한충남(81세) 노인회장은 죽림동에서 40여 년째 살고 있다. 한 회장은 "그때나 지금이나 크게 달라진 게 없어 안타깝다"는 말을 덧붙인다. 죽림동은 2001년 나주역이 송월동으로 떠나기

죽림동을 알려 주는 대나무 담장이 마을 안길로 연결돼 있다.

전까진 기차를 이용하려는 시민들과 관광객들이 오가는 길목이었다.

전두환이 1988년 총선을 앞두고 선심성으로 개통해 '전두환도로'로 불린다는 남고문에서 옛 나주역으로 이어진 남고문로를 따라 옛 화남산업 터까지 남산공원 동남 방향으로 자리한 죽림마을은 영산강에 접해 있어 선사시대부터 사람들이 모여 살았을 것으로 보인다. 실제로 인덕정 활터 앞에 펼쳐진 야산과 밭에서 다수의 토기와 옹기 조각이 출토돼 문화재보호구역으로 개발이 제한된다.

한때는 마을 사람들이 모여 막걸리 잔을 부딪히는 사랑방이자 아이들의 군것질거리를 팔던 점방이 3곳 있었지만 지금은 모두 사라지고 없다. 시대에 따라 변화하며 문을 닫은 것이다. 1994년에 마을회관이 들어선 자리도 그중 하나였다.

1995년 12월 죽림마을에 삼성아파트가 들어왔다. 주민들의

마을 왼편 언덕과 밭에서 고대 유물인 토기와 옹기 조각이 출토돼
죽림마을 일대가 문화재보호구역으로 지정됐다.

삶에 영향을 준 건 없지만 같은 동네라는 사실만으로도 뿌듯했다고 한다. 제일교회가 2003년 남내동에서 이사 오고, 옛 나주역 터에 '학생독립운동기념관'이 2008년 문을 열었다. 죽림마을의 또 다른 변화 중 하나는 나주중학교다. 해방 직후인 1946년 개교 당시부터 남녀 구분이 없었다가 1961년 나주중학교가 분리돼 나가고 나주여중학교로 남아 있다가 1998년 통합하여 다시 제자리로 돌아온 것이다.

통장을 맡고 있는 윤길정(91세) 씨는 "활터가 있는 마을 뒷산이랑 남고문로가 난 마을 앞이랑 마을 전체적으로 대나무가 많아 '대 죽(竹) 수풀 림(林)' 자를 써서 죽림이라고 했제. 대삼몰이라고도 불렀어"라면서 "길 내고 집 짓고 하면서 사라져 부렀제"라며 마을의 옛 모습을 설명한다. 윤 통장은 "마을에서 남산 올라가는 길에 화장터가 있었어 그래서 근처에서 귀신 나온다는 말을 많이 했제"라고 덧붙인다.

마을회관에서 만난 정귀례(90세) 씨는 죽림마을에서 나고 자랐다. 정 씨는 "우리 마을 사람들은 인심이 좋아. 일제나 인공 때(한국전쟁 기간 북한군이 장악했던 시기) 같이 험악한 시절에도 마을 사람끼리 모략하는 일은 없었다"며 "시내로 일 보러 가려면 남산공원을 넘어서 가야 했다"고 기억을 되살린다. 목포 출신인 김정숙(76세) 씨는 결혼해서 죽림마을로 들어왔다. 김 씨는 "동네 사람들이 한식구처럼 서로 돕고 산다"며 "김장 때는 서로 돌아가며 도와주고 김치를 나눠 먹기도 한다"고 자랑한다.

죽림마을회관에 삼삼오오 모여 앉은 주민들은 "아파트가 들어온다느니 도시 재생을 한다는 말은 많지만 제대로 되는 일이 없다"고 한탄한다. 마을에는 젊은 사람들도 많이 살지만 마을회관에 나오지도 않고 마을 일에 무관심해서 누가 사는지도 모른단다. 도시의 쓸쓸한 풍경이다. 죽림마을은 죽림동이 됐다가 남산동을 거쳐 지금은 금남동에 속해 있지만, 여전히 공동체 문화가 살아 있는 역사와 현대가 공존하는 마을이다.

마을 사람들은 죽림마을이 다른 지역에 비해 발전이 뒤처져 있다고 입을 모은다. 전기나 수도, 전화도 다른 지역보다 늦었단다. 아직 주민들의 야외 쉼터인 속칭 '우산각'도 없다. 주민들은 지역 발전이 안 되는 이유로 문화재보호구역과 함께 활터를 꼽는다. 과거에 어느 기업이 아파트 건설을 검토했지만 활터가 있다는 이유로 포기했다는 것이다. 죽림마을이 다시 활기를 되찾고 제대로 된 재생의 길을 가길 기대한다.

인터뷰

51년째 마을 일 도맡아 "마지막까지 최선 다할 것"

윤길정　통장

윤길정(91세) 통장은 1970년대 초에 마을 일을 맡은 이후 나주시에서 가장 오랫동안 통장을 하고 있다. 지금까지 51년째 통장이다. 아마도 국내 최고령, 최장수 통장으로 기록될 것으로 보인다.

　윤 통장이 했던 마을 일 중 가장 기억에 남는 일은 초가지붕을 슬레이트로 개량한 일이라고 한다. 통장을 맡은 지 얼마 되지 않아 마을의 초가집을 슬레이트로 교체하라는 지침이 내려왔다. 미관이 좋지 않다는 것이다. 교체한 뒤에 자금을 지원한다는데, 한 집에 3만 원이라는 거금을 마련할 길이 없더라는 것이다. 이를 해결하기 위해 농협에서 대출을 받고 정책자금으로 갚느라 동분서주했던 기억이 여전히 생생하단다.

　한국전쟁이 발발하자 윤 통장은 열아홉 살에 스스로 군대에 입대했다. 운 좋게도 병참 보직을 맡아 대구, 부산, 조치원 등 임지를 따라 10여 년 복무했다. 중사 계급이던 1960년에 부대에서 보급품 관리 사고가 났다. 쌀의 품질을 검사하는 검수미는 검사한 다음 반납해야 함에도 담당자가 사적으로 유용한 것이다. 이에 윤 통장은 사고의 책임을 지고 2계급 강등되어 병장으로 전역하고 고향으로 돌아왔다. "세상사 뜻대로 되는 일 없다"는 윤 통장은 "군 생활을 계속했더라면 통장은 하지 못했을 것"이란다. 윤 통장은 "마을 일을 언제까지 더 할 수 있을지 모르지만 마지막까지 최선을 다할 것"이라고 담담하게 답한다.

금남동

집집마다 교통사고 아픔 안고 사는 장산, 용치마을

금남동 7통 장산, 용치마을 | 2022년 10월 4일

1980년대 초 마을 앞으로 국도1호선 포장도로가 생긴 뒤로 마을 사람들이 교통사고를 많이 당했다. 산골 마을이다 보니 평균기온보다 2도 낮다고 한다. 농토가 없어 생계를 위해 인근 지역으로 돈벌이를 다녔다. 삽치마을 표지석 주위의 고인돌 5기는 국도 개설 당시 옮겨진 것이라고 한다.

"교통사고를 당하지 않은 집이 없을 정도였제." 1980년대 초 마을 앞으로 국도 1호선 포장도로가 생긴 뒤로 마을 사람이 교통사고를 많이 당했단다. 이길동(54세) 통장도 초등학교 3학년 때 외사촌과 자전거를 타고 가다 뒤에서 오는 차량에 치여 다리와 머리를 다쳤다. 동갑내기 친구였던 사촌은 현장에서 죽었다. 금남동 7통, 장산마을과 용치마을엔 가족이 교통사고로 다치거나 죽은 일이 허다하다.

금성산 맛재를 지나 내리막길 끄트머리 오른쪽에 있는 용치마을. 옆길로 조금 더 들어가면 장산마을이 나온다. 용치마을의 이름은 1981년 금성시가 되면서 서로 나뉘어 있던 계룡과 삽치 두 마을을 합쳐 부르게 된 것이다. 장산 역시 같은 시기 금성산 장골에 있던 장동과 유산에서 한 글자씩 따왔다. 기록에 따르면 일제강점기만 하더라도 삽치에 30가구, 계룡에 15가구가 살았다

국도 1호선에 접해 있는 금남동 7통, 장산마을과 용치마을은 교통사고의 아픔을 안고 있다. 용치마을 전경.

고 한다. 1992년 나주시가 펴낸 《나주시마을유래지》에는 장산에 25가구 115명이 살고 있다고 기록돼 있다. 지금은 계룡에 3가구, 삽치에 6가구, 장산에 11가구, 채 40명이 되지 않는다.

장산에서 태어나 같은 마을의 남편과 결혼하고 90여 년을 장산에서 산 김어비(89세) 씨는 "집집마다 막걸리 만들고 닭 잡고 죽 쒀서 나눠 먹는 일이 많았었제"라며 "인자 사람 만나기도 쉽지 않어"라면서 텃밭에 심을 마늘씨를 손질한다. 김 씨는 "최근 들어 감나무 농장이 생겼는디 원래는 전부 쌀농사 짓는 논이었어"라고 덧붙인다.

신안군 팔금도가 고향인 천현숙(71세) 씨는 서울에서 직장 생활을 하다 삽치마을 출신 남편을 만나 1970년에 결혼해서 이 마을에 정착했다. "쌀농사만으로는 부족해서 금천면 배 과수원이며 무안군 수박 밭으로 날일하는 인부들을 이끄는 작업반장을 하며 생계를 보탰다"는 천 씨는 "1980년대 초 도로가 나면서 인근에 있던 고인돌들을 삽치마을 입구로 옮겨왔다"고 한다. 삽치마을을 알리는 표지석 주변으로 고인돌 5기가 흩어져 있다.

삽치에서 나고 계룡에서 자란 김준곤(74세) 씨는 중학교 2학년 때 학업을 위해 마을을 떠나 광주에서 고등학교를 졸업하고 서울에서 내의 도매상으로 사업을 시작했다. "서울 신당동 신설종합시장에서 5여 년 고생 끝에 낯선 객지보다 고향에서 사업을 해야겠다고 맘먹고 나주로 와서 낚시체육사와 유명 운동복 매장을 운영했다"는 김 씨는 "부모님이 살던 집터가 관리되지 않아 허물고 텃밭을 일구었다"며 "시간 나는 대로 고추며 상추, 배추를 심어 식구들끼리 나눠 먹는 재미가 쏠쏠하다"고 한다.

금남 7통에서 유일한 사업장인 두현건설을 운영하는 나오영(63세) 대표는 반남면이 고향이다. 나 대표는 "회사가 꼭 복잡한 시내에 있을 이유가 없다"며 "조용하고 공기 좋은 계룡마을이 사무실과 자재 창고, 집이 있는 제2의 고향"이라고 했다. 계룡마을의 빈집 터 7필지를 매입해서 정비하고 있는 나 대표는 국도 1호선에 접해 있어 영광군과 장흥군 등 인근에 있는 현장을 다니기에 편리하다고 한다.

뇌출혈로 쓰러져 4개월 만에 장산마을에 돌아온 박경림(68세) 씨는 "1978년 섣달인가 결혼해서 이 마을에 처음 왔을 때 너무 추워서 어떻게 살아야 하나 걱정이 되드랑께"라며 "고향인 노안보다 2도나 낮은 산골 생활도 45년이 지낭께 맘 편한 고향이 돼부렀다"고 옛 기억을 떠올린다. 박 씨는 마을 어른들로부터 "한국전쟁 때 국군이 들어오자 인민군을 도와줬던 마을 사람이 산으로 도망가다 8명이나 총에 맞아 죽었다"는 이야기를 들었다며 "지금은

국도 1호선 건설 당시 옮겨진 지석묘가 삽치마을 입구에 무질서하게 흐트러져 있다.

숲으로 우거져 사람을 분간할 수 없지만 당시엔 산에 나무가 없어 산으로 올라가는 사람들이 모두 드러나 보여 희생을 피할 수 없었다고 하더라"며 마을 앞산을 가리킨다.

삽치마을은 광산 김씨 집성촌이었던 탓에 지금도 광산 김씨가 3가구나 살고 있다. 계룡마을 뒤편으로 청주 양씨 선산이 있고, 장산마을을 둘러싸고 곳곳에 나주 나씨 선산이 있다. 보산저수지를 지나 금성산 중턱에는 자리한 나주 나씨 시조 사당은 원래 송월동에 있었지만 시청이 들어서는 바람에 이곳으로 옮겨왔다고 한다. 사당 안에는 500년 넘은 은행나무가 시간의 무게를 버티고 있다.

인터뷰

마을에 도움 되는 일이면 최선 다할 터
이길동　통장

올해 처음으로 통장을 맡은 이길동(54세) 씨는 "마을에서 무슨 일을 하려고 해도 다들 연세가 많으셔서 엄두가 나지 않는다"고 한다. 마을 사람 대부분이 여든 살 전후란다. 마을에서 가장 젊은 이 통장은 "무슨 일이든 마을에 도움이 된다면 최선을 다해 열심히 해야겠다는 마음뿐"이라고 했다.

초등학생 때 당한 교통사고로 다리가 불편한 이 통장은 마을 가까운 곳에서 10여 마지기 쌀농사로 생계를 꾸려나가고 있다. 친구 소개로 전라북도 순창군이 고향인 부인을 만나 1997년에 결혼했다. 이 통장은 "딸과 아들은 둘 다 직장이 나주지만 독립해 살겠다며 각자 살림을 하고 있다"며 대견해한다.

마을의 최대 현안은 여전히 위험한 국도 1호선이란다. "이 도로가 처음 개통될 때 '금성산 맥이 끊겨 1,000명은 죽어 나가야 한이 풀릴 것'이라는 말이 있었다"며 이 통장은 맛재 터널이 생겨 끊어진 산이 연결된 뒤로 교통사고가 줄었다고 한다.

초등학교를 함께 다닌 탓에 한 살 어린 1970년생들과 친구라는 이 통장은 "그때만 하더라도 우리 마을은 교통이 매우 불편한 오지였다"며 "삼삼오오 모여 떠들고 놀며 1시간을 걸어서 학교에 다녔다"며 당시를 회상한다. "새로 들어오는 이웃을 최고로 친다"는 이 통장은 "사람들이 들어와 사는 활기 넘치는 마을을 만들고 싶다"는 소망을 밝히며 웃음 짓는다.

금남동

한수제물레길 따라 벚꽃 명소로
액맥이굿 전통 이어오는 마을

금남동 5통 경현동 | 2024년 4월 15일

경현동이라는 이름은 사액서원인 경현서원에서 유래했다. 1500년 전 원효대사가 창건한 다보사(多寶寺)는 보물 제1343호 괘불탱과 제1834호 영산전 목조 석가여래삼존상 및 소조십육나한 좌상이 있다. 나주의 대표적인 벚꽃 명소로 사람들의 발길이 늘고 있다.

"산중에서 키운 것이라 김치를 담그면 익어도 물러지지 않는다." 금남동 5통 경현동 김옥주(78세) 씨는 "우리 마을 열무가 세상 어디다 내놔도 젤 맛났는디, 젊은 사람들이 도시로 떠나면서 자취를 감춰 아쉽다"며 "금성산에서 나무를 해서 장작을 만들어 팔아 생계를 유지했다"고 한다. 장흥군이 고향인 김 씨의 3남매 중 둘째 아들은 육군 대령으로 예편한 이이수(55세) 한양대 특임교수다.

제1기 육군기술사관으로 임관해 보급장교로 20여 년 군 생활을 한 이권범(69세) 씨는 "소령으로 예편한 뒤 입사한 식품회사에서 군 생활보다 더 열심히 일했다"며 "정년퇴직을 앞두고 더 일하자는 회사의 권유가 있었지만, 혼자 계신 어머니를 '100세까지 10년은 내 손으로 모셔야겠다' 마음먹고 고향으로 돌아왔다"고 한다. "작년에 100세를 1년 반 남기고 돌아가신 게 아쉽지만 마지막까지 최선을 다해 세끼를 해드린 게 다소 위안이 된다"는 이 씨

금성산 장원봉에서 바라본 경현동 왼쪽으로 한수제가 시작된다.

의 정성스러운 효행이 널리 알려져 나주시장에게서 효자상을 받기도 했다. 이 씨는 금남동 새마을협의회장으로 봉사활동에도 적극 나서고 있다.

"누에고치에서 실을 뽑는 잠사 공장에서 10년 일하고 LG화학에서 선물 세트 포장하는 등 도합 26년 직장 생활하며 3형제를 키웠다"는 승육숙(81세) 씨는 "토계리에서 신혼 생활하던 2~3년을 빼고 평생을 탯자리에서 살고 있다"며 "초등학교 3학년 때 한수제 둑이 생기기 전 논을 가로질러 시내로 다니던 길이 지금도 눈에 선하다"고 한다.

영광군 법성포가 고향인 곽화영(68세) 씨는 4년 전에 경현동 사람이 됐다. "내 손을 보시오. 배 밭에서 일한 게 17년이고, 곡성군이며 전라북도 고창군까지 다니면서 고구마 캐고 양파 심고 미나리 작업하며 평생 '들일'만 했소"라며 눈시울을 붉히는 곽 씨는

"경기도 안산·부천시에서 살다 27년 전 막내 고모가 사는 나주로 와서 교동과 송월동에서 살았다"고 한다.

"양념 안 사 먹는 것만 해도 어디여?"라며 밭에 거름을 뿌리는 이옥순(72세) 씨는 "기계 없이 손으로 농사짓는 게 힘들긴 하지만 내 손으로 기른 마늘, 양파, 고추, 깨, 상추가 자식들 입으로 들어간다 생각하면 힘이 난다"고 한다. 강원도 영월군이 고향인 이 씨는 정선군 우체국에서 일하다 군 생활 중인 남편을 만났다고 한다.

"벌교역에서 내리자마자 마을마다 돌며 고흥에서 완도까지 서너 달씩 지신밟기를 하러 다녔다"는 박영환(78세) 씨는 "우리 마을 풍물패가 워낙 유명해 가는 곳마다 환대를 받고 잔치를 벌였다"며 "그 인기가 얼마나 좋았으면 서로 사위 삼겠다고 나서고 실제로 고흥군 처녀랑 결혼한 사촌도 있다"고 자랑을 멈추지 않는다.

"큰아이가 초등학교 5학년, 막둥이가 네 살 때 혼자 돼 서울 살림을 정리하고 아무 연고도 없는 함평군에 와서 산에서 나무 속고 식당 일해서 4남매를 키웠다"는 유애자(87세) 씨는 "아버지 없이 키웠다는 말 안 들으려고 과일나무나 음식점에 눈길도 주지 말라고 가르쳤다"며 "작은딸이 경현유원지에서 식당을 시작할 때 이사 와 20여 년이 지났다"고 한다.

경현동에 닭 요리집이 번성하던 40여 년 전 과원동에서 이사 왔다는 홍영숙(83세) 씨는 "생닭을 잡아 식당에 공급하던 첫해 초파일(부처님 오신 날)에 300마리를 잡았다"며 "100마리 넘게 파는 집도 있었는데, 지금은 10마리 팔기도 어렵다"고 한다. 다시면 영동리가 고향인 홍 씨는 "자식들 대학까지 보내느라 평생을 일만 했는데, 이제 내 몸 하나 건사하기도 힘들다"며 깊은 한숨을 내쉰다.

"친구가 음식점을 연다고 해서 도와주러 왔다 눌러앉았다"는 송월동 출신 김민현(58세) 씨는 "가락동에서 해산물을 팔기도 하고 횟집을 열었다 실패도 맛보며 20여 년을 요리사로 서울서 살았다"며 "우연히 지인 소개로 '경현포차'를 넘겨받고 지금의 '경현마을'에 자리 잡은 지 16년째"라고 한다. 김 씨의 '경현마을'은 벚꽃길에서 한수제를 내려다보는 자리에 있다.

LG화학에서 35년을 일하고 정년퇴직한 이경남(65세) 씨는 "고향인 교동과 가깝고 잘 아는 동네라 공기 좋고 경치 좋은 이곳에서 노후를 보내려고 한다"며 "사과를 6년째 키우지만 아직 제대로 맛도 못 봤을 만큼 1,500평이나 되는 텃밭 일이 만만치 않다"고 한다. 송월동에서 태권도장을 운영하고 있는 이 씨는 나주시태권도협회장을 지내고 현재는 전라남도태권도협회장을 맡고 있다. 이 씨의 친구인 김관영 전 나주시 미래전략국장이 경현동 출신이다.

경현동이라는 이름은 사액서원인 경현서원이 있었던 데서 유래했다. 조선 선조 16년(1583년) 나주목사 김성일이 김굉필, 정여창, 조광조, 이언적, 이황을 봉안하기 위해 건립하여 광해군 1년(1607년) 사액 받은 경현서원은 고종 5년(1868년) '서원철폐령'에 따라 훼철되었으며 1979년 노안면 영평리에 다시 세워졌다. 사액서원으로 1974년 노안면 금안리에 복설된 월정서원도 경현동인 금성산 월정봉 아래 있었다.

마을 입구 당산나무 주변 물길을 따라 물레방앗간과 우물, 빨래터가 있었다. 금성산 깊숙이 자리한 대한불교 조계종 다보사(多寶寺)는 원효대사가 창건(661년)하고 보조국사 지눌(1184년)과 서산대사 휴정(1594년)이 고쳐 지었다고 한다. 다보사는 보물 제

1343호 괘불탱과 제1834호 영산전 목조 석가여래삼존상 및 소조 십육나한 좌상이 있고, 대웅전은 전라남도 문화재자료 제87호, 명부전 목조 지장보살 삼존상 및 시왕상 일괄은 전라남도 유형문화재 제310호로 지정돼 있다. 절의 뒤편으로 후삼국시대 왕건이 후백제의 견훤과 싸우기 위해 쌓았다는 금성산성이 있다고 기록돼 있지만 흔적을 찾긴 어렵다.

나주의 대표적인 벚꽃 명소인 경현동에 다시 활기가 돌기 시작했다. 2020년 11월 개원한 국립나주숲체원은 작년에 3만 4,000여 명이 다녀갔고, 2022년 5월 한수제 물레길과 인공폭포가 조성돼 시민들과 관광객들의 발길이 늘고 있다. 닭요리 일색이던 음식점은 해물과 한우, 오리 등으로 다양화되고 글램핑장이 생겼다. 시아당과 미스박커피, 라포네 위드 쌍화차역사박물관 등 개성 있는 찻집과 함께 하는 경현동이 더 많은 사람의 사랑을 받길 기대해본다.

한수제를 둘러싸고 펼쳐진 벚꽃길은 나주의 대표적인 명소 중 하나다.

인터뷰

아버지 이어 딸까지 소리에 매료된 타고난 국악인
서화원 한국국악협회 나주지부장 겸 경현동 액맥이 보존회장

"어려서 들었던 소리를 떠올려 꽹과리를 잡고 상쇠가 됐다."

한국국악협회 나주지부장이자 경현동 액맥이 보존회장인 서화원(64세) 씨는 "상쇠인 아버지(고(故) 서태민)가 앞장서고 징, 북, 장구, 태평소가 어우러진 30여 명의 농악패에 사람들이 흠뻑 빠져 함께 놀던 모습을 잊을 수 없다"며 "농악이 남성들의 전유물이던 시절이라 어려선 손도 대지 못했던 꽹과리를 서른여섯 살 되던 해, 9남매 중 막내인 내가 아버지와 오빠들이 이어오던 경현동 액맥이를 보존하고 계승해야겠다고 맘먹었다"고 한다. 꽹과리를 잡고부턴 마치 홀린 것처럼 빠져들었다는 서 회장은 "쇠에 따라 소리가 다르기 때문에 차 안에 꽹과리를 4개 가지고 다니며 신호에 걸릴 때마다 쳐서 소리를 느꼈다"고 한다.

"아버지의 재능이 딸에게 그대로 이어졌다"는 서 회장은 "중학교 1학년이던 지혜가 길에서 들은 북소리를 듣고 배우고 싶다고 하더라"며 "아버지 제자이자 '동네 오빠'인 고수 이한규 당시 한국국악협회나주지부장(2023년 작고)이 지혜의 북소리를 듣고 깜짝 놀랐다"고 한다. 들은 대로 정확히 소리를 냈다는 것이다.

서 회장의 딸 전지혜(42세) 씨는 남원춘향제, 전주대사습놀이, 임방울국악제, 보성소리축제 등 전국대회에서 우수상·최우수상 등을 받았고, 2014년 동편제소리축제에서 대통령상을 수상함으로써 대한민국 국악의 큰 줄기를 잇게 됐다. 나주에서 판소리로 대통령상을 받은 유일한 소리꾼이라고 한다.

서른 살에 닭요리 음식점 '황토집'을 시작한 서 회장은 "경현동 액맥이굿을 이어갈 사람들이 대여섯 밖에 남지 않았고, 고깔을 만들 사람도 한 사람밖에 없어 그 맥이 끊길 위기"라며 "기물 보관할 장소도 없고 연습장도 열악한 현실"이라고 말했다.

경현동 액맥이 보존회의 농악 소리가 끊이지 않고 계속 울려 퍼지기를 소망해본다.

성북동

어르신들의 전통 방식으로 음식 만들기
배우려는 만들평야

성북동 16통 산정마을 | 2023년 4월 10일

설 선물로 첫손에 꼽히는 한라봉이 처음 재배된 산정마을은 배꽃이 피는 4월초 마을 사람들이 모여 '이화에 월백하고' 잔치를 연다. '또랑에 모를 심어도 먹고 산다'고 해서 또랑샛거리라고도 불린 산정마을 앞 너른 만들평야는 장성천의 물과 비옥한 땅으로 농사가 잘됐다.

들녘마다 꽃들이 한창이다. 배꽃향이 그윽한 과수원에 주민들이 모여 잔치를 벌인다. 젊은 사람들은 고기를 구워 어르신들과 함께 음식을 나눈다. 옛시조 '이화에 월백하고'가 눈앞에 펼쳐진다. 마을 앞 화단에 철쭉을 심느라 호미며 삽을 들고 주민들이 하나둘 모인다. 전날에는 꽃을 심었다. 4월 초 성북동 산정마을 풍경이다.

"어르신들이 익혀 오신 전통 방식으로 김치며 막걸리, 청국장 만드는 비법을 전수 받고 싶었는데 해마다 한 분씩 돌아가시는 것이 안타깝다"는 김희경(62세) 씨는 "우리 세대가 제대로 이어받지 못하면 끊기고 말 것이라는 긴장감으로 힘닿는 데까지 최선을 다하고자 한다"고 밝혔다. 김 씨는 지난 2019년 마을에서 나는 한라봉과 배 등 특산품 판매와 민박 등을 연계한 마을 기업 '만들평야'를 설립해 운영하고 있다. 만들평야는 마을 주민 19명이 참여해 전통과 자연의 힘으로 치유를 꿈꾸는 곳이다.

배꽃향이 그윽한 과수원에 주민들이 모여 잔치를 벌인다.
옛시조 '이화에 월백하고'가 눈앞에 펼쳐진다.

설 선물로 첫손에 꼽히는 한라봉이 처음 재배된 곳이 산정마을이다. 이영길(82세) 씨가 주인공이다. 진귀한 과일 종자 수집이 취미인 이 씨는 "농가 소득 증대로 고민하던 1987년 일본의 지인이 보낸 부지화(일본은 데코퐁으로 상표등록) 가지를 유자나무에 접목해서 탄생한 것이 한라봉"이란다.

지금도 1,000여 평의 농장을 직접 농사짓는 이 씨는 "1킬로그램에 육박하는 한라봉을 재배하기도 했다"며 집 안에 걸려 있는 사진을 보여준다. 이 씨는 "일본산 종자로 일본보다 더 맛나고 우수한 머스크멜론을 만들기도 했다"며 "일본에서는 멜론 이파리 하나하나의 날짜를 기록해 수확 날짜를 정하는데 반해 우리는 획일적으로 수확해 판매하기 때문에 당도 등 품질관리가 엉터리가 됐다"고 아쉬움을 나타낸다. 이 씨는 태어나 살던 집이 동신대학교 부지로 포함되던 1986년 산정마을로 이사했다.

산정마을이 고향인 장치민(64세) 씨는 "또랑에 모를 심어도 먹

산정마을 주민들이 마을 앞 화단에 꽃을 심고 있다.

고산다고 해서 또랑샛거리라고도 불렸다"며 "장성천이 흐르는 마을 앞 너른 만들평야가 비옥해서 농사가 잘됐다"고 한다. 송월동장으로 정년퇴직한 장 씨는 "평생 산정마을에 주소를 두고 있다"고 덧붙인다.

함평군 월야면이 고향인 정현희(74세) 씨는 "1973년 결혼하면서 인접한 송촌마을로 들어와 살다 산정마을의 과수원을 사서 농사지었다"며 "3형제 키워 낸 1,500평 배 농사를 짓다 골병만 들고, 그마저도 힘에 부쳐 2005년에 정리했다"고 한다. 정 씨의 장남은 민변 부지부장인 홍현수 변호사다.

마을 가운데 위치한 과일 포장재 제조회사인 수강뉴텍의 김윤희(48세) 이사는 "남편과 함께 30여 년 직장 생활을 접고 작년에 회사를 인수해서 들어왔다"며 "마을기업 만들평야의 도시락으로 전 직원이 식사하는 등 마을과 함께 인생 2막을 성공하고 싶다"는 바람을 밝힌다.

300여 평의 배 과수원과 비닐하우스 3동에 한라봉과 홍고추, 오이 등을 재배하는 김오영(65세) 씨는 "아이들 키우느라 성북동과 송월동에서 살다 고향으로 들어온 지 2년 됐다"며 "부모님 돌아가시고 나니 탯자리로 돌아올 수밖에 없었다"고 한다. 김 씨의 배 과수원은 작년부터 마을 주민들이 '이화에 월백하고' 잔치를 여는 곳이기도 하다.

광주광역시 하남공단에 납품하는 플라스틱 원료 유통업을 하는 김태진(54세) 씨는 "어르신들 병원에 모시고 다니기도 하고 마을 행사에도 함께 한다"며 "사무실 앞이 삭막해 각종 화초와 나무를 기르며 주민들과 더 가까워졌다"고 한다. 김 씨는 광산구가 고향이다.

"땅이 있어 그 전부터 왔다 갔다 지내다 2015년 광주 생활을 정리하고 들어왔다"는 최경숙(64세) 씨는 "노년을 여유롭게 살려고 했는데 노는 땅을 바라볼 수만 없어 이것저것 심고 가꾸다 보니 허리고 다리고 안 아픈 데가 없다"며 비가 내리는 가운데 창문 청소에 여념이 없다.

국도 13호선 건너 청암마을이 고향인 조순자(84세) 씨는 "보리쌀 3되, 쌀 2되, 된장 한 그릇, 김치 한 보시기 받아 살림을 시작했다"며 "결혼하기 전에는 집에서 밥도 한번 제대로 안 해봤는데, 먹고살기 위해 남의 집 모내기며 논매기며 안 해본 일이 없다"고 한다. 조 씨는 "살림 늘리고 자식들 키운 것보다 더 큰 재미가 있었겠냐"며 옛 생각이 났는지 눈가를 닦는다.

3년째 통장을 맡고 있는 박종범(64세) 씨는 만들평야에 들어선 미나리 밭에 뿌려지는 '분뇨 수준의 액비'가 지하수를 오염 및

고갈시키고 악취를 유발하고 있어 고민이다. "재작년인가 탱크로리 7대가 들어와서 가 보니 '똥물'을 뿌리고 있었다"는 박 통장은 "사업자가 누구인지도 모르는 상황이라 한밤중에 불법적으로 방류하면 어떻게 해야 할지 막막하다"고 한다.

나주의 여느 마을이 그렇듯 선정마을에도 역사 유적이 있다. 국립문화재연구소가 2009년 발간한 〈나주시 문화유산 종합학술조사보고서〉에 '동신대학교에서 광주 방면 13번 국도 약 1킬로미터 지점 도로 왼쪽'에 고분이 있다고 기록돼 있다. 석현삼거리에서 마을로 들어가는 입구의 왼편 언덕 부근으로 추정된다. 삼국시대 삶의 흔적이라는 문서로만 남은 채 제대로 발굴되지 못하고 잊히고 있어 안타까움을 더한다.

인터뷰

딱한 아이들 사정 접하고 '마음이 따뜻한 사람' 돼
박종범 통장

책상 위의 '마음이 따뜻한 사람' 글귀가 쓰인 대한적십자사의 표지판이 눈에 들어온다. 성북동 산정마을 박종범(64세) 통장은 방송에서 딱한 아이들 사정을 보고 대한적십자사 후원회원이 됐다.

"학비가 싼 한별중학교를 다녔다"는 박 통장은 "반듯한 직장이랄 게 없던 시절이라 다들 일자리를 찾아 큰 도시로 떠나야 했다"며 "열아홉 살 때부터 건설 현장에서 일했다"고 한다.

경기도 파주에서 포병으로 군 복무한 박 통장은 "전라도 출신이라는 이유로 두들겨 맞기를 밥 먹듯 했는가 하면 한겨울에 팬티 차림으로 얼차려 받고 언 몸 녹이다 보면 기상 시간이 됐다"며 광주민중항쟁에 대한 잘못된 인식 탓이었다고 한다. "방송으로 광주에 간첩이 나타났다는 정도만 봤을 뿐 자세한 시위 상황은 전혀 알지 못했다"는 박 통장은 1979년부터 2년 동안 부산의 건설 현장에서 일했다.

박 통장은 1987년에 취직한 울산의 현대중공업에서 결혼과 직장이라는 두 마리 토끼를 잡았다. "직장이 있으면 쉽게 결혼 허락을 받을 수 있었다"는 박 통장은 형수의 소개로 영산포 출신의 부인을 만나 1990년에 결혼했다. "결혼을 전제로 한 중매라 만난 지 6개월 만에 자연스럽게 결혼했다"는 박 통장은 "가족들 먹여 살리는 건 가장인 내가 책임졌고 집사람은 살림과 육아에 전념했다"고 한다.

사업을 해야겠다고 결심한 박 통장은 5년 만에 직장을 그만두고 건설 현장에서 일하다 2009년 회사 문을 열었다. 1991년, 1993년생인 두 아들과 함께 회사를 운영하는 박 통장은 "60~70%에 달하는 외국인 노동자가 없으면 건설회사는 돌아가지 않는다"며 "열심히 하면 충분히 해볼 만한 직업인데, 젊은 사람들이 힘든 일이라고 기피하는 현실을 이해할 수 없다"며 안타까워한다. 박 통장은 "12가지 기술 가진 사람은 빌어먹지만, 제대로 된 기술 하나만 있으면 먹고살 수 있다"며 "기회가 있을 때마다 아이들에게 '한길로 갈 것'을 이야기하는데 잘 따라주고 있다"고 흐뭇해한다.

성북동

실핏줄 같은 골목길에
나주 사람들의 역사와 문화 녹아 있어

성북동 2통 | 2023년 12월 11일

중앙로가 개통되기 전까지 나주의 중심 상권이던 금성길 우체국 옆 소나무 아래엔 '1929년 11월 27일 오후 오일시장에서 경찰의 포위망을 뚫고 탈출한 학생시위대가 북망문을 거쳐 다시 시내로 진입해 시위를 벌이다 진압당한 곳'을 알리는 '나주항일학생운동 유적지' 표지석이 있다. 100여 년 전 호남지역 최초의 쌀도정공장과 정부양곡창고로 사용됐던 옛 정미소 자리는 2016년 도시재생사업을 통해 복합문화공간 '정미소'로 다시 태어났다.

"양복쟁이로 60년을 살았어. 집 사서 여기로 온 지도 36년이여." 성북동 2통이 시작되는 국제양복점 박영문(76세) 씨는 "열여섯 살 때 영광군 염산면의 고향 친구와 나주에 와서 매형이 운영하던 양복점에서 기술을 배웠다"며 "나는 양복점으로 친구는 세탁소로 지금까지 살고 있다"고 한다. 중앙동 우주컴퓨터세탁이 그 친구의 점포다.

중앙로가 개통되기 전까지 나주의 중심 상권이던 금성길에서 가장 오래된 점포는 '농림상회'다. 결혼 초 고향인 금천면에서 살다 '먹고살기 위해' 농림상회를 연 양삼순(79세) 씨는 "1977년부터 했응께 50년이 돼간다"며 "생필품을 파는 슈퍼도 같이 했는데 지금은 사료와 양곡만 취급한다"고 한다.

'토끼야 오리야' 식당을 운영하는 김평월(61세) 씨는 "완고하신 시아버님의 반대 때문에 아이들 다 키우고 2012년에 가게를 시작했다"며 "토끼탕과 오리탕이 주 메뉴지만 오래된 단골들이 부탁하면 어떤 메뉴도 가능하다"고 한다. 김 씨는 "김치며 장아찌, 젓갈 등 모든 반찬을 직접 만드는데 손님들이 맛있게 먹는 모습을 보면 행복하다"고 덧붙인다.

대신부동산 정범주(68세) 씨는 "요 앞 불닭발집 자리가 대장간이었는디, 불이랑 인연이 있는 땅이란 생각이 든다"며 "지금은 사라진 장의사며 병원이랑 각종 상가가 즐비했는데 요즘은 사람 보기가 힘들 지경이 됐지만 고향을 떠나지 못하고 있다"고 아쉬움을 표한다. 정 씨와 함께 있던 박건기(67세) 씨는 "오랜만에 초등학교에 갔다 학창 시절을 떠올리게 하는 오래된 나무를 끌어안고 '잘 있었냐'고 혼자 안부를 물었다"며 "친구들과 어울려 놀던 추억의 장소들이 개발로 훼손되고 있어 안타깝다"고 한다.

울금과 지치, 마늘을 활용한 요리로 2007년 특허를 취득한 이도희(65세) 씨는 지난 3일 다향기대복식당을 열었다. 이 씨는 "송촌동 고향을 떠나 서울에서 30여 년 살다 지난달 12일 돌아왔다"며 "성공해서 돌아오고 싶었는데 세상사가 그리 맘처럼 되지 않는다"고 한다.

직장 일로 2022년 이사 온 박국철(46세) 씨는 "단독주택에 살고 싶어 광주의 아파트를 정리하고 세 식구 살기 편하고 아담한 새집을 지었다"며 "도로변에 있어 대문 앞을 가로막은 주차와 음주, 흡연과 소음이 다소 불편하긴 하지만 사는 데 불만은 없다"고 한다.

경상북도 김천시가 고향인 '풍전쭈꾸미' 장은숙(61세) 씨는 "구미에서 나주 출신의 남편과 결혼해 살다 2003년 나주로 돌아왔다"며 "맏며느리로 평생 손에 물이 마를 날 없었던 어머니가 양님딸(외동딸의 전라도 사투리)인 나는 절대 장남에게 안 보낸다고 했는데 큰며느리가 됐다"고 한다.

송월동으로 옮겨 간 나주세무서 터에는 2014년 대한노인회와 중부노인복지관이 들어섰다. 나주시청에서 정년퇴직하고 이듬해부터 사무국장을 맡고 있는 이민철(68세) 씨는 "노인대학 운영과 615개 경로당 지원 등 2만여 어르신들을 부모님처럼 모시는 일에 긍지와 보람을 느낀다"고 한다.

100여 년 전 호남지역 최초의 쌀도정공장과 정부양곡창고로 사용됐던 옛 정미소 자리는 2016년 도시재생사업, '나주읍성 살아있는 박물관 도시만들기'를 통해 복합문화공간 '정미소'로 다시 태어났다. 정미소를 위탁운영하고 있는 '나주읍성 마을관리사회적협동조합' 곽영선(41세) 사무국장은 "2019년 개관 이후 공연과 전시, 도심 캠핑 등으로 나주 시민은 물론 인근 지역민들의 사랑을 받는 명소로 각광받고 있다"며 "다른 지방자치단체들로부터

정미소 옆 금성길에 동문 안의 유일한 소방샘이 있었지만 1990년대 말 메워졌다.

성공 사례로 벤치마킹 대상이 되고 있음에도, 내년 사업이 축소될 상황이라 당혹스럽다"고 한다. 정미소 앞에는 동문 안의 유일한 '소방샘'이 있었지만 1990년대 말 회색 시멘트 아래로 사라진 것을 주민들은 아쉬워한다.

금성길 46에 위치한 성북동우체국은 1993년 송월동으로 옮겨가기 전까지 나주우체국이었다. 우체국 건물 오른쪽 소나무 아래에 '1929년 11월 27일 오후 오일시장에서 경찰의 포위망을 뚫고 탈출한 학생시위대가 북망문을 거쳐 다시 시내로 진입해 시위를 벌이다 진압당한 곳'을 알리는 '나주항일학생운동 유적지' 표지석이 있어 회한의 역사를 되새기게 한다.

국제양복점에서 시작한 2통은 라일세탁소까지 금성길 양편의 상가와 주택으로 이뤄진다. 라일세탁소 임병윤(75세) 씨는 "나주군청 앞에서 30여 년간 양복점을 하다 군청이 떠나고 나서 이곳으로 옮겨 세탁소를 차린 지도 20여 년 됐다"며 "라일양복점 단골들과 지금도 만나며 정을 나누고 있다"고 한다.

라일세탁소에서 중앙로 공영주차장으로 이어진 골목은 오래된 소나무가 있었다 하여 '솔청거리'로 불렸다. 솔청거리를 따라가다 보면 '옥당거리'로 이어진다. 골목 끝 정미소 인근인 성북동 171번지에 조선시대 죄인을 가두는 옥이 있었던 데서 유래한다. 금성길에서 사마교로 향하는 금성관 뒷길은 조선시대 곡물 대여 기관인 사창이 있었다 하여 '사창거리'이고, 금성관과 2통이 맞닿은 골목은 길이 좁아 남녀가 오갈 때 스칠 정도라 하여 '연애고샅'이다. 실핏줄처럼 2통을 감싸고 있는 골목길에 나주 시민들이 살아온 역사와 문화가 녹아 있음을 느낀다.

인터뷰

순수하고 정의롭지 않다고 생각될 때면 결단!
이경호 통장

군 복무 중 특수분장에 관심을 갖게 됐다는 성북동 2통 이경호 (50세) 통장은 "전역 후 오전 9시 반부터 오후 5시까지 학원 수업을 듣고 밤 10시 반부터 새벽 6시까지 일하는 강행군이었지만, 꿈을 갖고 도전하는 분야라 힘든 줄 몰랐다"며 "낯설고 새로운 분야로 제대로 시장이 형성되지 않고 미래가 불투명한 상황에서 계속 꿈만 꾸고 있을 수 없어 그만둘 수밖에 없었다"고 한다.

고향 선배의 소개로 중고차 판매 일을 하기도 하고 친구와 노점 옷 가게 등을 하던 이 통장은 "IMF 때 수입이 불안정한 객지 생활을 정리하고 고향으로 돌아왔다"며 "목회 활동을 하던 동네 형이 '너는 사회복지에 잘 어울린다'며 대신 지원한 바람에 1998년 늦깎이 대학생이 됐다"고 한다.

"경제활동도 병행해야 하는 대학 생활은 쉴 틈이 없었다"는 이 통장은 "낮에는 복지관에서 일하고 밤에 공부해서 학사 학위를 받았다"고 한다. 불합리한 복지관 운영을 둘러싸고 관장에게 문제를 제기하던 이 통장은 끝내 받아들여지지 않자 사표를 냈다고 한다. 전북 임실군의 노인복지센터장으로 일할 때도 비슷한 상황이 발생해 직장을 그만뒀다. 순수하고 정의롭지 않다고 생각되는 순간 다른 생각은 떠오르지 않더란다.

"나주성당 소속으로 간 교리교사 모임에서 학과 동기인 집사람을 만나 공통점이 많다는 걸 알게 됐다"는 이 통장은 이후 자연스레 어울리며 사랑을 키웠고 지금은 두 아들을 둔 가족이 됐다.

    2017년부터 옥상에 공방을 만들어 목공을 시작한 이 통장은 "색과 무늬가 예쁜 나무로 독특한 십자가를 만들어 봤는데 반응이 너무 좋았다"며 "이듬해 실용신안등록을 받았고 최근엔 '우리내십자가'라는 이름으로 수제공예품 전용 인터넷 쇼핑몰에 입점 확인까지 받았다"고 한다. 쉬지 않고 일하며 도전하는 이 통장의 꿈이 이루어지길 기대한다.

성북동

산과 공원으로 둘러싸인 쾌적한 환경과 금성산·영산강 조망

성북동 24~27통 대방노블랜드 1차 아파트 | 2024년 11월 25일

대방노블랜드 1차 아파트 주민들은 '나주에서 가장 살기 좋은 곳'이라고 한결같이 입을 모아 말한다. 영산강이 훤히 보이고 뒤에 금성산이 있어 더없는 경치와 여름엔 시원한 바람이 통하는 최고의 주거환경을 갖춘 곳으로 주민들의 만족감이 높다.

아파트를 둘러싸고 대호수변공원과 함박산, 성향공원이 있어 쾌적한 환경을 자랑한다. 국도 13호선 건너에 동신대학교와 금성산이 있고 멀리 영산강과 빛가람동을 조망할 수 있는 여유로운 풍경은 덤이다. 2006년 11월 입주를 시작한 성북동 24~27통 대방노블랜드 1차 아파트 주민들은 한결같이 '나주에서 가장 살기 좋다'고 입을 모은다.

문평면 동원리 서원마을에 살다 입주할 때 이사왔다는 나광열(86세) 씨는 "마을 뒤 야산 1만여 평을 개간해 감나무와 매실나무를 심고 논농사를 짓고 살다 더 늦기 전에 '도시 생활'을 결심했다"며 "이곳에 와서도 근처에 있는 문중 땅을 일궈 식구들 먹을 채소를 기르고 있다"고 한다. 1995~2003년 문평농협 조합장을 지낸 나 씨는 "여러 사람이 해야 농협이 발전할 것이라 생각해 3선에 출마하지 않았다"고 덧붙인다.

대호수변공원에서 바라본 대방노블랜드 1차아파트.
오른쪽의 함박산과 왼쪽으로 금성산 능선이 보인다.

"남편이 호남비료(LG화학 전신, 송월동 소재)에 직장을 갖게 돼 고향인 충남 논산을 떠나왔다"는 배정희(85세) 씨는 "회사 안에 있는 사택에서 4남매를 키웠고, 정년퇴직한 뒤 살던 서내동 단독주택이 소방도로로 편입된 뒤 이사 왔다"며 "큰아들 내외는 같은 아파트에 살고, 딸은 중앙로에서 식당을 하고 있다"고 한다.

"영산포에서 교직에 계시던 아버지의 하숙집 아들이랑 결혼했다"는 이현숙(63세) 씨는 "교동에서 셋방살이로 신혼생활을 시작해 성북 주공아파트와 현대아파트에 살다 2006년 입주할 때 들어와 지금까지 36년째 나주사람으로 살고 있다"며 "경제적인 이유로 부모님이 반대했지만, 남편이 학교 선생이 돼서 결혼할 수 있었다"고 한다. 해남군 송지면이 고향인 이 씨의 배우자는 김향운 나주공고 교장이다.

아파트에 들어서면 전통정원이 고즈넉하게 자리하고 있다.

1991년 나주에서 직장 생활을 시작한 서인선(52세) 씨는 "해남군 남창면에서 고등학교를 마치고 공산면에 있는 회사에 취직해 지금껏 다니고 있다"며 "영산강이 훤히 보이고 뒤에 금성산이 있어 더없는 경치와 여름엔 시원한 바람이 통하는 최고의 주거환경을 갖추고 있어 앞으로도 계속해서 이곳에서 살고 싶다"며 만족감을 나타낸다.

인천광역시에 있는 회사에서 40여 년 직장 생활을 마치고 은퇴한 뒤 교사인 아들과 함께 살기 위해 이사왔다는 양태주(84세) 씨는 "내가 근무했던 이천전기가 나주 출신 서상록 씨가 만든 회사라는 사실을 최근 태평사에 놀러 갔다 알게 됐다"며 "고향에서는 '충청도 양반'이란 말을 많이 쓰는데, 와서 살아보니 전라도 사람들이 인사성도 밝고 정이 많은 '진짜 양반'이라 생각한다"고 웃는다.

"초등학교 5학년 때 오량동을 떠나 인천으로 이사 갔다 결혼하고 돌아왔기 때문에 고향 친구가 별로 없다"는 권남희(58세) 씨는 "17년째 생활지원사로 활동하며 외로운 어르신들에게 말벗이 되어 공감해주는 것만으로도 큰 힘이 된다는 것을 느낀다"며 "여성예비군 활동을 비롯해서 의용소방대, 자율방범대 등 이웃들과 함께 어울려 봉사 활동하는 것으로 재미와 보람을 느낀다"며 밝은 표정을 짓는다.

영암군에 있는 삼호중공업에 다니는 최○주(29세) 씨는 "자동차학과를 나와 5년여 직장 생활을 하다 올해 초 이직했다"며 "새롭게 도전하는 안전관리 분야를 더 열심히 공부해 관련 자격증부터 따려고 한다"고 말한다. 봉황면 유곡리가 고향인 최 씨는 "할머니 살아계실 때 결혼식을 올리려 했는데 작년에 돌아가셨다"고 말끝을 흐린다.

"광주 친구들이 놀러와서 '공기가 다르다'며 부러워한다"는 김성덕(62세) 씨는 "산과 공원으로 둘러쌓여 있어 고향인 장흥군 관산면처럼 느껴질 때도 있다"며 "20년 넘게 현대아파트에서 살다 이사 온 지 4년째"라고 한다. 인근 대호지구 상가에서 카페를 운영하고 있는 김 씨는 입주자대표회의 부회장을 맡고 있다.

2022년 치매인지 자격을 취득하고 마을회관 등에서 치매예방 교육 강사로 활동하고 있는 노안면 금안리가 고향인 홍은화(59세) 씨는 "서울의 방직회사에서 실과 천 등 제품의 강도를 검사하는 실험실에서 직장 생활을 시작했다"며 "큰아이가 초등학교 입학하던 해 용산동으로 내려와 살다 2010년에 이사 왔다"고 한다. 27통 통장을 맡고 있는 홍 씨는 다음 달 치러지는 선거에 다시 출마할 계획이다.

"전북 순창군 고향에 살며 광주에서 자영업을 하다 10여 년 전 처형의 가게를 도와주기 위해 이사 왔다"는 서종만(49세) 씨는 "사람들과 함께 어울리는 것을 좋아하는데 식당 하느라 시간이 없어 여러 모임을 갖지 못해 아쉽다"며 "고향에선 가정형편이 어려운 학생들에게 정기적으로 장학금을 주는 모임을 갖기도 했다"고 한다.

"성북 주공 살 땐 아이들 키우는 젊은 엄마들이 말 그대로 드글드글 했다"고 말문을 연 강선례(56세) 씨는 "함께 육아 이야기를 나누며 어울리다 통장을 맡게 된 것을 계기로 의용소방대와 자율방범대 활동도 하게 됐다"며 "8년 전 이사 온 뒤 주변 사람들이 추천해서 6년째 통장을 하고 있는데, 항상 초심을 지키고 진심으로 소통하며 노력하는 게 주민들로부터 신뢰 받는 비결"이라고 자신있게 이야기한다.

올해 새롭게 꾸민 함박산 산책로와 대호수변공원이 대방노블랜드 1차 아파트 주민들의 삶을 더욱 소중하게 채워줄 것으로 기대된다.

인터뷰

투명한 운영과 주민갈등 최소화 소임 다할 것

윤영수   입주자대표회장

　나주시의회 사무국장으로 정년퇴직한 대방노블랜드 1차 아파트 입주자대표회의 윤영수(65세) 회장은 공직 생활 40년을 회고하며 "관광업무를 담당하면서 나주를 본관으로 한 70여 개 성씨가 각 문중의 유물을 선보이고 주요 인물을 소개하는 기획의도는 좋았는데 협소한 장소와 콘텐츠 관리 등을 둘러싼 논란으로 한번에 그치고 말았다"며 "성씨박람회가 계속되지 못한 게 아쉽다"고 말한다.

　광주민중항쟁이 일어난 1980년 고향인 다도면에서 공직생활을 시작한 윤 회장은 "이듬해 논산훈련소를 거쳐 청와대 외곽을 지키는 '30경비단'에 배치되자마자 '전라도 빨갱이'라는 오명을 뒤집어썼는데 운동을 잘해서 힘들지 않게 군복무를 할 수 있었다"며 "다도초등 4학년부터 고교 2학년까지 배구선수를 한 덕을 봤다"고 한다. "중학생 이후로 더 키가 크지 않아 국가대표의 꿈을 포기했다"는 윤 회장은 "체대에 진학해 체육선생을 하려던 계획도 여의치 않아 일반고로 다시 입학해야 했다"며 "세상 일이 다 맘먹은 대로 되지 않는 것 아니냐"며 밝은 표정을 짓는다.

　올해 처음으로 입대회장을 맡게 된 윤 회장은 "투명한 아파트 살림과 주민 간의 갈등을 최소화하는 조정자로서 충실히 소임을 다할 것"이라며 조심스레 이야기한다.

이창동

몸돌 등 구석기 유물이 나온
나주의 오래된 마을

이창동 15통 동방마을 | 2022년 7월 24일

동방이라는 지명은 배가 정박했다 하여 '동박', '쌍주'라는 명칭에서 유래한다. 마을에 샘이 2곳 있었다. 마을회관 앞 편백나무 아래에 있는 샘은 주로 식수로 활용하고 뒤편 언덕에 있던 샘은 빨래나 목욕을 했다. 마을 사람은 구석기 유물과 가마터 등 문화재를 관광자원으로 활용해 관광객이 찾아오도록 만들어야 한다고 주장한다.

"우리 마을 사람들은 오기가 없어! 깡치가 없제. 새로 들어오는 사람들을 잘 품어 안는 편이여!" 이창동 동방마을에 사는 양현(76세) 씨의 말이다. 사진을 좋아하는 그는 마을 행사 때마다 사진을 찍어 주민들에게 선물했다고 한다. "핸드폰이 생기면서 사진 찍는 맛이 사라져부렀어. 필름카메라로 찍고 인화된 사진을 보는 재미가 있는디"라며 아쉬움을 나타낸다.

 지난해 말 귀농한 임주태(40세) 씨는 마을 사람들과 잘 어울린다. 올봄에는 못자리를 함께했다고 한다. 마을 일에 적극 참여하려고 해서 주민들이 좋아한단다. 김충호(78세) 노인회장은 자신의 밭에 심고 남은 고추의 모종을 나눠주며 심으라고 하고 빈 밭에다 농사짓도록 소개하기도 했다. 서로 협력해서 농사짓자고 뜻을 함께한다고 한다.

마을 진입로에서 본 동방마을 풍경은 평화롭기만 하다.

한국전쟁 참전 유공자인 양희두(91세) 씨는 자전거를 버스 승강장에 세워 두고 증권사에 주식 투자하러 나가고 없다. 고령임에도 정정하게 비료살포기를 메고 농사를 짓고 지게질을 한다. 동방마을에는 국가유공자가 2명 더 있다. 군 복무 중 사망한 고(故) 강두세(1953년 생) 씨와 한국전쟁 참전 유공자인 최규환(91세) 씨가 그 주인공이다. 동방마을의 최고령은 양희석(94세) 씨이고 최연소자는 초등학교 4학년(11세)의 한 어린이다.

마을 서편 언덕에서 구석기시대 유물인 몸돌이 발견된 것으로 미루어 동방마을에 사람들이 살기 시작한 것은 선사시대로 추정된다. 나주의 가장 오래된 마을이라는 이야기다. 정용면(70세) 씨 논에서는 '손수레 길'이 발견되기도 했다. 인근 오량동 옹관묘 가마터에서 생산된 옹관을 배에 싣기 위해 포구로 옮기던 길이었을 것으로 추정한다. 정확한 위치는 확인할 수 없지만 논을 조금만 파도 펄이 나오는 것으로 봐서 영산강을 따라 바닷물이 마을 앞까지 들어왔을 것이라고 한다.

마을 동쪽 뒤편에 동수농공단지를 조성할 때 다수의 구석기 유물이 나왔다고 한다. 양행곤(63세) 씨는 "돌찍개 같은 것들이 많이 나왔는데 발굴조사도 하지 않고 그냥 공단을 만들었다"며 "그땐 그랬다"고 아쉬워한다.

7년째 통장을 맡고 있는 양남기(62세) 씨는 "문화재인 가마터와 농공단지로 마을 일에 많은 제한이 있다.

두꺼운 석재로 덮인 샘터 뒤로 주차장과 마을회관이 보인다.

마을 사람들과 함께 대규모 한우축산단지를 조성해보려 했지만, 허가가 나지 않아 진행할 수 없었다"며 "문화재가 추가적으로 나오거나 관광자원으로 활용해 관광객을 유치하는 노력이 없는 한 마을의 변화가 쉽지 않을 것"이라며 안타까워한다.

마을 사람들이 식수 등 생활용수로 이용했던 샘이 2곳 있었다. 마을회관 앞 편백나무 아래에 있는 샘은 주로 식수로 활용하고 뒤편 언덕에 있던 샘은 빨래나 목욕을 했다고 한다. 앞쪽 샘은 수량이 적어 새벽부터 물 긷기 경쟁(?)을 했다고 한다. 조금만 늦게 갔다간 샘 바닥을 박박 긁어야 해서 물을 긷던 양은그릇이 찌그러질 정도였다니 그 풍경이 상상이 된다. 뒤쪽 샘은 그나마 물이 많은 편이었단다. 마을에서 조금 떨어져 있고 주로 여인들이 많이

동방마을회관에서 만난 김충호 노인회장과 양남기 통장, 정용면, 양현 씨(왼쪽부터)가 옛이야기를 나누며 활짝 웃고 있다.

이용했단다. 지금은 터만 남아 있다.

국도 1호선 동수교차로에서 영산포 방향 100미터쯤에서 좌회전하여 반듯한 길을 따라가면 나오는 동방마을에는 40여 호 70여 명이 살고 있다. 제주 양씨가 15여 호로 가장 많다. 1960~1970년대에 80여 호 400여 명이 살 땐 골목마다 아이들 소리가 가득했다고 한다. 식사 때면 '세호(가명)야 밥 먹어라'는 소리에 각자 흩어져 제 집으로 들어갔단다. 동방이라는 지명의 유래는 확실하지 않지만 배가 정박했다 하여 '동박', '쌍주'라는 명칭으로 불렸다고 한다. 조선 정조 임금 때인 1789년 펴낸 《호구총서》에 '동방촌'으로 기록돼 있다. 옛이야기를 나누며 서로 반색하는 마을 사람들의 얼굴에서 화목함이 보인다. 동방마을이 다시 활기를 되찾을 수 있을지 장담할 수는 없지만 기억과 기록은 남겨야 할 것이다.

인터뷰

마을이 더 발전하고 살림살이 좋아져야…
양남기 통장

"고향에 돌아온 이듬해인 2000년 다른 사람 축사에서 한우 3마리로 시작해 20여 년 만에 내 축사에서 100마리를 키우고 있습니다."

동방마을 통장 양남기(62세) 씨의 성공담이다. 양 통장은 1990년 직장 생활을 하러 서울로 떠났다가 10년 만인 1999년에 고향으로 돌아왔다. 여섯 살 연하인 부인의 건강을 위해 객지 생활을 접고 아버지 땅에서 농사를 짓기로 결심한 것이다. 김충호(78세) 노인회장은 "한눈팔지 않고 본인 살림과 마을 일을 열심히 하는 성실한 사람"이라며 양 통장 칭찬에 침이 마르지 않는다.

직장 생활을 하면서 지인 소개로 해남 출신인 부인을 만나 1992년에 결혼해 서른한 살인 아들이 있다. 대학에서 산업디자인을 공부한 아들은 광주에서 전공을 살려 직장 생활을 하고 있다.

고향에 돌아와 농사짓고 한우 키우다가 지난 2015년 주민들의 요청으로 통장을 맡아 마을 일을 하고 있다. 양 통장은 "마을이 더 발전하고 살림살이가 좋아져야 하는데 제약이 많아 답답하다"며 "농공단지가 버티고 있고, 가마터가 문화재보호구역으로 묶여 있는 한 특색 있는 사업을 추진할 수 없다"고 안타까움을 표한다. 코로나로 중단된 단체 여행 등 마을 행사를 잘 진행하려고 고민하는 양 통장의 얼굴에서 작은 희망을 본다.

이창동

끈끈한 주민 화합 이어준 당산제, 코로나 후 마을계로 복원 계획

이창동 19통 텃골마을 | 2022년 10월 24일

텃골과 함께 마을을 이루던 능동, 원기둥, 정텃골, 안성골은 흔적도 없이 사라져 논밭이 됐다. 마을 곳곳에서 출토된 고려청자를 일본 사람들이 모두 가져가는 걸 봤다고 한다. 정월 대보름에 산신제를 겸한 당산제를 지내며 마을 사람이 화합한 전통을 이어 '마을계'로 복원할 계획이라고 한다.

가야산 남쪽에 아늑하게 자리 잡은 이창동 19통 텃골마을은 기원전 수천 년 전부터 사람들이 모여 살았던 것으로 보인다. 마을 옆 언덕에 있는 청동기 장례 문화인 고인돌 40여 기가 이를 증명한다. 한때 70여 호 300여 명이 살던 마을은 이제 20여 호만 남아 명맥을 이어가고 있다. 텃골과 함께 마을을 이루던 능동, 원기둥, 정텃골, 안성골은 흔적도 없이 사라져 논밭이 됐다. 왕실예에는 1가구만 쓸쓸히 남아 있다.

"마을 곳곳에서 고려청자가 나왔는디, 일본 사람들이 모두 캐 가는 걸 내 눈으로 봤당께." 텃골에서 나고 자란 이종출(92세) 씨의 말이다. 고인돌 옆 배추밭에 거름을 주며 "영산강이 접해 있어 고인돌과 고려청자 같은 문화재가 많이 나온 오래된 마을인디, 제대로 조사되거나 관리되지 않은 채 방치돼 있는 게 안타깝다"는

이 씨의 말이 진한 아쉬움을 남긴다.

방목들 건너 금천면 강골이 고향인 이양순(93세) 씨는 "열아홉 살에 결혼해서 봉황서 살다 전쟁이 한창이던 1951년에 텃골로 이사 와 이제껏 살았제. 살아온 날을 이야기하믄 말로는 다 못헌당께. 보리쌀 갈아서 호박잎 넣고 죽 쒀서 묵고 살았응께"라며 옛일을 떠올린다. "영산강이 바라보이는 마을 앞 논밭이 생계 터전이었는디 농공단지가 생기면서 모두 빼앗긴 꼴이 돼부렀어"라는 이 씨는 평생 일궈 온 8마지기 논이 수용되고 1마지기만 남았단다.

"얼굴 이뿌단 소린 몰라도 손 이뿌단 소리는 많이 들었제"라는 박영례(82세) 씨는 "새벽 3시부터 새끼 꼬고 가마니 짜서 이고 지고 가야산 넘어 영산포 장에 내다 팔아 묵고 살았응께"라며 두 손을 내 보인다. "스물두 살에 텃골에 시집와서 지금까지 자식들 굶길까 잠 못 자며 시간을 쪼개서 일했다"는 박 씨는 "단칸방 생활 5년 만에 오두막집을 마련했고 혼자 되신 친정어머니를 20여 년 모셨다"며 산포면 화지리 고향까지 걸어 다녔던 기억을 떠올린다.

마을 사람들이 만든 기능저수지 뒤로 텃골마을이 가야산을 병풍 삼아 자리하고 있다.

텃골 마을회관 앞에 작은 샘터가 쓸쓸하게 자리하고 있다.

농공단지에서 자동차정비업소를 운영하는 나경수(60세) 씨는 중학교 1학년 때 남평으로 이사하기 전까지 고향인 텃골에서 살았다. "날마다 오르내리며 놀던 가야산은 우리들한테 종합 운동장이었제. 선배들이랑 어울려 야구도 하고 축구도 하고 겨울에는 토끼 잡으러 뛰어다녔다"는 나 씨는 "텃골에만도 큰 샘이랑 작은 샘이 2개나 있었는디, 지금은 큰 샘은 없어졌고 작은 샘만 쓰임새 없이 남아 있다"고 한다.

텃골에서 가장 어리다는 임○경(20세) 씨는 반려견 '달'이랑 마을을 산책하는 게 매일 일과 중 하나다. "어려서 같이 학교 다니며 놀던 언니가 2명 있었는디 지금은 모두 떠나고 없다"는 임 씨는 "또래 친구는 없지만 핸드폰이 있어서 외로움을 느끼지 않는다"고 덧붙인다.

객지에서 직장 생활을 하다 농공단지가 들어서면서 고향으로 돌아온 이순봉(77세) 씨는 "고향 집에 살면서 관로 만드는 회사에서 20여 년 일하다 은퇴했다"며 "마을 사람들한테 일자리를 주겠다는 처음의 약속이 지켜지지 않고 외지인을 채용하고 있다"고 지적한다. "공단이 들어선 뒤 탁 트인 마을 앞을 가로막고 논밭이 없어져 마을의 살림살이만 더 힘들어졌다"는 이 씨는 "매년 1~2개씩 집터가 사라지며 마을의 형세가 바뀌어가는 걸 지켜볼 수밖에 없다"며 한숨을 짓는다.

"어릴 적에만 하더라도 가야산 중턱에 서당 터가 있었다"는 임형권(60세) 통장은 "20여 년 전 태풍으로 마을 가운데 있던 당산나무가 쓰러져 사라지는 아픔이 있었다"며 "코로나가 세상을 덮치기 전까지 매년 정월 대보름에 산신제를 겸한 당산제를 지내며 마을 사람들이 화합할 수 있었다"고 자랑스레 이야기한다. 임 통장은 "그런 전통이 있어서인지 지금도 마을 사람들이 회관에 자주 모여 함께 식사하고 마을 일도 상의하며 끈끈하게 잘 뭉친다"며 코로나 위기를 이겨내고 나면 다시 마을회관에 상을 차려 '마을계'로 복원할 것이라고 밝힌다. 텃골마을 당산제가 마을계로 다시 태어나는 모습을 기대해 본다.

인터뷰

부모님이 만들어준 또래 모임이 마을의 뿌리

임형권 통장

"고등학교 3학년 때 만든 마을 친구들 모임이 40여 년 동안 꾸준히 이어져 오고 있어요."

임형권(60세) 통장이 태어난 텃골마을에 또래 친구들이 17명 있었다고 한다. "부모님이 내어주신 보리쌀 1되가 회비였다"는 임 통장은 "한 되 한 되 모아서 장에 내다 팔아 회비로 만들어 모임을 시작해서 지금까지 이어오고 있으니 사실상 부모님들이 만들어준 모임이고 텃골의 미래를 책임질 뿌리"라고 자랑한다. 객지로 떠난 7명의 친구들과 함께 부부 동반으로 1년에 2번 만난단다.

임 통장은 20대 때 5년 정도 서울에서 직장 생활을 했다. 친구들처럼 도시에서 넥타이 매고 출퇴근하는 삶을 꿈꿨지만, 고향과 부모님 생각을 장남의 숙명으로 여겨 고향으로 돌아왔다. "부모님이 피땀으로 일궈주신 전답이 없었다면 고향으로 내려올 생각조차 못했을 것"이라는 임 통장은 "7년 전부터 3,000평 과수원을 빌려 집사람과 함께 배 농사를 짓고 있다"고 한다.

전라북도 부안군이 고향인 부인은 서울에서 직장 생활하다 만났단다. "집사람이 없었다면 고향으로 내려오는 것도, 살림살이 일으키는 것도 쉽지 않았을 것"이라는 임 통장은 "이창동 새마을 부녀회장을 맡아 봉사활동도 열심히 하고 있다"고 자랑한다. "되돌아보니 고향에 잘 내려온 것 같다"는 임 통장은 앞으로도 부인과 함께 마을과 지역을 위해 성실히 살겠다는 포부를 밝힌다.

이창동

차별화로 동네가 살아날 수 있다는 희망을 품다

이창동 4, 23통 | 2024년 5월 27일

대흥동의 남쪽 '이창들'로 불리던 농토에 2007년 다세대 주택이 들어서고 2022년 한국토지주택공사의 행복주택 150세대가 입주했다. 농기계 수리업을 하는 윤 사장은 "지역사랑상품권의 사용 시한을 3개월로 정해 돈이 돌도록 해야 한다"고 한다. 외국인 노동자가 다수 거주하고 있어 4곳의 아시아마트와 타이음식 전문 식당이 있다.

만봉천과 영산강을 터전 삼아 쌀농사를 짓던 농경지에 다세대주택과 상가가 들어섰다. 이창동 4통과 23통은 법정동(法定洞)인 대흥동의 남쪽에 위치한 비옥한 농토로 '이창들'로 불렸다. 2007년 처음으로 다세대주택이 들어서고 2022년 한국토지주택공사의 행복주택 150세대의 입주가 시작되면서 이곳이 농토였다는 기억마저 잊히고 있다. 이창 3, 4통이던 대흥동에 주민이 늘어나자 2014년 23통이 새로 생겼다.

왕곡면이 고향인 믿음카센터 최성남(53세) 사장은 "1997년부터 광주에서 정비 일을 하다 2010년에 고향으로 돌아와 창업했다"며 "직원을 고용할 형편이 안 돼 혼자 힘으로 하고 있는데 '내 시간이 없다'는 것 빼곤 할 만하다"고 웃는다. 최 사장은 "전반적으로 경제 상황이 좋지 않아 당장 고칠 것이 아니면 뒤로 미루

전라남도 나주시 대흥동 남쪽의 비옥한 농토에 다세대주택과 상가들이 들어와 이창동 4통과 23통이 됐다.

는 것 같다"며 "지역사랑상품권의 사용 시한을 3개월로 정해 돈이 돌도록 해야 한다"고 현장에서 깨달은 경제 해법을 제시한다.

"집 옆 도살장에서 일하던 사람들이 곱창 등을 가져오면 어머니가 재료비만 받고 끓여주던 것이 처음 시작한 계기"라는 석기네곱창 최행숙(71세) 사장은 "남편 직장이 있는 울산에서 25여 년 사는 동안 '곱창으로 식당을 하면 성공할 것 같다'는 생각을 수없이 했다"며 "20여 년 전 남편이 회사를 목포로 옮기면서 어머니 모시고 본격적으로 곱창 전문식당을 열었다"고 수줍게 웃는다.

"내가 태어나기 전부터 선창에서 부모님이 하던 젓갈집을 이어받았다"는 추자젓갈 사장(66세)은 "무거운 젓갈통을 옮기고 장사하느라 골병이 들었다"며 "어려서부터 엉덩이뼈가 아프다는 사실도 모른 채 지내다 제대로 치료를 못해 걷는 것도 힘들어 가게 문을 닫았다"고 한다. 2014년에 집을 짓고 이사 왔다며 "내 이름

23통 주민들이 빈터를 텃밭으로 일구고 있다.

은 안 가르쳐줄 거다"고 장난기 어린 웃음을 짓는다.

산포면 산제리에 소재한 국립나주병원에서 33년의 공직 생활을 마치고 경기도의 한 대학에서 간호학과 교수로 5년을 보낸 뒤 은퇴한 최○○ 씨(72세)는 "원룸 임대로 노후에 대비하기 위해 2008년에 이곳 토지를 매입했는데 투자 기회를 놓쳤다"며 "방치하는 것보다 텃밭으로 일궈 식구들 먹거리라도 재배하려고 한다"며 고구마 순을 심고 있다.

"나서 지금까지 한 번도 대흥동을 떠난 적이 없는 진짜 본토박이"라는 대흥농기계 윤해성(62세) 사장은 "농기계 수리만 40여 년을 했고 20년 전에 이곳에 내 회사를 차렸다"며 "기술이 좋아선지 사람이 좋아선지 모르겠지만 멀리 남평읍이며 다도면에서 찾아오는 단골들이 있다"고 한다. "대흥동에만 또래들이 30여 명 있었다"는 윤 사장은 "그때랑 비교하면 지금의 영산포는 빈껍데기만 남았다"고 아쉬워한다.

주민들의 휴식 공간인 팔각정이 어린이공원 안에 자리하고 있다.

빛가람동에서 부모님과 함께 살다 행복주택에 입주한 박○은(26세) 씨는 "운동하다 기구가 넘어져 십자인대 파열로 6개월 진단을 받고 5개월째 재활치료 중"이라며 "치료가 끝나면 섬유디자인 전공을 살려 일하기 위해 준비 중"이라고 한다. 서울이 고향인 박 씨는 "공공기관 지방 이전으로 아버지가 일하는 한전KDN이 나주로 이전하면서 함께 왔다"고 말했다.

"2023년 2월 행복주택 추가 모집에 신혼부부 자격으로 입주했다"는 강○솜(32세) 씨는 "신축 아파트라 깨끗하고 조용해 초등학교 1학년인 아이와 함께 살며 성북동 직장에 출퇴근하는 데 만족한다"며 "남편 직장이 서울에 있어 '3대가 덕을 쌓아야 가능하다'는 주말 부부"라고 말한다.

태국 북동부 우런시에 살다 취업비자를 받아 왕곡면 혁신산단의 정육 업체에서 일하는 깃티삭(37세) 씨는 "제품 포장을 맡아 일한 지 2년 됐다"며 "앞으로 2년 더 일해서 고향으로 돌아가 과자며 음료를 파는 가게를 여는 꿈을 위해 꾸준히 저축하고 있다"고 한다. 이곳엔 깃티삭 씨와 같은 외국인 노동자가 다수 거주하고 있어 아시아마트 네 곳과 타이 전문식당이 있다.

　서울에서 15년 동안 일하다 고향과 가까운 곳으로 발령받아 2023년에 이사 왔다는 정성규(44세) 씨는 "운전면허시험장에서 적성검사 업무를 담당하는 경찰공제회에서 일한다"며 "나고 자란 광주랑 가까워 너무 좋고 2026년 광주운전면허 시험장이 문을 열고 기회가 된다면 광주에서 일할 수도 있을 것 같다"고 희망을 토로한다.

　만봉천을 가로지르는 양곡교를 지나 23통이 시작되는 카페 파밀리에 송향숙(67세) 사장은 "동네 사랑방 같은 평범한 찻집을 차리려고 준비하다 '외지인들이 찾아올 수 있도록 차별화해야 한다'는 아들 말에 긴가민가 했는데, 실제로 광주며 인근 도시에서 많이 찾아온다"며 "우리 집으로 동네가 살아날 수 있다는 희망으로 차 한 잔에 정성을 담는다"고 말한다. 고향인 금천면에서보다 더 오랜 시간인 40여 년을 이창동에서 산다는 송 사장은 "8년 전 카페를 열기 전엔 15년 동안 낙지 전문 식당을 했다"고 덧붙인다. 송 사장의 정성에 부응하듯 인근 지역민들이 찾아오는 나주를 기대해본다.

인터뷰

자미축제 출발인 면민잔치 기획한 게 공직 보람

배권주 이창동 통장협의회 회장

"인근 영암이며 강진에서 지금은 국도 13호선이 된 비포장 신작로를 따라 소를 끌고 줄지어 영산포우시장으로 향하던 모습은 그야말로 장관이었다."

1971년 영산포읍사무소에서 공무원 생활을 시작해 2006년 나주시청 회계 팀장으로 정년퇴직한 배권주(76세) 이창동 통장협의회 회장(23통 통장)은 "대흥동 입구 장승백이 부근으로 정미소랑 중화요리 집이 많았고 오가는 사람들로 시끌벅적했다"며 "전라도 상권의 중심을 이루던 영산포의 옛 영화가 되돌아오길 희망한다"고 말했다.

"반남면 총무계장으로 일하던 1980년대 자미축제의 원형이라 할 수 있는 '면민잔치'를 기획한 게 공직생활의 가장 보람찬 기억"이라는 배 회장은 "지역 축제라는 개념조차 없던 당시에 마을마다 음식을 장만해 고분이 있던 자미산 중턱에 모여 한마당 잔치를 열었다"며 "계별로 임무를 나눠 함께 즐겁게 일한 덕택에 면장님에게 칭찬을 받았다"고 덧붙인다.

"동네 빈터에 고추며 오이, 가지, 호박 등 텃밭 농사를 지어 주민들이랑 나눈다"는 배 회장은 "작년에 배추 100포기를 심었는데 주민들이 밭도 집처럼 깔끔하게 농사를 잘 짓는다고 칭찬했다"며 목소리에 힘을 준다. 6년 전부터 서예를 배우고 있다는 배 회장은 "오전 9시부터 오후 1시까지 주민센터 서예 교실에서 글쓰기에 집중한다"며 "서예인들의 모임인 금묵회 회장을 3년째 하고 있다"고 말했다.

"우인들과 무안군 삼향읍 임성리의 신부 집에 가서 어른들께 인사 드리고 결혼식을 올리고 첫날밤을 보낸 다음 날 고향인 왕곡면 장산리로 와서 신혼생활을 시작했다"는 배 회장은 "내리 딸만 넷을 낳은 어머니가 마흔 여섯에 늦둥이로 본 독자여서 많은 사랑을 받았다"며 "음식 솜씨 좋다고 이창동에 소문이 자자한 집사람 덕에 서예 교실 점심 반찬은 항상 우리 몫"이라고 밝게 웃는다.

2024년 추석 '나주 사람들'

40년 친구 모임에 황포돛배 타고 바둑대회, 노래자랑 열어 친목 다져

가을걷이를 마치고 수확의 기쁨을 나누는 추석이면 멀리 떨어져 있던 가족들이 한데 모인다. 산업화 물결을 따라 도시로 떠났던 마을 사람들도 고향을 찾아 친구들과 즐거운 한때를 보낸다. 둥그런 보름달 아래 추석을 맞는 나주 사람들의 모습을 담았다.

＊

"8만 원? 뭣이 그리 비싸?"

"대목잉께 비싸제. 추석 쇠면 내려갈것께 그때 담제 그래?"

"그래도 명절인디 김치는 새로 담가야제. 싼 건 없는가?"

"있는디 속이 덜해. 어쩔랑가?"

"걍 젤 좋은 놈으로 주소. 식구들 먹을 건디."

추석 연휴 첫날인 14일 목사고을시장에서 배추를 사고파는 모습이다. 매 4, 9일 오일장이 서는 목사고을시장은 지방에 선 우리나라 최초의 오일장이다. 어린이를 위한 역사책《꼴뚜기는 왜 어물전 망신을 시켰을까》(정인수, 2018)에 "《조선왕조실록》에 1470년(성종1년) 극심한 흉년이 들자 나주 사람들이 5일에 한 번씩 모여 서로 남는 것을 교환해 극복했다고 기록돼 있다"고 한다.

"대목장 중에서 젤 큰 장이여"라며 말문을 연 강미(50세) 씨는 "같은 배추같이 보여도 속이 차고 덜 찬 차이가 있어 8킬로그램 한 상자에 3만 5,000원부터 8만 원까지 여러 가지다"며 "대목을 맞아 들어오는 가격이 비싸서 파는 우리도 미안하기만 하고 큰 재미를 보는 것도 아니다"고 한다. 강 씨는 "열무는 한 단에 1만 5,000원~2만 5,000원, 쪽파는 1만 5,000원, 무는 5,000원에 거래된다"고 덧붙인다.

목사고을상인회장 박도철(55세) 씨는 "모종 장사 15년 만에 올해처럼 배추 모종 구하기 힘든 때는 처음"이라며 "날이 워낙 더워서 모종이 자리도 잡기 전에 타버려 5번이나 다시 심은 사람도

우리나라 최초 오일장 목사고을시장에서 강미(50세) 씨가 손님을 맞고 있다.

있다"고 한다. "모종이 딸리면 김장배추 가격이 떨어지는 게 정상인디 올해는 오히려 더 오를 것 같다"는 박 씨는 "추석 대목 장날이 이렇게 뜨거운 것도 처음"이라고 덧붙인다.

40년 된 초·중 친구들 모임 '교우회'

"가까이 사는 친구가 지각한다"고 이야기를 시작한 주영로(64세) 씨는 "초·중학교를 같이 다닌 친구들끼리 '얼굴이나 보고 살자'며 교우회란 이름으로 모인 지 40여 년 됐다"며 "매달 둘째 토요일로 모임을 정해 놔서 특별한 일 없으면 꼬박꼬박 참석하는데, 오늘도 늦지 않으려고 목포에서 5시에 출발했더니 30분이나 빨리 도착했다"고 말했다.

대학에 진학하면서부터 '목포 사람'으로 살고 있다는 주 씨는 "한번 나가면 1년을 바다에서 생활하는 상선을 탔는데, 대학 동기가 탄 배가 침몰해 '흔적도 없이 목숨을 잃은 사건'을 겪은 후 바다가 무서워져 그만두고 사업을 시작했다"며 "기계 공구 분야에선 철저한 A/S로 목포에서 독보적인 입지를 다졌다"고 자랑한다.

축제에 고춧가루로 만든 '나주비빔밥' 선보일 천수봉 명인

"나주의 장터비빔밥은 고추장이 아니라 고춧가루를 썼다는 옛 기록을 재연하고자 한다"는 한식 대가 천수봉(74세) 남도음식 명인은 "나주는 농토가 넓고 비옥한데다 영산강 물길을 통해 들어온 풍부한 해산물로 다양하고 맛있는 음식을 만들었는데 다른 지방과 달리 고춧가루를 사용해 비빔밥을 만들었다"며 "비빔밥과 함께 홍어건포와 배젤리 등 우리 지역의 특산물을 활용해 27~29일 목포에서 개최되는 '제30회 국제남도음식문화큰잔치'에 출품할 계획"이라고 했다.

같은 기간 나주에서 열리는 '2024 나주문화유산 야행'에 '나주한상'을 선보일 계획인 천 명인은 "140년 전 조지 클레이튼 포크

한식대가 천수봉(74세) 남도음식명인이
'제30회 국제남도음식문화큰잔치'에 출품할 작품을 준비하고 있다.

주한미공사관 대리공사가 나주를 방문해 오리탕과 김치, 수란과 젓갈, 육전과 유자정과 등으로 식사했다는 자료를 토대로 한상차림을 준비하고 있다"며 "궁중음식과 남도 음식의 정통성을 이어오고 있는 나주 음식을 기록하고 계승하는 데 더욱 정진하겠다"는 포부를 밝힌다.

도래마을 서기당 막내딸 홍현욱 씨의 추석

100년 넘은 한옥과 함께 다도면 도래마을을 지켜 온 배롱나무가 화려한 꽃을 피운 '서기당 홍기창 가옥'의 막내딸 홍현욱(67세) 씨는 "서울 사는 딸은 이번 명절엔 못 온다"는 아쉬움을 나타내며 "어릴 적엔 명절이면 사촌들이 우리 집에 모여 함께 차례를 지내고 성묘를 다녔는데 지금은 명절 쇠러 오는 자녀들이 많지 않아 썰렁함마저 든다"고 한다.

본채 한 칸과 별당채를 현대식으로 개조해 펜션업을 겸하고 있는 홍 씨는 "결혼하면서 떠났다 40여 년 만에 돌아와 옛집을 가꾸며 유년 시절의 추억을 떠올리고 손님들에겐 새로운 기억을 남길 수 있어 즐겁다"며 "서기당을 찾는 도시 사람들이 오래된 한옥에서 아늑하고 편안한 체험을 쌓길 바란다"는 당부를 남기며 마당의 낙엽을 쓸어 모은다. 1918년 건축한 서기당은 전라남도 민속문화유산 제9호다.

금안리 광곡마을 노인회장배 바둑대회

"'고향을 찾는 향우들과 주민들이 수담을 나누며 마을 대소사를 공유하고 친목을 돈독히 하자'는 정연채 노인회장님의 뜻에 따

추석을 맞아 '제2회 광곡노인회장배 바둑대회'가
노안면 금안리 광곡마을에서 열렸다.

라 지난 설에 이어 두 번째 바둑대회를 열었다"는 노안면 금안리 광곡마을 노인회 염철현(63세) 총무는 "알까기와 탁구 등 남녀노소 누구나 참여할 수 있도록 확대함으로써 남자들만의 취미생활을 넘어 마을공동체, 나아가 노안면민들이 함께 즐기는 놀이로 발전시켜 나갈 것"이라고 한다.

"대회 참가자와 흥미롭게 지켜보는 주민들이 밤늦게까지 한데 어울려 모처럼 명절 분위기를 냈다"며 "향우들과 하동 정씨 금안동문중, 노안농협 등 각계의 후원으로 '마을 잔치'를 넘어서는 알찬 행사가 됐다"고 밝힌 염 총무가 우승의 영광을 안았고, 준우승 정국기, 3등 정찬관, 4등엔 정도기 주민이 차지했다.

국가민속문화유산 나주남파고택의 전 부치기

전라남도에서 단일 건물로 가장 큰 규모를 자랑하는 국가민속문화유산 '나주남파고택'이 탯자리인 종손 박진영(49세) 씨는 "자동차로 오는 것보다 편하고 시간도 아낄 수 있어 고속열차를 이용한다"며 "섣달그믐과 정월대보름·추석·동지 전날 밤에 9대조 할아버지까지 선조들의 합동 제사를 모시고 명절 당일에 성묘한다"고 말하고 "개별 제사는 10번도 넘는다"고 귀띔한다.

경기도 용인시에서 직장에 다니는 박 씨는 "어릴 적 본채 앞 연못에 물고기가 노닐고 감나무며 포도나무가 있었는데 국가문화유산으로 지정되면서 원형을 유지하기 위해 나중에 생긴 연못을 메운 게 아쉽지만 넓어진 마당에서 음악회를 여는 등 공동체 공간으로 다시 태어나 뜻깊게 생각한다"고 덧붙이고 전을 부치는 가족들 곁으로 발걸음을 옮긴다. 박 씨의 아버지는 나주문화원장을 지낸 박경중 전 전라남도의회 행정자치위원장이다.

다시·세지면민 노래자랑 '신명 나는 추석'

연신 '앵콜'을 외치는 주민들의 목소리에 흥이 차오른다. 무대 앞으로 나와 춤을 추고 노래를 따라 부르는 모습은 말 그대로 '신명 나는 명절'을 즐기고 있다. 코로나 이전까지만 하더라도 읍·면·동별로 열리던 노래자랑이 올해 추석엔 다시면과 세지면 두 곳에서만 열렸다. 큰 마을에선 당산나무에 모여 노래자랑도 하고 집집마다 해온 음식을 나누던 기억마저 아련하다.

제14회 다시면민 노래자랑을 주최한 이근준(53세) 청년회장은 "30여 년 전 선배들이 시작한 노래자랑을 한동안 면민의 날 행사와 함께 진행하다 작년부터 추석맞이 노래자랑으로 따로 열고 있다"며 "고향을 찾은 향우들과 주민들이 어우러지는 한마당을 위해 주민자치위와 이장단, 자율방범대, 부녀회 등 단체들과 협조

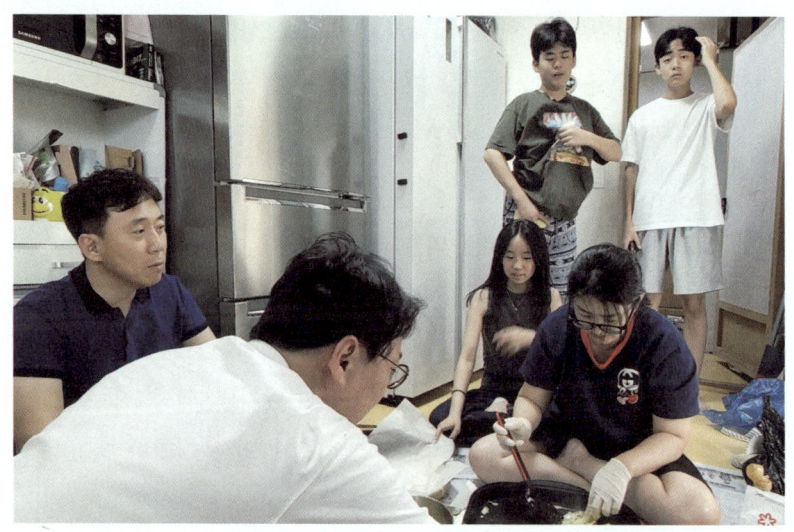

나주남파고택 종손 박진영(49세) 씨 형제와 가족들이 추석 음식을 준비하고 있다.

16일 다시초등학교에서 열린 '제14회 다시면민 노래자랑'에
1,000여 명의 주민들이 함께 어울리고 있다.

해 함께 준비했다"고 한다. 노래자랑 대상은 정진경, 최우수상 진선희, 우수상 송문영, 인기상 이인숙·류연삼, 특별상 아사미게이코·나원율·김지우에게 돌아갔다.

오가는 사람들, 웃지 못하는 이들

"시댁인 서울에서 차례를 지내고 친정인 부산에 들렸다 돌아오면 딱 1,000킬로미터"라는 오현주(36세, 가명) 씨는 "남편의 직장 이전으로 나주에서 10년째 명절을 맞고 있지만, 대중교통 불편도 여전하고 인근 지자체와 비교할 때 나주만의 볼거리나 먹거리를 찾을 수 없어 아쉽다"며 "같은 나주 사람인데 빛가람동 사람들을 마치 '외지인'처럼 대한다고 느낄 때도 많다"고 말한다.

추석 연휴 마지막 날인 18일 왕곡면 월천1리 구천마을회관에서 만난 박상회(79세) 씨는 "차례상을 차리지 않아 따로 음식을 장만하지 않고 식구들 먹을 송편과 전 등을 사서 아이들과 술 한잔 하며 보냈다"며 "4남매 중 큰아들이 오후에 제주도로 떠나면 우리 내외만 남는다"고 씁쓰레한 웃음을 짓는다.

영산동 선창에서 만난 이○진(44세) 씨는 "공산면 금곡리 친정에 명절 쇠러 왔다가 가족들과 황포돛배 타러 나왔다"며 "고등학교 마치고 서울서 직장에 다니며 결혼해 살다가 8년 전 경기도 이천 시댁의 하우스 농장을 물려받아 부추와 상추 등을 기르고 있다"고 한다. 이 씨의 세 아들은 뱃놀이가 신기한 듯 눈동자가 번뜩인다.

명절이지만 웃지 못하는 이들도 있다. 나주시청 앞에 농성 천막을 차린 남송(32세) 씨는 "지난 2월부터 도시과와 건축과, 공원

녹지과와 협의를 통해 산림 경영 허가와 관련한 각종 수정과 보완을 진행했는데 인허가가 마무리되는 시점에 느닷없는 불가 통보를 받았다"며 "불가 사유에 대한 합리적인 설명도 없이 책임회피로 일관하는 무책임한 행정에 맞설 방법이 농성밖에 없다는 현실이 답답할 따름"이라며 목소리를 높인다. 즐겁고 행복한 명절에 농성 천막을 거둘 수 없는 남 씨의 사연이 안타까움을 더한다.

다음 명절엔 좋은 일만 가득하고 노래자랑과 알까기로 행복을 만끽하며 좋은 음식을 준비하고 함께 나누며 어우러지길 기대해 본다.

'나주공동체'를
함께 꿈꾸는 사람들

김치와 두부로
주민 소득 늘리고
돌봄 치유 농촌공동체 꿈 이루길

'함께 꾸는 꿈'을 이루기 위해 한 발 한 발 나아가는 사람들. 나주라는 공동체의 꿈을 위해 오늘을 사는 사람들. 우리 아이들과 이웃의 미래를 만들어가는 사람들. 마을과 지역사회를 위해 함께 꿈꾸는 '나주 사람들'의 이야기를 담았다.

꿈은 이루어진다. 맞는 말이다. 불과 10여 년 전만 하더라도 스스로 움직이는 자동차, 사람처럼 생각하고 대화하는 기계는 상상에서나 가능했다. 하지만 현실이 되고 있다. 꿈을 더 이상 현실과 분리된 세계라고 할 수 없다.

누구나 꿈을 꾼다. 꿈 중에서 가장 행복한 꿈은 '함께 꾸는 꿈'이다. 꿈을 이루기 위해 한 발 한 발 나아가는 사람들. 나만의 꿈이 아니라 우리들의 꿈을 위해 살아가는 사람들. 우리 아이들과 이웃의 미래를 만들어가는 사람들. 마을과 지역사회를 위해 함께 꿈꾸는 사람들이 있다.

건강한 먹거리 만드는 사회적 기업 '두레박'

"내가 좋아하는 맷돌로 갈아 만든 녹두전에 막걸리 한잔을 함께 나누고 양심껏 값을 치르는 휴식처 같은 협동조합을 만들자고 했을 때 '6개월 안에 문 닫을 수밖에 없을 거야'라는 우려를 이겨내고 10년 넘게 버텨낸 것만으로도 복 받은 것"이라는 사회적 기업 두레박 협동조합 김미선(57세) 대표.

결식아동 도시락과 마을 공동 급식을 위해 '없는 시간을 쪼개 일한다'는 김 대표는 "잠자는 4시간을 제외하고 20시간 동안 행정에서 필요로 하는 서류 처리에서 음식 만들기, 영업 활동까지 손을 뺄 수가 없다"며 "우리 지역의 대표 상품을 만들기 위해 배즙을 짜고 남은 찌꺼기를 이용한 발사믹 식초, 곰탕의 유통 기간을 1년으로 늘린 냉동 포장 제품을 개발하기도 했지만, 기존 기업들의 유통망과 경쟁할 수 없어 제대로 빛을 발하지 못하고 있다"고 아쉬움을 드러낸다.

결식아동의 질 높은 식사와 어르신들의 건강한 먹거리가 '소박한 꿈'이라는 김 대표는 "우리 지역에서 생산하고 만들어낸 제품이 소비자의 사랑을 받는 사회적 기업 본연의 역할에 더욱 최선을 다할 것"이라며 "11년째를 맞는 올해는 새로운 도전과 변화를 시도할 계획이니 눈여겨 지켜봐달라"며 당찬 자신감을 내비친다.

노안면 양천2리 계량마을 '이슬촌생명영농조합'

마을에서 재배한 배추와 고추로 담근 김치와 콩나물, 완전 국산 견과류로 소득 사업을 하는 노안면 양천2리 계량마을의 '이슬촌 생명영농조합'은 전체 주민 50명이 1구좌(30만 원)에서 최대 10구좌까지 출자해 설립했다. 이장을 겸하고 있는 영농조합 김경호(54세) 대표는 "김치 사업 첫해인 작년 말 결산 보고하면서 '본격적으로 자리 잡기까지 앞으로 3년간 배당해 드리기는 어려울 것 같다는 말씀을 드리고 최대한 빨리 흑자를 이루도록 하겠다'고 했더니 오히려 '걱정 말고 열심히 하라'는 격려를 하시더라"며 "손해가 클 줄 알았는데, 주민들에게 배추 값이랑 고추 값 드리고, 인건비까지 정산하고 나니까 적자는 67만 원밖에 안 되더라"고 웃는다.

2003년 '생태 귀농'한 김 대표는 "천주교 광주대교구 정의평화위원회에서 일하던 중 내가 정의평화를 실천하는 일은 농업이 적합하다는 결심을 하고 집사람 고향인 이곳으로 내려왔다"며 "함께 사시던 어르신들이 한 분 한 분 돌아가시는 것을 보면서 '함께 살고 함께 슬퍼하며 보내드릴 수 있는 방법이 무엇인가' 고민하고 있다"고 한다.

두부 만드는 왕곡면 덕산2리 덕실마을 '덕실영농조합법인'

"서울의 유치원에 매달 100모 정도 납품하던 것을 오세훈 시장이 외지 제품이라는 이유로 중단시켰다"고 말문을 연 전현규 이장(67세)은 "1999년부터 하던 메주와 된장 사업을 정리하고 2012년 42가구 전체 주민이 출자해 영농조합법인을 만들어 최근 4년 연속 흑자를 내고 있다"며 "약 7,000만 원 매출을 올린 작년엔 20만 원씩 배당하고 300만 원은 마을 기금으로 적립하고 설에 김 선물을 했다"며 뿌듯해한다.

"3일 하루에 빛가람동 로컬푸드 매장에서 53모가 팔렸다"며 스마트폰의 판매 현황을 보여주는 전 이장은 "조합 만들 때 60~70대인 어르신들이 80대에 접어들어 앞으로 계속해서 두부

왕곡면 덕산2리 덕실마을의 '덕실영농조합법인'은
두부로 소득을 창출하고 마을 기금을 조성한다.

를 만들 수 있을지 걱정"이라며 씁쓸해한다.

25년간 교육 공무원으로 일하다 정년퇴직한 2019년부터 마을 일을 맡은 전 이장은 "평생 고향에서 살면서 강진군 칠량면까지 출퇴근하기도 했다"며 "적자에 허덕이던 조합의 회계를 투명하게 운영했더니 이익이 나고 주민들이 더 관심을 갖더라"고 만족감을 표한다.

동강면 대전1리 상촌마을의 '동네 사위' 만능 재주꾼 박현일

그림과 글씨, 소리와 대금 연주·제작, 귀족 호두 재배 등 말 그대로 다재다능한 박현일(54세) 씨는 주민들에게서 '우리 박 서방'으로 불리는 마을 사위다.

"결혼하기 전인 1996년 마을에 도둑이 들어 어머니가 무서워 하신다는 여자 친구의 말을 듣고 '내가 들어와 모시고 살면 어떨까' 제안했다"는 박 씨는 "다음 날부터 집집마다 문을 두드리며 '잘 주무셨어요' 묻기 시작하면서 주민들 한 분 한 분과 친해졌다"

동강면 대전1리 상촌마을 동네 사위 박현일(54세) 씨가 대금 제작에 열중하고 있다.

며 "그때만 해도 30가구가 넘었는데 지금은 16가구만 남아 진짜 한 식구처럼 살갑게 지낸다"고 한다.

"마을회관 앞에 있는 샘 '국선정'은 고려 태조 왕건이 말을 타고 와 물을 마셨다는 기록이 있다"는 박 씨는 "샘 주변에 설중매 50주를 심고 색깔이 있는 보도 블럭을 기증받아 깔았다"며 "원형이 보존된 가장 오래된 샘인 국선정을 명소로 가꾸어 지역의 풍물패와 함께 용왕제를 지내는 꿈을 꾸고 있다"고 웃음 짓는다. "달마도에 빠져 10여 년을 몰두한 결과 출품한 작품마다 큰 상을 받았다"는 박 씨는 "강남스타일로 전 세계를 뒤흔든 싸이를 빗대어 '미술계의 싸이'로 불리기도 했다"고 덧붙인다.

양계 농가가 함께 만든 계란 유통 회사 '녹색계란'

"365일 생산되는 계란의 깨끗하고 신선한 품질을 무기로 매출과 거래처를 2배 이상 확대했다"는 녹색계란 봉학종(39세) 대표는 "신선란과 구운란에 이어 전국에서 다섯 손가락 안에 꼽히는 액상 계란 설비를 구축했다"며 "젊음을 무기로 변화하는 유통 환경과 파생 상품에 맞추어 다양한 연구를 계속해 나갈 것"이라고 한다.

"소형 트럭을 이용해 시장과 마을을 돌며 판매하던 영세 유통업자들이 그때그때 판매 현황에 따라 가격을 정하는 바람에 안정적인 수익을 유지할 수 없었다"는 봉 대표는 "문제 의식을 가진 아버지 세대 농가들이 힘을 합쳐 직접 유통해 보자고 뜻을 모아 2009년 녹색계란을 설립했다"며 "유통 경험이 없고 경영 능력이 부족해 시행착오를 겪다 2021년 저에게 회사를 맡겼다"고 한다.

'닭이 하루를 시작하는 새벽 4시'에 어김없이 농장 일을 시작

양계 농가가 뜻을 모아 설립한 계란유통법인 '녹색계란'이 출하 준비에 여념이 없다.

역사 교사 출신 최현삼(60세) 이사장이 설립한
사회적협동조합 케어팜 더욱에서 황토 케어를 체험할 수 있다.

한다는 봉 대표는 "직원들이 출근하기 전에 닭과 설비의 상태를 점검하고 일과를 챙긴 뒤 직원들과 업무를 협의한다"며 "회사는 특별한 일이 없으면 각자 맡은 업무를 자율적으로 할 수 있도록 하는 게 경영을 잘하는 것"이라는 말로 '경영 의지'를 대신한다.

봉황면 욱곡1리 욱실마을 돌봄 치유 농장 '케어팜더욱'

돌봄 치유 농장 '케어팜 더욱'은 행복한 농촌 공동체를 만들고자 한다. 더욱 따뜻한 마을, 더욱 튼실한 마을을 꿈꾼다.

함께 농사짓고 함께 살아온 땅의 주민들과 함께 2019년 사회적협동조합을 설립한 최현삼(60세) 이사장은 "대학원에서 사회복지를 공부하던 중 부모님이 동시에 치매 진단을 받게 되자 직접 모셔야겠다고 맘먹고 고등학교 진학하면서 떠난 고향으로 돌아왔다"며 "코로나와 겹치는 바람에 계획했던 원예 치유와 돌봄 프로그램에 외지인들이 참여하는 것을 꺼리는 주민들의 우려 때문에 본격 추진할 수 없었다"고 한다.

서울에서 역사 교사로 30여 년을 보낸 최 이사장은 "주민들과 함께 생산한 배와 샤인머스켓 등을 활용한 다양한 제품을 개발했지만 판매를 통한 소득 창출에 한계가 있음을 깨달았다"며 "선생이라는 전문성과 경쟁력을 살려 다양한 체험 프로그램을 확대할 계획"이라는 뜻을 밝힌다.

공동체를 가꾸는 이들이 함께 힘을 모아 나주의 미래를 만들어가는 아름다운 꿈을 꾼다. 함께 있어 행복한 나주의 꿈이 현실이 되는 날을 그려본다.

2부 나주의 동쪽

남평읍

세지면

금천면

산포면

다도면

봉황면

송월동

영산동

빛가람동

> 남평읍

태풍에도 바람 영향 없는
산 좋고 공기 좋은 살기 좋은 마을

남평읍 노동리 | 2022년 11월 7일

갈대 로(蘆)자를 쓰는 노동리엔 청동기시대 유물인 고인돌 20여기가 남아 있다. 그 옆엔 동학혁명의 꿈을 이루지 못한 '오호장수' 고제칠의 묘가 있다. 공기 좋고 살기 좋은데다 광주와 가까워서 외지인들이 많은 편이다. 이웃들과 정겹게 어울려 사는 마을을 꿈꾼다.

마을을 둘러싼 민둥산에 갈대가 무성했단다. 갈대 로(蘆)자를 써서 노동리라는 이름이 지어졌다. 갈대 마을이라는 뜻이다. 노동리가 시작되는 철로변에 고인돌 20여 기가 남아 있어 청동기시대부터 사람들이 모여 살았던 것으로 추정된다. 표지판조차 없이 밭 가운데 방치돼 있는 고인돌 옆에는 동학혁명의 꿈을 이루지 못한 '오호장수' 고제칠의 묘가 있다. 마을 가운데 노동저수지의 윗마을은 상노동, 아랫마을은 하노동으로 나뉜다. 올해 지방선거에서 당선된 윤병태 나주시장은 윗마을 출신이다.

광주광역시 효덕동이 고향인 김덕님(75세) 씨는 "신혼 때 3여 년 광주 송정리에서 살다 큰아이 낳던 해인 1972년에 아랫마을 작은형님네 집으로 들어와 자리 잡았다"며 "헌 집을 헐고 한옥을 지어 살다 2014년 지금의 양옥집을 지었다"고 뿌듯해한다.

윗마을이 고향인 윤춘근(81세) 씨는 "부모님이 짓던 농사지으

고인돌 옆에는 동학혁명의 꿈을 이루지 못한 오호장수 고제칠의 묘가 있다.

며 산에서 나무해서 장에 내다 팔아 생계를 이어왔다"고 옛이야기를 꺼내고는 "산밭에 콩이며 보리 심고 쌀농사 짓다 아랫마을로 내려와서 논밭 각 10마지기 농사로 두 내외는 물론 광주 사는 3남매 먹거리로 충분하다"고 한다.

1969년에 결혼하면서 아랫마을에 들어와 54년째 살고 있는 박순례(77세) 씨는 "채소 한 다발 팔기 위해 이고 지고 남평역까지 걸어가서 기차 타고 남광주시장을 수도 없이 다녔지만, 정작 1시간 거리도 되지 않는 고향(화순군 춘양면)에 자주 가지 못한 아쉬움이 있다"며 배추며 열무, 당근, 양파가 자라고 있는 텃밭으로 향한다.

전문직에 종사하다 보니 광주와 청주 등 도시의 아파트에서 25여 년 살다 단독주택에 살고 싶다는 열망으로 2012년에 윗마을로 이사 온 김율희(68세) 씨는 "직장이 있는 광주가 가까워 자동차로 다니는 데 큰 불편은 없다"면서 "마을을 둘러싼 정광산이 산세가 좋아 산책이라도 다니고 싶지만 등산로가 없고 멧돼지라도 만날까 두려워 선뜻 나서지 못한다"고 아쉬움을 나타낸다.

한국전쟁을 윗마을에서 겪었다는 윤창주(81세) 씨는 "산골 마을이라 밤사람들(빨치산)이 다녀간 뒤 어느 날 군경이 들어온다는 말에 두 형님과 함께 산 넘어 화순군 앵남면으로 피했다 돌아와 보니 집들이 모두 불타고 있었다"며 "다행히 미리 소식을 알고 피한 바람에 피해 입은 사람은 없었지만 50호가 넘는 큰 마을에서 피어오르던 검붉은 불길과 자욱한 연기를 잊을 수 없다"고 군경의 소위 '빨치산 토벌 작전'을 기억한다.

아랫마을 어귀에서 만난 정양님(84세) 씨는 "20마지기 넘는 논밭으로 자식들 키우고 살았는디 도로난다고 정리하고 어찌어찌 하다 보니 큰아들 앞으로 된 논 2마지기만 남았다"며 "나이가 들수록 산포면 매성리 고향 땅이 자꾸 생각난다"면서 거동이 불편한 남편(89세) 걱정이 이만저만이 아니다.

윗마을로 이사 와서 만성비염이 나았다는 문영숙(63세) 씨는 "광주에 있는 아파트에 살 때는 시간만 나면 여행을 떠나고 싶었는데 여기 와서는 밖으로 나갈 생각이 나지 않는다"며 "태풍이 와도 바람이 없고 아늑한 공기가 너무 좋다"고 만족해한다. 마을 사람들 도움으로 앞마당 빈터에 황토방을 직접 지었다는 문 씨는 부녀회 총무를 맡아 마을 일에 함께 하고 있는데, "외양간이며 옛이야기가 마치 교과서 속에 살고 있는 것만 같다"고 덧붙인다.

윗마을 맨 끄트머리에 '남촌산방'을 짓고 대금과 글씨를 공부하며 지인들과 차를 즐긴다는 김양수(79세) 씨는 "공기 좋고 살기 좋아 이 마을로 들어왔다"며 "이웃들과 두런두런 이야기 나누는

지방도 55호선을 따라 남평읍에서 화순으로 향하는 맨 마지막에 노동리가 있다.

맛에 삶의 보람을 느낀다"면서 동양 최대의 한옥이라는 인근 평산리 집에 한번 와 볼 것을 권한다.

　윤판주 이장(60세)은 "광주랑 가까워서 다른 마을에 비해 외지인들이 많이 들어와 살고 있지만 원래 살던 주민들과 소통이 부족하다"며 "자기 땅이라고 울타리치고 마을 길을 막는 바람에 주민들과 갈등을 빚는 경우가 종종 있다"고 어려움을 터놓는다. 윤 이장은 "7~8년 전에 동충하초를 가공하는 농업회사가 들어와 사업을 했지만 제대로 얼굴 한 번 못 본 채 지금은 보이지도 않을 정도"라며 이웃들끼리 편하고 즐겁게 어울려 사는 마을을 꿈꾼단다. 한때 60여 호가 넘는 큰 마을이었고, 지금은 20여 가구만 남은 노동리이지만 윤 이장의 꿈이 현실이 되길 기대해본다.

인터뷰

첫인상에 반한 집사람과 여행 다니며 살고파

윤판주 이장

"착하고 예쁜 첫인상처럼 여전히 가족과 마을 일에 최선을 다해준 집사람한테 항상 고마울 따름"이라는 윤판주 이장(60세)은 "객지서 직장 생활하던 1990년 첫 만남에 반해서 6개월 연애 끝에 결혼했다"며 부인 자랑에 웃음 짓는다.

지난해 정부지원 사업을 신청했던 정광산 등산로 정비 사업을 이루지 못한 것이 아쉽다는 윤 이장은 "어려서 친구들과 어울려 산에 오르면 광주 시내가 훤히 내려다보였다"며 "광주 생활권인 탓에 다른 마을보다 50~60대 젊은 사람들이 많은 만큼 잘 준비해서 옛길을 다시 다닐 수 있도록 하겠다"고 밝혔다.

양봉과 쌀농사와 함께 비닐하우스에서 무, 배추, 시금치 등을 재배해 인근 로컬푸드에서 판매한다는 윤 이장은 "전날 저녁부터 새벽까지 준비해서 광주 남구와 남평, 산포, 나주로컬푸드 매장을 돌고 나면 오전이 다 지난다"며 "지금까지 한눈팔지 않고 성실히 살아왔듯이 앞으로도 열심히 살겠다"고 다짐한다.

12년째 이장을 맡고 있는 윤 이장은 "이번을 마지막으로 이장은 그만둘 계획"이라며 "대학생인 막내가 학업을 마치면 농사를 줄이고 집사람과 여행도 다니며 여유를 가지려고 한다"는 소박한 소망을 밝힌다. 매일 전화 통화로 가족의 정을 나누는 세 딸 중 맏이가 선물한 승용차를 바라보는 윤 이장의 얼굴이 밝게 빛난다.

남평읍

전남 10대 고품질 브랜드 선정된 '왕건이 탐낸 쌀' 첫 재배

남평읍 오계1리 석치마을 | 2023년 8월 7일

인근 오룡마을 사람들이 큰 고개 넘어 농사짓기 힘들어 살기 시작해 오래된 당산나무가 없다. 드들강변에 있어 민물고기 어부가 있고 민물매운탕을 주로 하는 식당들이 10여 곳 있었다. 하루에 수만 명씩 드들강 유원지로 나들이 오던 때가 있었다. 최근 들어 드들강변에서 캠핑을 즐기는 사람들이 늘고 있다.

'왕건이 탐낸 쌀 전남 10대 고품질 브랜드 쌀 선정'을 축하하는 현수막이 남평읍 곳곳에 보인다. '왕건이 탐낸 쌀'은 품질 고급화를 위해 지난 2003년 남평농협이 엄선해서 육성한 '청무' 품종의 쌀로, 드들강으로도 불리는 지석천에 접한 오계1리 석치마을에서 처음 재배하기 시작했다. 작년에 처음으로 미국에 수출(10톤)했고, 2021년에는 대통령 명절 선물 세트에 포함되면서 품귀 현상을 빚기도 했다. 명실상부하게 나주의 대표 상품으로 자리 잡았다고 할 수 있다.

직전 이장인 이준호(62세) 씨는 "중학교 다닐 때까지만 해도 제방을 쌓기 전이라 비만 오면 집 앞까지 물이 차곤 했다"며 "지금도 배수펌프장이 없어 빗물이 지석천으로 빠져나가지 못해 논밭이 잠기는 일이 빈번하다"고 지난달에 내린 비로 침수된 논밭의

사진을 보여준다. 이 씨는 서울에서 건축업을 하는 등 객지 생활 20여 년 만에 2003년 귀향해서 부친에게서 물려받은 농토를 밑천으로 쌀농사에 전념하고 있다.

아랫석치에서 주유소를 운영하는 김병하(58세) 씨는 "해양대학을 졸업한 뒤 항해사로 상선을 타고 세계를 누비기도 하고 무역회사에 다니다 35년 만인 5년 전 고향으로 돌아왔다"며 "망망대해 철판 위(상선)에서 1여 년 살다 보면 바보가 되는 것처럼 멍해지더라"고 한다. 지석천 건너 광이리가 고향인 김 씨는 30세에 완도 출신의 부인을 만나 결혼했다.

화순군 도곡면이 고향인 안종희(91세) 씨는 "쌀 하나 없이 보리쌀을 쪄서 비비고 도구통(절구의 방언)에 찧어서 꽁보리밥을 해먹었다"며 "지석천변에 포전(浦田)을 일궈 땅콩 심고 농사지어 5남매를 키웠다"고 한다. 안 씨는 "스무 살에 결혼할 때 산 넘고 물 건너 걸어서 왔다"며 "신작로가 마을 뒤로 있었다"고 기억한다.

"4남매 키우느라 안 해본 일 없다"고 말문을 여는 박덕임(79세) 씨는 "고향인 다도면 신동리에 살던 시누이 소개로 2리 사람이랑 결혼했는데 전답 따라 1리로 와서 신혼살림을 시작했다"고 한다. 박 씨는 "마흔도 되기 전에 혼자되는 바람에 농사에 식당 일하며 고생 고생했다"고 한다.

6년 전 석치마을로 이사 온 이영애(81세) 씨는 "50년 넘게 양동시장에서 노점 행상으로 과일을 팔아 생계를 꾸려왔다"며 "건강이 좋지 않은 남편이 친구 따라와서 지금 사는 집을 보자마자 계약했다고 하더라"고 한다. "느닷없는 결정에 '난 안 간다'고 했지만 나이 들고 몸이 성한 데가 없어 어쩔 수 없이 와서 살게 됐다"는 이 씨의 고향은 화순군 청풍면이다.

"열아홉 살 동짓달 스무날에 결혼했다"고 또렷한 기억을 자랑하는 최오례(91세) 씨는 "지석강 물 길어다 막걸리 담아서 오가는 이들에게 팔았다"며 "18년간 주막을 했는데 도로가 나는 바람에 그만두고 농사지어 6남매를 키웠다"고 한다. 광촌리가 고향인 최 씨는 "귀도 안 들리고 다리며 허리며 안 아픈 데가 없다"고 한다.

"드들강 유원지에서 30여 년 매운탕집을 하다 도로가 난 뒤 석치마을 입구에 새집을 지어 또 30여 년 가까이 했는데 5년 전에 문을 닫았다"는 정성화 이장(77세)은 "올해 초 잠자다 뇌졸중으로 쓰러져 큰일 치를 뻔했지만 다행히 기적처럼 회복됐고 말만 조금 어눌할 뿐"이라고 한다. 남평농협 이사를 6선 하면서 4명의 조합장과 일했다는 정 이장은 "임기가 끝나는 내년 3월까지 필요할 때 할 말은 한다는 자세로 임하고 있다"며 "왕건이 탐낸 쌀로 만든 떡국은 먹다 남겨 둬도 절대 붇지 않는다"고 자랑한다.

아랫석치 마을 사람들이 우산각에서 더위를 피하고 있다.

전라남도 10대 고품질 브랜드 쌀로 선정된 '왕건이 탐낸 쌀'을
재배하기 시작한 지석천변 석치마을을 대유위니아그룹 연수원 옥상에서 찍었다.

　육묘사업에 대한 인식이 없던 1990년대 초 사업을 시작한 성일육묘장 우상완(56세) 대표는 "고향인 고흥군에서 멜론 재배 기술을 배우기 위해 나주에 왔다가 종자회사에 다니던 지인 소개로 수출 오이 시범포와 인연을 맺고 오계리에 정착했다"며 "다른 사람의 논을 임대해서 10여 년간 기술을 쌓은 뒤 본격적으로 사업화한 게 20여 년이 지났다"고 한다. "과채류와 엽채류 10여 종 600여만 주를 기르고 있다"는 우 대표는 "사업 초창기부터 함께 한 분도 있고 20여 명의 직원 대부분이 10년 이상 함께 일하고 있어 가족 같은 분위기"라고 한다.

　석치마을은 지방도 822호선을 기준으로 윗석치와 아랫석치로 나뉜다. 육묘장이 있는 윗석치의 육묘장 옆에는 '드들강 장어양만장'이 있다. 양만장의 최영주 대표(61세)는 "우리 마을엔 당산나무와 같은 오래된 나무가 없다"며 "3리 오룡마을에 살던 사람들이 '큰 재' 넘어 농사지으러 다니는 게 힘들어 논에 가까운 이곳으로 분가해 와서 살며 마을이 생겼기 때문"이라고 한다. 여전히 큰집은 오룡마을에 있다는 최 대표의 부친도 그런 경우라고 한다.

 석치마을엔 민물매운탕을 주로 하는 식당들이 10여 곳 있었다고 한다. 하루에 수만 명씩 드들강 유원지로 나들이오던 때가 있었기 때문이다. 1980년대 중반까진 드들강에서 민물고기를 잡는 어부도 있었다. 최근 들어 다시 드들강 유원지에 사람들이 몰리고 있다. 주로 캠핑을 즐기는 사람들이다. 지난 2019년엔 마을 입구에 대유위니아그룹의 연수원이 들어오기도 했다.

인터뷰

몸이 묶인 농사짓는 어민으로 농업과 농민 고민해
최영주 전 남평읍지역발전협의회장

"농사꾼은 걱정 없는 날이 없다. 바람 불면 바람 불어 걱정, 추우면 추워서 걱정, 더우면 더워서 걱정!"

스스로 '몸이 묶인 농사짓는 어민'이라고 밝힌 최영주 전 남평읍 지역발전협의회장(61세)은 "내 땅에 형님이 시작한 양만장을 완공하지 못하고 돌아가시는 바람에 내가 마무리하고 2008년부터 장어를 기르게 됐다"며 "장어 양식을 전문적으로 계속하기 위해 아들을 수산대학에 보냈다"고 한다. "아들 녀석이 군에 다녀와서 복학하더니 '선택 잘한 거 같다'고 하더라"는 최 회장은 "5년째 아들과 교대로 24시간 내내 장어만 바라보고 있다"고 웃어 보인다.

공고에서 배관을 전공하고 대학 진학을 희망했지만 실패하고 울산 현대중공업에 취업한 최 회장은 "1987년 노동자대투쟁 때 노조 활동으로 해고된 게 인생의 전환점이 됐다"며 "가정할 순 없지만 그런 일이 없었다면 울산에서 직장 생활을 하고 있었을 것"이라고 한다.

고향으로 돌아온 최 회장은 비닐하우스에서 오이를 재배했다. "대나무로 만든 하우스 골조가 태풍에 날아가 낭패를 보기도 했다"는 최 회장은 "각화동농산물시장이 생기기 전이라 양동시장에 가서 직접 팔아야 해서 수지를 맞출 수 없어 농기계를 이용한 쌀농사에 전념하게 됐다"고 한다. 고향에서 농사지으며 직접 접한 현실은 '답답'하기만 했다고 한다. 최 회장은 "농민을 위한 농협인지, 농협을 위한 농협인지 의문이 들어 대의원으로서 조합장, 전무 등 임원들과 싸우기도 많이 싸웠다"며 "남북농민대회와 육묘시설 지원 등 남북교류협력사업도 하고 WTO 반대를 위해 홍콩의 바닷물에 뛰어들기도 하는 등 소위 '아스팔트 농사'도 많이 지었다"고 한다.

석치마을이 탯자리인 최 회장은 1989년에 최연소 이장을 지내기도 했다. 2001년 남평농민회 창립을 주도한 최 회장은 첫 사무장으로 시작해서 2022년까지 10년 넘게 농민회장을 맡기도 했고, 2017년부터 4년간 남평읍 지역발전협의회 회장을 지냈다. 울산에서 만난 대구 출신의 부인과 사이에 서울에서 직장 생활하는 딸과 아들을 두고 있다.

남평읍

드들산과 월현대산 사이
강변 도시를 품은 동사리

남평읍 동사리 강변도시 | 2024년 4월 29일

동헌의 동쪽 문과 객사가 있어 동사리란 이름을 갖게 됐다. 드들강변에 뽕나무를 심어 누에를 쳤다. 강변 도시 주변으로 월현대산과 매봉산과 중봉산, 정광산, 금당산 등을 걸어서 갈 수 있고 드들강 따라 강변 산책도 즐겁다.

"가슴 속에 강물이 흐르고 있음을 느낀다." 드들강변에 카페 '강물 위에 쓴 시'를 운영하는 시인 홍관희(65세) 씨는 고등학생이 되면서부터 문학에 빠져들었다고 한다. "학교 도서관에서 《데미안》 등과 같은 문학 서적을 접했는데, 책 속에 상상도 하지 못한 아름다운 세상이 있음을 알게 됐다"는 홍 시인은 "단어 하나하나가 가슴에 울림을 줬다"고 한다. 1982년 《한국시학》에 시 〈갈대〉로 등단한 홍 시인은 산업화에 밀려나 사라진 갈대처럼 '시대 상황'을 소재로 작품활동을 하고 있다.

광주민중항쟁 당시 계엄군의 총탄에 하반신 마비를 당한 친구를 지키지 못했다는 책임감을 안고 산다는 홍 시인은 "군 복무 중이라 광주민중항쟁 자체를 모르고 있었다"며 "전역하고 나서 친구들을 만나 비통한 소식을 듣고 난 뒤부터 시대와 민족, 민중, 민주와 같은 현실 참여적 창작 활동에 더욱 매진했다"고 한다. KT에

드들강과 월현대산 공원 사이에 강변 도시를 품은 동사리가 있다.

서 30여 년 일하고 퇴직한 홍 시인은 "은퇴하면 강변에 카페를 열어 시 쓰고 문우들 만나며 살겠다는 꿈을 이루기 위해 2년 동안 커피 관련 공부 등을 했다"며 "운명처럼 드들강변에 자리 잡았다"고 한다.

드들강변에 뽕나무를 심어 누에를 쳤다는 유정순(92세) 씨는 "나무가 작을 땐 1장(누에알 2만 개), 크면 2장까지 했으니까 솔찬했다"며 "우리 마을은 강변이라 비가 많이 오면 남평중이나 광남고로 피할 때가 많았다"고 한다. 광주시 남구 대촌동이 고향인 유씨는 "광주서 사업하다 은퇴한 큰아들 내외가 고향으로 돌아와 함께 살고 있다"고 한다.

"스물여덟 살에 혼자 돼서 3남매 키우느라 청소 일이며 식당일 등 안 해본 일이 없다"는 김정자(73세) 씨는 "일곱 살에 어머니가 돌아가시고 오빠가 진 빚까지 갚아야 했다"며 신산한 삶을 꺼내놓는다. 평산리가 고향인 김 씨는 "주말에 다니러 오는 자식들 주려고 한다"며 텃밭에서 상추며 파를 수확하는 손을 재게 놀린다.

다도면 덕동리가 고향으로 식육식당 '즐거운 하누'를 운영하는 최이규(46세) 씨는 "음식 장사는 열심히 진실해야 한다"며 "부모님과 함께 농사지은 채소로 밑반찬을 하고 투뿔 이상 한우를 써서 육수를 직접 만든다"고 한다. 광주광역시에서 중고 가전 수리·판매업을 하다 폐업한 최 씨는 "2019년 이곳에 오기 전엔 제주도에서 자동차정비공장, 조경회사 등에서 일하기도 했다"고 한다.

"삶이 여유롭고 사람 사는 맛이 있다"고 말문을 여는 '드들헤어샵' 설이(48세) 원장은 "광주의 학교생활에 재미를 붙이지 못하는 큰아이 교육을 위해 작은 학교를 찾아 이사 왔다"며 "드들강과 월현대산 공원이 있는 이곳 생활에 만족하고 있다"며 웃음 짓는다.

광주광역시에서 이사 온 지 7개월 됐다는 김○희(33세) 씨는 "남편이 광주에서 핸드폰 매장을 하느라 바빠서 많이 못 다녀봤지만 인근에 갈 곳이 많아 시간 나는 대로 둘러볼 생각"이라며 "임신 8개월째인 셋째가 태어나면 더 좋은 환경에서 키울 수 있을 것 같아 즐겁다"고 한다.

"여자들은 육아를 매개로 같은 아파트에 사는 친구를 사귀기도 하는데 남자들은 출퇴근하기 바빠 사람 만나는 것 자체가 쉽지 않지만 또래 친구 한 명과 가끔 만난다"는 이○봉(43세) 씨는 "광주에서 나서 자라고 택배업을 하는데 마침 일주일에 하루 쉬는 날"이라며 "결혼하면서 집사람 고향인 남평에 자리 잡았다"고

1906년 개교한 남평초등학교 교정에 자리한 전라남도 문화재자료 제95호 '동사리 석등' 뒤 오래된 거목이 객사의 역사를 알려주고 있다.

한다.

고향인 오계리에 부모님이 살고 계셔서 은퇴하고 가까운 곳으로 이사 왔다는 최영순(70세) 씨는 "중학교 진학을 위해 광주로 나갔다 50여 년 만에 돌아왔다"며 "버스가 많지 않아 할머니와 함께 고향 집에서 남평까지 쌀가마니며 살림살이를 머리에 이고 걸어 와서 광주 가는 차를 탔다"고 한다. "드들강을 가로지르는 출렁다리가 있었는데 언젠가 없어졌다"는 최 씨는 "강을 따라 데크 길을 만들면 걸어서 친정집까지 갈 수 있다"며 바람을 토로한다. 우산리에 있던 남평동초등학교 친구들과 두 달에 한 번 정기 모임을 한다는 최 씨는 "나이는 먹었지만 만나면 초등학생 때로 돌아간다"며 천진하게 웃는다.

광주광역시청 공무원으로 정년퇴직하고 2018년 강변 도시로 온 윤재명(71세) 씨는 "돌아다니는 걸 좋아하는데 등산이며 마라

톤, 자전거 등을 즐기기에 너무 좋다"며 "광주에선 뭘 하든 차로 이동해야 하는데 여기는 바로 나갈 수 있다"고 한다. "강 건너 사자산은 호랑이상의 호산(월현대산)을 바라보며 웅크린 형상"이라는 윤 씨는 "강변 도시 주변으로 매봉산과 중봉산, 정광산, 금당산 등을 모두 다녔다"며 "한 가지 아쉬운 점이 있다면 큰 병원이 없어 광주로 가야 한다는 점"이라고 덧붙인다.

동헌의 동쪽 문과 객사가 있었다 하여 동사리란 이름을 얻었다. 1906년 개교한 남평초등학교 한편에 '남평현 동헌 유지비'가 있고 관찰사와 현감의 공을 잊지 말자는 9기의 불망비와 함께 항일독립운동가로 건국훈장 애국장에 추서된 '의사 이산 윤승현'을 기리는 비와 전라남도 문화재자료 제95호 동사리 석등이 있다. 동사리는 1974년 2리가 분리된 뒤 강변 도시가 조성된 2016년 3~9리가 생겼고 2024년 10리가 신설됐다.

인터뷰

대기업 출신 꼼꼼한 일 처리로 나주새마을회장 맡아

진춘국 남평읍 이장협의회장

"6남 2녀 중 4남으로 대학에 진학할 형편이 안 돼 공고로 진학해야 했다"는 진춘국(65세) 남평읍 이장단협의회 회장(동사2리 이장)은 "LG그룹이 된 금성그룹 계열 전자회사에 취직해서 25년을 일하고 2011년 LG이노텍 부장으로 퇴직했다"며 "처음부터 쉰 살까지만 직장 생활을 하겠다고 맘먹었다"고 한다.

진 회장은 "회사 생활을 하면서 산업 현장의 변화를 몸으로 직접 체험하고 그룹 해외사업장의 ESG 경영 평가 업무를 맡을 만큼 관련된 여러 자격을 취득했다"며 "업무와 배움에 대한 욕심이 많아 LG 일등 강사, 사업장 안전·보건 강사에 이어 안전·보건 분야 국제표준인 OHSAS 18001 국제심사원 자격까지 취득했다"고 목소리에 힘을 준다.

퇴직하던 해 마을 이장을 맡으며 남평읍 새마을회 총무로 봉사활동을 시작한 진 회장은 "고치고 치우고 난 뒤 깨끗해진 집을 맞은 어려운 이웃을 보며 보람을 느꼈다"고 했다. "활동일지 정리며 사업비 집행 정산 등 꼼꼼히 일 처리로 회원들의 신뢰를 받았다"는 진 회장은 2024년 나주시새마을회 회장에 선출됐다.

"동생 소개로 봄에 만나 가을에 결혼했다"는 진 회장은 "어머니가 '둘이 천생연분이니까 시간 끌 거 없다'고 재촉하셨다"며 "30년 넘은 직장 생활로 힘들만도 한데 승진 공부에 여념이 없는 집사람을 보면 안쓰럽기도 하다"고 한다.

세지면

울창한 아름드리 소나무가 숲을 이뤄 '소나무산' 이름 유래

세지면 송제1리 송산마을 | 2023년 2월 20일

송산마을엔 전라남도 기념물 제156호인 삼국시대 유적 '송제리 고분군'이 있다. 1기는 훼손되고 남아 있는 1기마저 제대로 관리되지 않고 있다. '백제시대 중요한 유적'이라는 안내판만이 시간의 무게를 견디고 있다. "비가 오려고 하면 만봉천의 보가 '우우' 하며 울었다"는 이야기며 "한밤에 도깨비가 나타나 길 안내를 해줬다"는 이야기가 전해진다.

"저기 보시오! 우리 마을이 젤 1등이여! 소리도 잘하고 화합도 잘해!" 안 기(73세) 이장이 마을회관에 걸린 사진을 가리키며 목소리를 높인다. 작년 말 전남대학교의 '판소리 건강100세' 졸업사진이다. 작년 한 해 동안 매주 화요일과 금요일에 회관에 모여 준비한 경연에서 '밀양아리랑'으로 1등을 차지했다고 한다.

　세지면 송제1리 송산마을을 둘러싸고 수백 년 된 아름드리 소나무가 울창해서 '소나무산'이라는 이름이 붙여졌다고 한다. 친척 소개로 스무 살에 결혼했다는 김보순(87세) 씨는 "나도 모르게 70여 년의 세월이 지났지만 처음 이 마을에 들어올 때만 해도 소나무가 많았는디, 개간해서 과수원이 들어서고 하는 바람에 거의 없어져부렀다"고 아쉬움을 나타내며 "고향인 남평읍 오계리나 여기나 논농사를 주로 지어 특별히 다를 게 없었다"며 4남매가 무사

2022년 말 '밀양아리랑'으로 1등을 차지한
전남대학교 판소리 건강 100세 졸업사진이 마을회관 벽에 걸려 있다.

히 잘살기만 바란다는 말을 덧붙인다.

마을회관 앞에서 한우를 키우는 김경선(65세) 씨는 "부모님 때부터 40년 넘게 소를 키워 농사짓고 저희를 키워왔던 삶의 기반"이라며 "퇴비를 이용하기 위해 과수원을 임대했지만 사료 값을 감당할 수 없어 지난달에 12마리를 팔고 18마리만 남았다"는 한숨과 함께 트랙터에 오른다.

작년부터 마을 입구에 텃밭을 일구고 있는 정윤채(63세) 씨는 "나주에서 자그마한 사업을 하는데 2년 후에는 마무리한다"며 "은퇴 준비를 위해 알아보다 인연이 돼 자리를 잡고 식구들과 나눠 먹을 요량으로 감나무며 앵두나무 등 10여 종의 유실수 50주를 심고 마늘과 돼지감자 등을 재배하고 있는데 매우 만족스럽다"고 송산마을 사람으로 살겠다는 각오를 밝힌다.

40여 년 전 마을에 정착했다는 양윤승(83세) 씨는 "먹고살기 위해 화순군 고향을 떠나 가족들 데리고 여기저기 떠돌다 논밭이 많은 이 마을에 와서 눌러살기로 마음먹었다"며 "나만 편하자고 하면 더 힘들어지는 게 세상사요. 내가 좀 더 고달픈 게 좋은 거제"라며 웃음 짓는다.

흰색 반려견 '백구'와 함께 산책하던 나○수(69세) 씨는 "건강을 챙기기 위해 5년 전 광주에서 나 혼자 이사 왔는디 가래도 없어지고 숨쉬기도 편해졌다"며 "다 좋은디, 마을회관은 여자들 차지라 내 나이 또래 남자들이 모여 함께 할 곳이 없다"고 아쉬워한다.

인접한 영암군 신북면에서 살다 스물한 살에 결혼해 송산마을 사람이 됐다는 노귀심(87세) 씨는 "어른들을 정성껏 맘을 다해 모시고 살아 시집살이라는 생각도 들지 않았다"고 웃어 보이고는 "논 3마지기로 시작해서 20마지기 넘게 농사지어 아들 넷을 키웠다"며 뿌듯해한다.

부인이 암 수술을 받은 후 요양을 위해 친척 소개로 7년 전 광주에서 이사 온 정길준(65세) 씨는 "텃밭에서 직접 키운 배추며 고추, 파 등으로 먹거리를 마련해 집사람 건강이 매우 좋아졌다"며 "어울릴 젊은 사람들이 없어 정 붙이고 사는 데 어려움이 있고 개인 택시업을 위해 광주로 출퇴근하는 게 좀 불편하다"는 속마음을 털어놓는다.

2016년 12월에 대한예수교장로회 세지교회에 부임한 전지용(48세) 목사는 "아프시거나 홀로 계신 어르신들의 이웃으로의 역할을 충실히 하고자 한다"며 "대중교통이 불편한 주민들의 발 노릇도 하고 멀리 떨어져 있는 자녀분들께 안부를 확인해 주는 일도 한다"고 했다. 실제로 정 목사는 "작년에 사고로 돌아가신 아버님을 자녀보다 먼저 가서 수습한 적도 있었다"고 한다. 세지교회가 송산마을에 자리 잡은 건 1986년 5월 22일이다.

　송산마을엔 전라남도 기념물 제156호인 삼국시대 유적 '송제리 고분군'이 있다. 1기는 훼손되고 남아 있는 1기마저 제대로 관리되지 않고 있다. 2000년 목포대학교 박물관에서 고분 내부를 조사한 결과 백제시대 중요한 유적이라는 안내판만이 시간의 무게를 견디고 있다. 주민 대부분이 금성 나씨인 송산마을은 한때 50여 가구가 넘는 큰 마을이었지만 지금은 15가구만 서로를 의지한 채 살아가고 있다.

　마을회관 왼편에 있는 우산각, 송산정에는 '지친 자들이여 쉬어가소서'란 글귀와 함께 나익현이 부지를 희사했다고 기록돼 있다. 송산정 옆에는 '죽산 최씨 홍대 효행비'와 함께 '전 조합장 나기범 기적비'와 '의학박사 나대성 공적비'가 있다. 2021년 나주향교 전교를 지낸 고광수 씨와 대금 명인 나귀남 씨를 자랑삼아 이야기하는 주민들은 "비가 오려고 하면 만봉천의 보가 '우우' 하며 울었다"는 이야기며 "한밤에 도깨비가 나타나 길 안내를 해줬다"는 이야기를 들었다고 입을 모은다.

송산마을을 둘러싸고 아름드리 소나무가 많았다고 한다.

인터뷰

나만큼 행복한 사람 없을 것!

안기 이장

"1954년생 정경순이 없었다면 나는 없었다. 집사람을 존경해요!"

안 기(73세) 이장은 "평생 내 곁에서 응원하고 두 딸을 자랑스레 키워냈다"며 "48년을 한결같이 헌신적으로 고생한 집사람과 나는 말 그대로 천생연분"이라고 덧붙인다.

"어릴 적 친구들과 물놀이하고 놀던 만봉천은 사기로 된 구슬을 한 주먹 던져도 모두 찾을 수 있었다"는 안 이장은 "메기며 모래무지가 노니는 모습이 훤히 다 보일 정도로 물이 맑았는디 다도댐을 만들고 나서 물이 탁해졌다"고 옛일을 떠올린다.

1973년 논산훈련소를 거쳐 서울의 수도군단에서 병역을 마쳤다는 안 이장은 "화탑이랑 압지 등 인근 마을 또래들 40여 명과 함께 입영 열차를 탔다"며 "여의도에서 영등포로 넘어가는 길목의 '5·16 검문소'와 '고척동 검문소'의 기억이 또렷하다"고 한다. 군에서 전역한 뒤 체신공무원 시험에 합격해서 울산시 전화국에서 공무원 생활을 하던 중 중매로 만난 부인과 1978년에 결혼했다.

안 이장은 "순창 출신인 집사람을 저보다도 아버지가 더 맘에 들어 했다"고 덧붙인다. 직장을 그만두고 사업을 하기 위해 광주로 돌아오기 전까지 울산 생활 10여 년의 기억 중에서 제피가루를 넣은 도미 미역국을 잊을 수 없다고 한다. 술 마신 다음 날 숙취 해소에 최고였다고.

"한때는 직원을 40명 이상 두고 1년에 집 한 채 살 정도로 사업이 잘되기도 했지만 순식간에 싹 날아갔다"는 안 이장은 "지금처럼 보험 제도만 제대로 있었더라도 그런 일은 없었을 텐데, 직원의 교통사고 보상금 등을 해결하기 위해 사업을 정리해야 했다"고 한다.

하지만 그 어려운 상황에서 '우리가 있잖아요'하는 두 딸과 부인의 격려에 힘을 낼 수 있었다는 안 이장은 "세상에 나만큼 행복한 사람은 없을 것"이라고 말끝을 맺는다. 큰딸은 경찰공무원(경감)으로, 작은딸은 무역 회사에서 직장 생활을 하고 있다고 흐뭇해한다.

세지면

설날이면 영사재에 모여 합동 세배 올리던 광산 김씨 집성촌

세지면 벽산2리 산계마을 | 2023년 11월 13일

성덕산을 병풍 삼아 금천을 바라보고 있는 '산과 물이 있는 마을'이라 하여 '맷계'로 불리다 한자로 '산계마을'이 됐다. 산계마을에는 역사 이전부터 사람들이 살던 흔적이 있다. 청동기시대 유적인 지석묘군이 마을로 진입하는 도로변에 남아 있다. 원래 15기가 있는 것으로 조사됐지만 현재는 8기만 확인된다고 하나, 이마저도 잡초 속에 방치돼 있다.

세지면을 관통하여 흐르는 금천은 산계마을 아이들의 물놀이장이었다. 인근 주민들에겐 다슬기 잡고 놀던 피서지였다. 주민들은 금천에서 빨래하고 물고기 잡던 기억을 이야기하며 추억에 젖는다. 성덕산을 병풍 삼아 금천을 바라보고 있는 '산과 물이 있는 마을'이라 하여 '맷계'로 불리다 한자로 '산계마을'이 됐다. 지금도 마을 입구 표지석의 한쪽 면은 맷계, 반대 쪽은 산계(山溪)로 표기돼 있다.

10대에 학업을 위해 고향을 떠났다 50여 년 만에 돌아온 김원철(62세) 씨는 "직장에서 정년퇴직하고 혼자 계신 아버님 농사를 돕기 위해 돌아왔다"며 "마을회관이 있는 이곳은 어릴 적 친구들과 손이 부르트도록 자치기하고 말뚝박기 하던 놀이터였다"고 한다.

광주광역시에서 40여 년 전기공사업을 하다 7년 전 이사 온

성덕산 등산로 입구에서 바라본 산계마을이 평화롭다.

이형수(72세) 씨는 "텃밭이 있는 시골 생활을 위해 혼자 내려왔다"며 "전기 관련 자격증을 갖고 있어 작년에 강원도 태백군의 변전소 공사 현장에서 한 달간 일하고 왔다"며 마당에 널어놓은 콩을 뒤집는다.

지난달에 깨를 베다 넘어져 무릎 인대를 다쳐 입원해 24일 만에 퇴원한 최종님(75세) 씨는 "해도 해도 끝이 없는 농사만큼 힘든 일이 없다"며 "올해부터 농사일을 줄이려고 논 11마지기는 임대를 줬다"고 한다. 봉황면 황룡리가 고향인 최 씨는 결혼해 산계마을에 산 지 51년이 됐다.

광주광역시에서 환경부 산하 공공기관에서 정년퇴직한 최영률(66세) 씨는 "1년 정도 집에서 쉬다 보니 좀이 쑤셔서 운동도 하고 텃밭도 가꿀 겸 해서 2021년 대지와 밭을 사서 왔다"며 "광주 집과 고향인 해남군 옥천면의 중간지역으로 형제들과 함께 모여 쉬기에도 좋다"고 한다. 최 씨의 밭에는 금목서 30주와 복숭아, 살구, 자두, 무화과 등 유실수와 함께 배추며 열무, 양파 등이 자라고 있다.

"열두 살부터 대나무 빗자루를 만들어 7남매 키우고 생계를 꾸렸다"는 김기옥(86세) 씨는 "하루에 30~40개씩 만들어 지게에 지고 장으로 팔러 다녔다"며 "개당 20원씩 일본에 수출도 했다"고 덧붙인다. 봉황면 덕곡리가 고향인 김 씨는 10년 전 마을에 정착했다고 한다.

마을에 한 집뿐인 나주 나씨와 결혼해 57년째 살고 있는 봉황면 덕림리 출신 김광순(81세) 씨는 "객지에 사는 3남매의 '농사일 그만하라'는 성화가 이만저만이 아니다"며 "내 손으로 키운 쌀이랑 배추, 콩 등을 자식들이 가져다 맛있게 먹으니 안 할 수가 없다"고 한다.

33개월 15일의 군대 생활을 빼고 평생 마을을 지키고 있는 김

김기옥(86세) 씨는 열두 살 때부터 대나무 빗자루를 만들어 생계를 꾸려왔다.

연식(72세) 씨는 "대문중, 사문중 시제를 1년에 3번 지내는데, 우리 세대가 지나면 더 이상 유지되기 어려울 것"이라며 "남매가 둘 다 결혼할 생각이 없어 걱정"이라고 한다.

"고향이 노안면 금안동이라 '안동댁'으로 불렸다"는 정영순(80세) 씨는 "결혼해서 마을에 들어올 때 신작로 양쪽의 대나무가 서로 맞닿을 정도로 우거져 깊은 산속으로 들어가는 것 같았다"며 "처음에는 홀테기(곡식의 이삭에서 낱알을 분리하는 옛날식 도구)로 훑어 수확했는데 수동 탈곡기가 나오더니 자동 탈곡기에서 콤바인으로 바뀌어 옛날에 비해 농사짓기 좋아졌다"고 한다.

반남면 청송리 두남마을이 고향이라는 나정희(72세) 씨는 "결혼하니 마을에 반남댁, 청송댁, 두남댁에 이어 상두남댁까지 있어 나는 '대두남댁'이 됐다"고 옛일이 떠올랐는지 크게 웃어 보이더니 "농사일이 싫어 군인이랑 결혼했는데 아이 낳고 나니 '제대하고 고향으로 가서 살자'고 하더라"며 "일이 힘들어 남의 눈 피해 혼자 울 때도 많았다"고 한다.

여수시청과 전라남도교육청 등에서 공무원으로 재직한 뒤 광주광역시에서 택시업을 하다 40여 년 만에 고향으로 돌아온 김용순(70세) 씨는 "형제들과 나눠 먹으려고 600여 평 밭에 단감이며 대봉을 키우는데 올해는 예년의 4분의 1밖에 수확하지 못했다"며 "농사일을 감당하기엔 건강이 좋지 않아 열댓 마지기 논은 임대를 줬다"고 한다. 종손인 김 씨는 문중 일도 맡고 있다.

400여 년 전 조선시대 중엽에 들어와 정착한 광산 김씨 집성촌인 산계마을엔 종2품인 동지중추부사를 지낸 벽류정 김운해(1577~1646년)의 제각인 영사재가 있다. 1980년대 중반까지 설

연못이 있는 관약재에 가을이 깊어가고 있다.

날이면 영사재에 모여 합동 세배를 올렸다고 한다. 또한 김사국 (1779~1843년)의 개인 휴식처로 연못이 있는 관약재와 후진 양성을 위해 세워진 관계정과 산계정이 있다. 마을회관 앞에 있는 산계정은 1969년 영암군 시종면에 있던 함평 이씨의 정각을 매입해 옮겨 온 것이다.

산계마을에는 역사 이전부터 사람들이 살던 흔적이 있다. 청동기시대 유적인 지석묘군이 마을로 진입하는 도로변에 남아 있다. 원래 15기가 있는 것으로 조사됐지만 현재는 8기만 확인된다고 하나, 이마저도 잡초 속에 방치돼 있다.

인터뷰

30여 년 객지 생활 끝에 '고향으로의 귀농' 결심

김형빈　이장

　김형빈(54세) 이장은 달콤한 신혼이다. 2020년에 초등학교 여자 친구의 소개로 장흥군이 고향인 부인을 만났다. "예쁜 얼굴의 활달한 성격에 첫 만남에서부터 집사람한테 끌렸다"는 김 이장은 "만난 지 1년도 되지 않아 12월 26일 결혼했다"고 한다.

　고등학교를 광주광역시로 진학하면서 고향을 떠난 김 이장은 마흔 살이 되던 해 고향으로 돌아왔다. "아버지를 도와 2,000여 평의 배 과수원을 10여 년 했는데, 아무리 생각해도 수지가 맞지 않아 다른 사람에게 임대를 주고 수도작에 전념했다"는 김 이장은 "130여 마지기 논농사를 짓기 위해 이앙기며 콤바인, 트랙터를 구입했다"고 한다.

　30개월의 군 복무를 마치고 대학을 졸업한 김 이장은 "폐수처리시설 회사에서 사회생활을 시작했는데, 일은 힘들고 처우는 열악한 신생 산업 분야라 비전이 보이지 않아 4년 만에 퇴사했다"고 한다. 이후 10년 동안 광주와 서울 등지에서 직장 생활을 하다 '고향으로의 귀농'을 결심했다고 한다.

　"비포장 신작로를 따라 자전거로 등교하고, 큰비로 천이 넘쳐 학교에 가지 못했던 일이며, 산계정의 기둥 사이 들보에 올라가 놀던 어린 시절의 기억이 마치 어제 일처럼 생생하다"는 김 이장의 15년째를 맞는 귀향이 더 큰 행복으로 이어지길 기원해본다.

세지면

조선 고문헌에 '창흘장'으로 기록된 교통의 요충지

세지면 오봉1리 동창마을 | 2024년 8월 12일

조선시대 세곡 창고인 동창의 전통 시장 '창흘장'은 《동국문헌비고》에 5일과 10일에 장이 섰다는 기록이 있지만, 지금은 2일과 7일에 열린다. 동창엔 아픈 역사도 있다. 한국전쟁 중인 1951년 1월 20일 국군이 오봉리와 벽산리 주민 140여 명을 동창교 아래에 모아놓고 총살한 것이다. '진실·화해를 위한 과거사 정리위원회'는 2007년 '국군에 의한 민간인 희생 사건'으로 규명했다.

세지면 행정복지센터와 농협, 초등학교와 중학교, 보건지소, 우체국 등이 있는 오봉1리는 동창마을로 불린다. 조선시대 영산강 지류인 만봉천을 따라 바닷길로 운송하는 세곡을 보관하는 창고가 있어 동창이라 불렸다. 세곡 창고 가까이에 공무를 위한 숙박 시설인 창흘원과 전통 시장인 창흘장이 있었다. 창흘원의 정확한 위치는 확인할 수 없어 아쉽지만, 창흘장은 지금의 동창 전통 시장으로 《동국문헌비고》(1770년)에 5일과 10일에 장이 섰다는 기록이 있다. 지금은 2일과 7일에 열린다.

동창은 해상 교통뿐 아니라 육상 교통의 요충지이기도 했다. 지난 2010년 우회 도로가 개통되기 전까지 국도 23호선이 관통하던 동창사거리는 보성군과 장흥군, 영암군 등 전라남도 남부 지역

지난 7일 오일장이 선 동창 전통 시장의 상인들이 손님을 맞이할 준비를 하고 있다.

을 오가는 시외버스의 주요 거점이었다.

"사거리를 기점으로 윗마을은 '우더미', 아랫마을은 '아랫더미'라 불렸다"는 '동창로 150' 최남열(62세) 씨는 "고등학교에 가면서 떠났다가 42년 만인 2020년에 고향으로 돌아와 카페를 열었다"며 "광주와 서울에서 식당이며 택시, 생수 회사, 사우나 등 안 해본 일이 없이 살다 건강에 이상을 느껴 고향으로 돌아올 결심을 했다"고 한다. "테니스며 야구, 수영 등 운동을 좋아해서 건강은 자신했는데, 스트레스가 많은 도시에서 살다 보니 건강을 잃을 뻔했다"는 최 씨는 "동호인들과 함께 꾸준히 운동해 건강을 회복하고 활력을 되찾았다"며 환하게 웃는다.

한국농어촌공사 나주호관리소장으로 정년퇴직한 김용희(78세) 씨는 "봉황출장소에서 신입 직원으로 근무하며 나주호 건설과 관련한 업무를 했는데 34년 만에 소장으로 퇴직했으니 보통 인연은 아니다"며 "대산리에서 초등학교까지 통학할 때는 면에서 한 대밖에 없는 자전거를 타고 다녔다"고 목소리를 높인다. 김 씨는 세지면노인회 총무를 맡고 있다.

"이발소가 3~4개, 다방이 7개나 있었는데 지금은 다 문을 닫았다"는 김공렬(76세) 씨는 "월남전쟁에 파병돼 복무하다 차량이 충돌하는 사고로 얼굴을 다쳐 전역한 '월남전 참전 유공자'"라며 "군에 입대하기 전에 시작해서 52년째 시계방을 하는데, 시외버스도 끊기고 오가는 사람도 줄어 가게 문 열기가 무색할 정도로 동창 전체가 쇠락했다"고 한다.

동창사거리에서 '돼지모듬숯불구이'를 운영하는 백영선(58세) 이장은 "집집마다 5~6명씩 살았으니까 1,000명이 훨씬 넘은 사람들이 동창을 터전으로 살았다"며 "장날이면 사거리가 꽉 막힐 정도로 북적이던 동창이었는데, 지금은 157가구 254명밖에 남지 않았다"며 안타까움을 나타낸다.

"손님들이 줄을 서서 물건을 살 정도였는데 우회 도로 생기고 나서 지나는 차도 줄었고 오가는 사람도 찾아보기 어려운 지경이 됐다"는 사거리마트 나상준(75세) 씨는 "오봉3리 명월촌에서 부모님 모시고 농사짓다 1991년 가게를 시작했다"며 "12마지기 논농사면 큰 부자는 아니어도 먹고 사는 데 지장이 없었는데, 두어 마지기만 남기고 모두 정리했다"고 한다.

다도면 마산리가 고향인 '세지스넥' 박영순(73세) 씨는 "아저씨 근무지인 창룡국민학교가 있던 봉황면 용곡리에 살면서 동창에 분식집을 연 지 33년째"라며 "새벽에 일어나 1시간여 밭일을 하고 7시 25분 버스로 출근해서 저녁 6시 20분 차로 어김없이 퇴근한다"고 웃음 짓는다.

"고향인 봉황면 용곡리와 가깝고 유동 인구도 많고 교통도 편리해서 1981년 호남농약사를 연 지 43년째"라는 배희태(68세) 씨는 "신용카드와 상품권 사용이 늘면서 외상 거래가 많이 줄었다"며 "오랫동안 외상값을 갚지 않아 소송해서 판결문을 받아도 주거 불명이나 사망 등으로 집행할 수 없어 쓸모없게 된 적도 있었다"고 씁쓰레한 웃음을 짓는다.

고향인 산포면 산제리에서 스물세 살에 결혼해 교산1리 발산마을에 살았다는 윤성순(76세) 씨는 "시부모 모시고 1년여 살다 분가해서 54년째 식료품점을 하고 있다"며 "4남매가 직장 갖고 살림 꾸려 사는 게 재산이고 재미제 뭐가 있겠어! 작년 설엔 외손녀한테 용돈도 받았다"고 호탕하게 목소리를 높인다.

"전주에 사는 아흔다섯 살 되신 고모가 전화할 때마다 '잘 사느냐? 언제 오느냐?'며 걱정이 이만저만이 아니다"는 김성례(76세) 씨는 "열 살 때 고향인 영암군 도포면에서 서울로 이사 갔는데, 열아홉 살에 자식이 없는 고모가 살던 봉황면 덕림리로 와서 모시고 살다 스물일곱 살에 결혼했으니 친부모님 만큼이나 정이 깊다"고 한다.

세지면 새마을부녀회장 백정숙(72세) 씨는 "전세가 20만 원 할 때, 벽시계만 팔아도 장날이면 외상값 포함해서 30만 원 넘게 수입이 있기도 했다"며 "20여 년간 호프집도 했는데, 날이 새도록 손님이 있는 날이 많았다"고 한다. "그땐 뭘 해도 됐다"고 덧붙이는 백 씨는 장흥군 관산면이 고향이다.

"남편이 기술이 좋아 못 고치는 게 없다"는 기정순(63세) 씨는 "금천면 원곡리로 시집와서 배와 복숭아 농사를 지으며 가전제품

한국전쟁 중인 1951년 1월 20일 국군은 이유도 모르는 140여 명의 민간인을 총살했다.
사건 현장인 동창교 옆에 위령비가 세워졌다.

판매·수리점을 낸 지 43년째"라며 "지금은 모터 수리만 전문으로 하는데 인근 남평읍·봉황면은 물론이고 영암군 신북·도포면까지 출장을 나간다"고 자랑스레 이야기한다.

동창엔 아픈 역사도 있다. 한국전쟁 중인 1951년 1월 20일 국군이 오봉리와 벽산리 주민 140여 명을 동창교 아래에 모아놓고 총살한 것이다. 1998년 나주시의원에 출마한 이상계 후보(현 세지면 노인회장)가 진상 규명을 공약으로 제시한 것을 계기로, 제16대 국회에서 배기운 국회의원이 주도한 청원을 통해 진상조사가 이뤄졌다. '진실·화해를 위한 과거사 정리위원회'에 의해 2007년 최종적으로 '국군에 의한 민간인 희생 사건'으로 규명됐다. 2005년 11월 25일 사건 현장에 세워진 '동창양민학살희생자위령비' 앞에서 무자비한 국가 권력의 폭력을 되새겨본다.

인터뷰

시민 편의 위해 민원실 옮긴 게 가장 뿌듯!

김철수   노인회장

"동창에서 처음으로 농약 전문점을 열었다."

현대농약사를 운영하는 김철수(75세) 오봉1리 동창 노인회장은 "스무 살 되던 해 형님이 운영하던 약국 옆에 가게를 열었다"며 "그때는 약국에서 농약을 판매하긴 했지만, 농약만 전문적으로 취급하는 가게는 없었다"고 한다.

"집안 동생이 새로 구입한 경운기를 다루는 게 서툴러 애먼 사고를 당했다"는 김 회장은 "내리막길은 후진으로 가야 안전한데, 전진하는 바람에 뒤집어지는 것을 막으려다 검지 손가락이 벨트에 말렸다"며 "큰 병원으로 가서 치료했으면 봉합했을 수도 있었을 텐데, 제대로 된 도구도 없는 시골 병원이라 절단할 수밖에 없었다"고 한다. "남들은 군대 가기 싫어 일부러 그런 줄 아는데 제대하고 나서 이런 사고를 당한 건 나밖에 없을 것"이라며 웃어 보이는 김 회장은 "강원도 인제군에 있는 육군 12사단 수색 중대에서 '자고 나면 훈련하고 구보'했던 기억이 생생하다"고 한다.

제5~7대 나주시의회 의원으로 경제건설위원장과 예산결산특별위원장을 지낸 김 회장은 "높은 계단을 올라야 하는 본청에 있던 민원실을 지금의 위치로 옮겨 시민들의 편의와 접근성을 높였던 게 가장 큰 보람"이라며 "영산포라는 지명을 살리고 영산강 저류지를 관광지로 활성화해야 한다고 끈질기게 강조했는데 최근 들어 그 주장이 설득력이 있었음이 증명되고 있어 뿌듯함을 느낀다"고 한다.

"2019년 겨울 어느 날 평소와 달리 팔·다리에 힘이 없고 속이 메스꺼웠는데 대수롭지 않게 여기고 방치하다 뇌경색으로 오른쪽 팔과 다리가 마비됐다"는 김 회장은 "이런저런 이유로 사흘을 무심히 넘긴 게 병을 키운 꼴이 됐다"고 한다. "꾸준한 재활 운동으로 팔은 거의 회복됐다"는 김 회장은 "시의원도 하고 지금까지 큰 욕심 없이 잘살고 있는 것은 다 집사람 덕"이라고 덧붙인다. 김 회장은 동곡리가 고향인 부인과 사이에 4남매를 두고 있다.

금천면

시의원·면장, 조합장까지 배출한 금천면 중심 상권

금천면 오강1리 금구마을 | 2022년 7월 18일

마을 형세가 거북 모양이라 해서 거북 구(龜)를 썼다고 전해지며 1970년대 중반까지 2일과 7일에 오일장이 섰다. 당시만 하더라도 면사무소와 초등학교가 있는 금구마을은 학생들과 주민들로 북적북적한 금천면의 중심 상권이었다. 금천초등학교 뒤편 구릉에서 구석기시대 유물이 출토돼 선사시대부터 사람들이 살았음을 증명하고 있다.

금천면 오강1리 금구마을은 나주시 의원과 면장을 각각 3명, 농협 조합장을 2명이나 배출했다. 한 마을에서 이처럼 많은 인물이 나는 건 이례적이라는 평가다. 김용경·박영주·박환균 전 나주시의원과 초대 김달두 면장에 이어 김동춘·김용관 면장, 김용문, 김용기 조합장이 주인공이다.

"금구에만 자전거 수리점이 4곳 있었는디 지금은 나만 남았어." 금천면에서 유일한 자전거 가게를 52년째 운영 중인 김정곤(72세) 씨는 금구마을이 고향이다. "자전거를 수리하기 위해 산포면이랑 봉황면까지 가지만 출장비는 따로 받지 않는다"는 김 씨는 "할머니, 할아버지들의 유일한 교통수단인 자전거를 고쳐주는 보람에 산다"고 말한다. 1990년부터 2000년까지 이장을 맡았던 김 씨는 "파출소 뒤편은 야산이었고 건너편 대일주택 일대는 논이

금천면 최대 상권인 금구마을이지만 갈수록 유동 인구가 줄어들면서 빈 상가가 늘고 있다.

었다는 말을 할머니에게서 들었다"고 한다.

"나주배를 이용한 양념에 재워 하루이틀 숙성시켜 연탄불에 구워 팔던 돼지불고기가 인기여서 인근 광주 사람들이 와서 줄을 서서 사 먹곤 했제" 김용경(74세) 전 나주시의원은 금구마을 상권이 활황이던 옛 일월식당의 기억을 떠올린다. "오래된 단골들이 간판을 보고 찾아와 가게에 걸어놓은 금천초등 체육복을 보며 학창 시절 추억을 이야기하는 손님들이 있어 문구점 문을 닫지 못한다"는 대성문구 이정남(71세) 씨. 장흥이 고향인 이 씨는 1983년 대성문구를 열었다.

금구마을은 형세가 거북 모양이라 해서 쇠 금(金), 거북 구(龜) 자를 쓴 것으로 전해지며 1970년대 중반까지 현 택시승강장이 있는 자리에 매월 2일과 7일에 오일장이 섰다고 한다. 주로 곡물과 의류, 잡화 등을 거래했으며 어물전도 열렸다. 당시만 하더라도 면사무소와 초등학교가 있는 금구마을은 학생들과 주민들로 '북적북적'한 금천면의 중심 상권이었다. 장이 섰던 옛 삼거리 일대는 쌀을 일어 돌을 거르는 데 썼던 조리 모양으로 옛 어른들은 '조리명당'이니 30여 년 후면 번성할 것이라고 했다며 다시 발전할 수 있을 것으로 기대하고 있다. 전북 남원에 살다 병자호란을 피해 내려온 김해 김씨가 1848년 처음 터를 잡은 탓에 여전히 김해 김씨가 가장 많다. 금천초등학교 뒤편 구릉에서 구석기시대 유물이 출토돼 선사시대부터 사람들이 살았던 곳임을 증명하고 있다.

2011년 입주한 지오빌과 함께 1970~1980년대부터 삼보주택과 대일주택, 금천다세대 등 연립주택이 들어오면서 외지인들이 이사 왔다고 한다. 4년째 이장을 맡고 있는 조두형(58세) 씨는 "200여 세대나 되는 금천면에서 가장 큰 마을이지만, 원주민은 20여 가구에 불과해 마을 일 하기가 만만치 않다"며 "마을 방송이 높은 건물에 막히는 바람에 직접 찾아가거나 전화해 협조를 구하고 있지만 참여율이 낮다"고 한다. 조 이장은 "도시화로 아픔을 입는 마을이라고 표현할 수 있다"며 "상가와 농사를 짓는 주민 간에도 서로 생각이 맞지 않는 면도 있다"고 한다.

마을회관에서 이웃들과 함께 어울리던 김홍덕(83세) 씨는 "어려운 살림살이로 힘들어하다 우연히 접목일을 배우게 됐다. 처음 일을 배우던 1980년대 말 하루 일당이 3,000원인데 접목은 8,000원이었다"면서 "바쁜 봄철에 일해 1년을 생활할 수 있는 전문직으로 여자 몸으로 이만한 직업이 없다"고 어깨에 힘을 준다. 1968년 결혼하던 해에 포도를 심었지만 이후 배로 바꿔 최근까지 600여 평 배 과수원으로 아들과 딸을 키웠다는 최연순(79세) 씨는 산포면이 고향이다. 상추와 오이, 가지, 화훼 등 특수작물로 시동

김홍덕, 김영순(가명), 배금희, 최연순(왼쪽부터) 씨가 금구마을회관에 모여 이야기 꽃을 피우고 있다.

생 4명과 5남매를 키우느라 평생을 보냈다는 김영순(67세, 가명) 씨는 "잘될 때는 돈을 갈쿠로 긁어불 정도였제"라며 "공부 잘하던 둘째 딸이 고등학생 때 갑자기 어려워진 가정형편으로 대학을 못 보낸 것이 지금도 한이 된다"며 안타까움을 표한다. 배금희(78세) 씨는 교통이 불편해서 고향 화순을 자주 다니지 못했다고 아쉬워한다. 이들은 하나같이 "91세로 마을에서 최고령인 순천댁과 샛골댁이 가까운 요양원에 있지만 코로나 때문에 병문안도 못가고 있다"며 "조만간 짬을 내서 병원에 가봐야겠다"고 말한다. 하루빨리 이들의 바람이 이뤄지길 기대해본다.

인터뷰

20여 년만의 귀향, 배 과수원에서 희망을 찾다

조두형 이장

광주로 고등학교를 가면서 고향을 떠나 부산과 서울, 광주 등 객지에서 직장 생활과 개인 사업을 하다 20여 년만인 1999년 고향으로 돌아온 조두형(58세) 이장은 "부모님 모신다는 핑계로 고향에 정착했지만 그 그늘에서 자리 잡았다"고 말한다. 4남 3녀의 막내지만 남매들이 모두 객지에 살고 있어 연로한 부모님 걱정에 귀향을 결심했다고 한다.

부산에서 제과회사에 다니던 중 여수가 고향인 지금의 부인을 만났다. "10여 명이 함께 거제도로 놀러 간 적이 있는데, 혼자서 설거지를 하는 모습이 좋게 보여 옆에서 거들면서 이야기를 시작했다"며 "부산으로 돌아와 본격적으로 만나면서 더없이 착한 모습에 결혼을 결심했다"고 수줍게 터놓는다.

큰딸(26세)은 전공을 살려 언어치료사로 일하다 최근 이직을 준비하고 있다. 농수산대를 졸업하고 군 입대를 앞둔 아들(23세)은 과수원보다 벼농사를 짓겠다고 한다. "저희 내외가 밭을 빌려 과수원 일을 하는 걸 보며 자란 아들이 과수원이 힘들다고만 생각하는 것 같아 안타깝다"는 조 이장은 병역을 마친 후에 '벼냐 배냐'를 결정하기로 했단다. "배 농사가 사양 산업이라는 주변의 이야기에 과수원을 마련하지 않은 것이 아쉽다"며 배 과수원으로 향하는 조 이장의 목에 걸린 땀에 젖은 수건에서 희망의 냄새가 느껴진다.

금천면

남평장 가던 옛길 따라 꽃길 만들어
도시민 '힐링의 길'로

금천면 죽촌1리 야죽마을 | 2023년 5월 29일

산포면 등개마을, 봉황면 철애마을과 함께 나주의 살기 좋은 마을로 손꼽히던 야죽마을을 둘러싼 단산봉(당달봉)은 단골 소풍지였다. 그곳에 100여 기 이상의 고인돌이 있었지만 일제 강점기에 저수지를 쌓으면서 훼손돼 40여 기만 남았다. 마을 앞 영산천과 너른 들판이 소쿠리 형상을 하고 있어 포근하고 아늑함을 준다.

역사가 쓰이기 전에 살던 사람들의 흔적이 남아 있는 농촌 마을에서 미래를 찾아간다고 하면 지나친 억측일까? 가뜩이나 쇠락하는 마을을 눈앞에 두고 현실성 없는 표현이랄 수도 있겠다. 하지만 이를 실행에 옮기며 한 발 한 발 작은 걸음을 내딛는 이가 있다. 빛가람동과 마주하고 있는 금천면 죽촌1리 야죽마을의 조봉숙(63세) 씨가 그 주인공이다.

2021년 말 전라남도교육청에서 정년퇴직한 조 씨는 "옆 마을인 신천리 방축·신방마을에서 우리 마을을 거쳐 남평읍 오일장에 다니던 옛길을 따라 사랑초며 청화쑥부쟁이가 만발하는 꽃길을 만들고 싶다"며 "그렇게 길이 연결되면 빛가람동이나 광주광역시에 사는 사람들이 우리 나주의 옛 모습을 추억하며 현재의 삶을 가까이 들여다볼 수 있는 '힐링의 길'이 될 것"이라고 한다. "고

조봉숙(63세) 씨는 당달봉 옛길 따라 남평읍 오일장 다니던 길에 꽃을 심고 가꾸면
도시민들이 찾는 힐링의 길이 될 것이라고 한다.

향에 대한 향수를 찾는 도시 사람들에게 '시골다운 시골'을 찾도록 만들고 싶다"는 조 씨는 "그렇게 도시 사람들이 찾아오는 농촌 마을을 만들면 생기가 돌지 않을까" 조심스레 바람을 내비친다.

"뼈 빠지게 농사지어도 적자만 늘고 남은 것은 골병든 몸뚱이뿐"이라는 김서옥(84세) 씨는 "냉해까지 겹쳐 열매가 맺히지 못하고 떨어져버린 배나무를 보면 화부터 치민다"고 한다. 야죽마을에서 나고 자란 김 씨는 "그런다고 땅을 놀리고 바라보고 있을 수만은 없다"며 부인과 함께 고추밭으로 향한다.

마을회관 앞 공터에서 경운기를 수리하고 있는 고문실(85세) 씨는 "농사짓기 위해 스물여섯 살에 다도면 고향 땅을 팔고 논을 사서 이 마을에 들어온 지 60년이 됐다"며 "한자를 잘 쓰는 아들이 직업군인으로 성공했다"고 목소리를 높인다.

결혼하면서 남편의 고향인 노안면에 살다 탯자리로 돌아왔다는 박순자(86세) 씨는 "마을 앞 영산천을 건너는 죽촌교도 없었고 아버지가 학교도 보내지 않고 집 안에서만 가르치고 키우던 시절이었다"며 "결혼하기 전까지 금천면 소재지가 어딘지도 모르고 살았다"고 한다.

장흥군 유치면이 고향인 서남재(65세) 씨는 1974년에 야죽마을로 이사 왔다. 서 씨는 "원예고를 졸업하고 부산에 있는 자동차 부품 제조회사에 취직해서 20여 년 직장 생활을 하다 2000년에 광주에 식육식당을 차렸다"며 "부모님이 남겨주신 집과 논밭을 일구기 위해 2017년 광주 생활을 정리하고 돌아왔다"고 한다. "도시 사람이 농촌에 와서 산다는 게 생각만큼 쉽지 않다"는 서 씨는 "대농 아니면 소득이랄 게 없는 소일거리 수준이라고 봐야 한다"고 덧붙인다.

부녀회장 정금순(64세) 씨는 "무슨 일이든 먼저 어르신들께 다가가려고 노력하고 있다"며 "마을에서 제일 젊은 저희 또래 4명이 '어머니 아버지 모신다'는 마음으로 팥죽이며 고구마, 떡 등 음식을 함께 나누며 산다"고 한다. 정 씨는 마을회관 부근의 담벼락에 아기자기한 벽화로 마을을 꾸미기를 희망하고 있다.

나주농민회장과 금천농협 조합장을 지낸 김선중(72세) 씨도 야죽마을이 고향이다. "우리 마을이 산포면 등계마을, 봉황면 철애마을과 함께 나주에서 살기 좋은 마을 중 하나였다"는 김 씨는 "금천면의원의 절반가량을 우리 마을에서 배출할 만큼 인물도 많은 부자 동네였다"고 한다. "수박 농사 1평 지어서 땅 1평씩 산다는 말이 있을 때도 있었고, 3만 평 규모로 양잠을 하기도 했다"는 김 씨는 "공판장에 가면 외국 과일이 75%나 차지하는 데서 알 수 있듯 세계화 바람에 농업과 농촌이 피폐해졌다"고 한숨짓는다.

소쿠리 형상을 한 야죽마을 앞으로 영산천과 너른 들이 펼쳐져 있다.

　마을을 둘러싸고 있는 단산봉(당달봉)은 인근 학교 학생들이 소풍 다니던 곳이다. 그곳에는 여전히 수십 여기의 고인돌이 있다. 〈나주시문화유산종합학술조사보고서〉에는 100여기 이상의 고인돌이 있었지만 일제강점기에 인근에 저수지를 쌓는 데 이용해 40여기만 남았다고 한다. 신방마을에서 들어오는 마을 입구에 주민들이 막걸리 잔을 부딪히고 어린아이들의 군것질거리를 팔던 가게 터에 들어선 교회 문이 자물쇠로 잠겨 있다.
　다도면에서 봉황면으로 이어진 덕룡산의 끝자락인 단산봉을 뒤로 하고 마을 앞으로 영산천과 너른 들판이 있는 야죽마을은 농작물 등을 담는 소쿠리 형상을 하고 있어 포근하고 아늑함을 준다. 마을회관 뒤편으로 오래된 향나무 아래 샘터가 복원돼 있는 야죽마을이 마을과 마을을 잇는 꽃길을 만들고 그 길에 도시민들의 발걸음이 잦아지길 기대한다.

인터뷰

교육행정직 공무원으로 사회생활 첫발 뗀 딸아이 대견

조종연 이장

"당달봉 고인돌은 우리들 놀이터였다."

금천면 죽촌1리 야죽마을 조종연(59세) 이장은 "당달봉 넓은 터에서 친구들과 어울려 축구도 하고 말뚝박기도 하고 놀았다"며 "마을 앞 영산천에서 수영도 하고 메기며 붕어, 자라 등을 잡아다 다도면 매운탕집에 팔기도 했다"고 옛일을 추억한다.

조 이장은 "20대 초반 서울 신월동의 가구공장에서 일했다"며 "공장에서 먹고 자며 일하고 받은 첫 월급이 10만 원이었고, 가끔 지하철을 타고 동대문에 있는 작은아버지 댁에 다녔다"고 한다. "서울 생활에서 희망을 찾을 수 없어 3년 만에 서울 생활을 정리하고 고향으로 내려왔다"는 조 이장은 "농업 후계자 지원을 받아 송아지를 사고 창고를 개조해 소를 키웠지만 10여 년 만에 닥친 소값 파동을 버티지 못하고 1997년에 축산을 그만뒀다"고 한다. 조 이장은 마을 앞 논 5만 평에서 쌀농사만 짓고 있다.

4남매의 장남인 조 이장은 "청각장애로 고등학교 졸업을 하지 못했지만 동생 3명은 대학까지 보냈다"며 "동생들이 모두 착실하게 공부하고 자리 잡아 사는 게 가장 큰 보람"이라고 뿌듯해한다. 올해로 이장을 맡은지 12년째인 조 이장은 "마을 화단을 가꾸고 회관과 우산각에 지붕을 씌우는 등 마을 일에서 보람을 느낀다"며 "한때는 주민 수가 100여 명이 넘는 큰 마을이었는데 지금은 33명만 남았다"고 아쉬워한다.

금천면

당나라 때부터 살기 시작했다는 마을에 선사시대 유물 발굴

금천면 신가4리 당가마을 | 2024년 3월 25일

지석강변 구릉지대인 당가마을에서 약 7~5만 년 전인 구석기시대 사람들이 쓰던 몸돌 등 석기와 청동기~삼국시대에 이르는 석관묘·토광묘와 토기 가마터가 발굴됐다. 광주광역시에 인접해 있고 빛가람동과 가까운 지리적 이점으로 인해 최근 마을로 이사 오는 도시인들이 10여 가구가 된다. 마을 주변에 큰 산이 없어 갈퀴나무도 구하기 쉽지 않아 불땀도 없는 볏짚으로 밥을 지었다고 한다.

중국 당나라 때부터 사람들이 살았다 하여 당가마을이라 했다고 한다. 하지만 영산강에 합류하는 지석강변에 자리 잡은 금천면 신가4리 당가마을은 당나라(618~907년) 훨씬 이전부터 사람들이 살았던 흔적이 남아 있다. 목포대학교 박물관이 2004년 펴낸《나주 당가·촌곡리 유적》문헌에 따르면 지석강변 구릉에서 약 기원전 7~5만 년 전인 구석기시대 사람들이 쓰던 몸돌 등 석기와 청동기~삼국시대에 이르는 석관묘·토광묘와 토기 가마터가 발굴됐다.

36개월 군 생활을 제외하고 평생을 당가마을에 살고 있는 최금동(84세) 씨는 "마을 앞 논까지 바닷물이 들어와 '뱃머리'라 불렸던 곳이 있다"며 "아홉 살 때쯤인가 뒷산의 흙을 허물어 '흙차'로 실어와 강변에 둑을 쌓는 것을 봤다"고 한다.

당가마을 앞뒤로 펼쳐진 논밭과 과수원이 평화롭다.

산포면 송림리가 고향인 강평순(74세) 씨는 "스물두 살에 결혼해 올 때만 하더라도 자두랑 복숭아를 재배하는 농가가 많았는데 점점 배로 바꿨다"며 "마을 앞 논에서 쌀농사를 지어 4남매를 길렀다"고 말하곤 텃밭에 부추를 심으러 가는 발길을 재촉한다.

"마을 주변에 큰 산이 없어 갈쿠나무도 구하기 쉽지 않아 불땀(화력)도 없는 볏짚으로 밥을 지었다"는 이경순(71세) 씨는 "회관이 들어선 자리에 있던 샘물을 길어다 식수로 사용했다"며 "농기구도 없이 맨손으로 농사짓고 꽁꽁 언 찬물로 빨래하던 그 세월을 어찌 살았는지 몰겠다"고 웃어 보인다. 이 씨는 노안면 양천리가 고향이다.

"장성에서 태어나 해남 남자랑 결혼해서 광주시 광산구 임곡면과 비아면에서 20년 넘게 살다 여기 온 지 30년 됐다"는 전영자(75세) 씨는 "신가교 건너 승촌의 하우스 밭에 고추, 상추, 깻잎, 수박 등 수확하고 밭매는 일해서 3남매를 키웠다"고 한다.

'일본 넘들 독도 건들지 마!' 문구가 선명한 화물차 뒤로
최두섭(65세) 씨 과수원에 자두나무가 새로 자리를 잡고 있다.

노안면 금안리가 고향인 김금자(85세) 씨는 "함진 애비 앞장서고 이불이며 옷장, 밥그릇을 짊어지고 스무 살에 결혼했다"며 "이웃끼리 품앗이해서 쌀농사며 과수원 일을 하고 우애 좋게 살았는데 배값은 떨어지고 일할 사람도 없어 배나무를 모두 파냈다"고 한다.

소형 화물차 뒷문에 '일본 넘들 독도 건들지 마' 글귀를 붙이고 다니는 최두섭(65세) 씨는 "저 차 몰고 일본 땅을 휩쓸고 다녀야 하는디 형편이 녹녹치 않다"며 "중학교 마치고 떠나 객지에서 인테리어 사업을 하다 30년 만에 고향으로 돌아와 배 농사를 10여 년 지었는데, 올해 경제성이 더 좋은 자두로 바꿨다"고 한다.

"고등학교에 진학하면서 고향을 떠나 광주시에 사는데 혼자 일하는 형의 과수원 일을 도와주러 왔다"는 최항섭(59세) 씨는 "어릴 적 지석강에서 조개며 다슬기 잡고 은어랑 날치 등을 잡아 어죽을 끓여 먹기도 했다"고 한다.

당가마을 최고령인 금천면 오강리 출신 김막래(91세) 씨는 "또래들보다 4년이나 호적이 늦어 학교도 늦고 노령연금도 늦게 받았다"며 "남편이 이장할 때 마을에 길을 냈는데, 둘째 아들이 이장하면서 더 크고 반듯하게 넓혔다"고 한다. 이 씨의 둘째 아들은 최문환 나주시의회 의원이고 큰아들은 최문휴 이장으로 '대를 이은 이장 집안'이란다.

"목포대와 함께 환경생태조사 용역을 하고 있다"는 최수철(68세) 씨는 "나비생활사 연구가 전공으로 함평나비축제 때 내가 갖고 있던 표본을 가져가기도 했다"며 "2017년 한국나비학회지에 〈한국산 여름어리표범나비 유생기에 관하여〉라는 논문을 발표하기도 했다"고 한다. 최 씨는 "버려지는 커피 찌꺼기를 미생물 발효로 친환경 퇴비를 만들고 있다"고 덧붙인다.

한옥 독채 펜션 '초점'을 운영하는 구준표(40세) 씨는 "전망 좋은 시골집을 선호하는 젊은 도시 사람들의 취향에 맞게 오래된 기와집을 수선해 2022년부터 무인 비대면으로 운영하고 있다"며 "이용한 사람들의 만족도가 높고 홍보한 만큼 효과가 있다"고 한다. 주민들은 "마을에서 가장 오래된 기와집으로 이유는 모르겠지만 '방풍집'으로 불렸다"고 한다.

광주광역시에 인접해 있고 빛가람동과 가까운 지리적 이점으로 최근 마을로 이사 오는 도시인들이 10여 가구 된다고 한다. 마을로 들어서는 신가교 입구에는 촌곡리-금천사거리를 거쳐 나주버스터미널을 오가는 나주 마을버스 31번이 다니고, 다리 건너 광주시 남구 승촌마을에선 대촌동-백운동-롯데백화점-대인시장으로 이어지는 대촌 70번 시내버스가 다닌다.

인터뷰

늦깎이로 야간고·대학원까지… 박사 꿈 이루길
최문휴 이장

"2만 9,400원이 없어 고등학교를 못 간 게 한이여!"

금천면 신가4리 당가마을 최문휴 이장(64세)은 석사학위를 갖고 있지만 정작 또래들이 고등학교에 다닐 때는 분식집에서 일하며 돈을 벌어야 했다. "고모네 가게에서 교복 입은 또래들을 보며 '나도 곧 고등학생 될 거다'는 꿈에 부풀었다"는 최 이장은 "이듬해 입학을 앞두고 어머니가 '동생을 보내야 하니 양보해라'는 말에 꿈을 접고 군에 입대했다"고 한다.

전두환이 사단장을 지낸 육군1사단에서 운전병으로 병역을 마친 최 이장은 "전라도 출신이라는 이유로 '광주민중항쟁 때 뭐 했냐?'는 고참들의 괴롭힘과 얼차려가 가장 힘들었다"고 기억한다.

"보통 5~7년 만에 주임을 다는데 나는 4년 만에 승진하고 5년 뒤에 기감이 됐다"는 최 이장은 "동료, 후배들과 고생하고 부대끼면서 열심히 일한 결과"라며 "37년 일한 금호타이어를 떠나면서 회사 최초로 현장 직원 출신이 사장과 부사장, 임원 등 150여 명에게 점심 식사를 대접했다"고 한다. 최 이장은 "맨손으로 시작해 과수원 마련하고 집 사고 5남매 대학까지 마칠 수 있었던 것은 모두 회사 덕이었기 때문"이라는 말을 더한다.

회사 근처 슈퍼에 딸린 집에서 자취를 한 최 이장은 "주인 내외가 믿고 가게를 맡기고 일을 보러 다니기도 했다"며 "그 집 막내

사위가 될 뻔했지만 옆집 살던 지인의 소개로 집사람을 만났다"고 한다. "시장에서 떡국을 먹으면서 '국물 남기면 퇴짜를 놔야지.' 했는데 한 방울도 남기지 않더라"는 최 이장은 "그때나 지금이나 한결같은 집사람과 결혼하길 정말 잘했다"고 웃어 보인다.

광주시 광산구 시영아파트에 살면서 6년간 아파트자치회장을 맡았다는 최 이장은 "월 40만 원인 판공비를 절반으로 줄이고, 예산이 2.5억 원의 페인트 공사를 1억 원으로 마쳤다"며 "일하는 업체에 정상적인 이익을 남기도록 하고 불필요한 거품은 다 걷어냈다"고 한다. 그땐 그렇게 거품이 많았다고 한다.

늦깎이로 야간고등학교와 대학·대학원까지 마친 최 이장의 마지막 꿈인 '박사학위'를 따는 날이 하루속히 다가오길 소망한다.

금천면

시골 생활 꿈꾸는 외지인 위해
혁신도시와 함께 생긴 마을

금천면 석전4리 전원마을 | 2025년 1월 27일

마을 중앙 언덕의 소나무가 우뚝 서 있는 공원을 중심으로 아기자기한 주택들이 모여 있는 전원마을은 이름 그대로 전원생활을 꿈꾸는 도시민을 위해 조성된 '새로 생긴 마을'이다. 완만한 경사의 구릉지에 조성한 탓에 집집마다 지하 공간을 주차장이나 창고, 취미 생활을 위한 작업장 등으로 활용하고 있다.

광주전남공동혁신도시가 조성되면서 새로 만들어진 마을이 있다. 빛가람동으로 이전한 공공기관 임직원 등 전원생활을 꿈꾸는 도시민을 위해 한국농어촌공사가 조성한 금천면 석전4리 전원마을이 주인공이다. 2007년 농림부의 전원마을 조성 사업에 선정돼 약 100억 원의 예산을 들여 2015년 준공한 79,630제곱미터 부지에 65가구가 살고 있다.

    직장 생활과 시골 살이를 병행하기 위해 2015년 집을 짓고 광주에서 이사 왔다는 고정은(57세) 씨는 "수학 교사로 32년을 지내다 작년에 명예퇴직하고 전원생활을 만끽하고 있다"며 "삶의 만족도는 높은데 이웃집 진돗개가 깐부(푸들, 2020년생)를 세 번이나 물어 상처를 입기도 했다"며 아쉬움을 나타내며 깐부와 함께 산책에 나선다.

90종 장미 130주를 키우는 홍경아(57세) 씨 마당과 울타리에 장미가 가득하다.

"이름은 무슨! 그냥 아줌마라고 해요"라며 이름을 밝히지 않은 박말자(69세, 가명) 씨는 "서울에서 직장 생활하던 40여 년 동안 항상 고향으로 돌아갈 마음을 갖고 있었는데 그 꿈을 이뤘다"며 "시청에 일 보러 갔다가 우연히 분양 소식을 듣고 바로 계약했는데, 아파트의 삭막한 삶을 벗어나 이웃과 음식도 나눌 수 있어 매우 만족한다"고 웃어 보인다.

90종의 장미 130주가 눈길을 끌어당기는 정원을 가꾼 홍경아(57세) 씨는 "꽃을 좋아해 화분보다 흙이 있는 마당에서 키우기 위해 이사 온 지 4년째로 올해 딸이 빛가람동 공기업에 취직해 더없이 행복하다"며 "국산 장미보다 향이 진하고 꽃도 다양해 영국과 독일, 일본으로부터 들여와 키우는데, 2월에 전지하면 5월부터 꽃을 피우기 시작해 눈 내리는 12월까지 꽃을 볼 수 있다"고 했다. 홍 씨는 "전라남도와 광주에서 우리 집 장미가 다섯 손가락 안에 들 정도"라며 자랑스레 이야기한다.

배 과수원과 저수지, 빛가람동에 둘러싸인 전원마을은
도시와 시골의 정서를 함께 느낄 수 있다.

기계 과목 교사로 30여 년 재직하고 정년퇴직한 장명선(67세) 씨는 "광주에서 50년 넘게 살다 6년 전 이사했는데 지인들 만나러 다니기도 편리하고 공기 좋고 조용하다"며 "골프 연습을 위해 마당에 내 손으로 직접 기둥을 세우고 망을 설치해 매일 30분 정도 운동한다"며 만족감을 표한다.

잔디밭을 걷고 싶은 부인의 희망을 실행하기 위해 6년 전 이사 온 이○○(76세, 가명) 씨는 "광주에서 국어 교사로 40여 년 근무하다 퇴직한 지 14년 됐다"며 "가족 돌보고 집안일 하다 몸이 상한 집사람의 건강을 회복할 수 있는 가장 좋은 환경을 찾아 전국을 다녀본 뒤 결정했다"고 한다.

"후계농으로 대체 복무를 마치고 앞으로 진로를 구상하고 있다"는 임○웅(28세) 씨는 "대학에서 축산을 전공하고 아버지의 농장에서 34개월 동안 소를 키우며 병역을 대신했다"며 "식당도 많고 문화 생활을 즐길 수 있는 빛가람동에 가까운 전원 주택을 찾아 이창동에서 이사 온 지 8개월째"라며 만족해한다.

"광주로 고등학교를 가면서 대호동을 떠나 20여 년 살다 3년 전 부모님 집으로 돌아왔다"는 김○국(38세) 씨는 "시간 날 때마다 영화관을 찾아 좋아하는 영화를 본다"며 "직장이 빛가람동에 있고 적당한 인구에 차량도 많지 않아 앞으로 평생을 이곳에 살 것"이라고 자신 있게 이야기한다.

"네 식구 각자의 공간을 확보하기 위해 통로를 중심으로 거실과 주방, 각 방이 독립된 구조로 설계하고 건축은 직접 했다"는 조정효(55세) 씨는 "2015년 남평의 아파트를 정리하고 단독주택 생활을 시작했다"며 "국도 1호선에 가까워 방음벽 설치를 건의했지만 긍정적인 대답이 없다"고 아쉬움을 나타낸다.

한국농어촌공사에 재직하는 금천면 출신 임준현(55세) 씨는 "전원마을 조성 당시 관련 업무를 담당했다"며 "혁신도시가 생기면서 함께 이주해 오는 외지인들이 도시 생활의 편리함과 전원생활의 쾌적함을 동시에 느낄 수 있도록 임야와 과수원, 논이 있던 자리에 새로운 마을을 만들어 전국적으로 관심을 끌 수 있어 자긍심을 갖는다"고 밝혔다.

마을 중앙 언덕에 소나무가 우뚝 서 있는 공원을 중심으로 단독주택과 타운하우스로 구성된 전원마을엔 아직 주민들이 모일 수 있는 마을회관이 없다. 올해 신축을 목표로 시와 협의 중이지만, 관련 예산이 부족해 난항이라고 한다. 빛가람로와 국도 1호선이 교차하는 지역에 위치하고 우석저수지와 배 과수원에 둘러싸인 전원마을 주민들이 새로 들어서는 마을회관에서 오래도록 행복하게 사는 모습을 그려본다.

인터뷰

낚시, 조경, 목공예, 용접 등 전문가 수준인 자동차맨

강지훈　이장

"고등학교에 입학하면서 자동차와 인연을 맺어 지금까지 30여 년을 함께하고 있다."

"지인의 결혼식 피로연 사회를 보고 있는데, 느닷없이 '내일 아침에 신체 검사를 받아야 하니 지금부터 술을 마시지 마라'는 기아자동차 입사 담당자의 연락을 받았다"는 금천면 석전4리 전원 마을 강지훈(47세) 이장은 "혈압이 높게 나와 입사가 취소될 뻔 했는데 재검을 받아 간신히 통과됐다"며 "자동차 만드는 첫 공정인 강판을 원하는 모양으로 찍는 프레스 공정을 담당하고 있다"고 한다.

충청북도 영동군에 있는 육군군수사령부 제8탄약창에서 자동차 정비병으로 군 복무를 한 강 이장은 "군무원들에게서 꼼꼼히 일을 잘한다는 평가를 받아 대민 지원조차 나가지 못했다"며 "일과 후와 주말이면 부대원 120명의 이발도 맡아 하느라 쉴 틈이 없어 일요일 종교 행사에 참석해 부족한 잠을 자기도 했다"고 기억을 끄집어낸다.

"전역한 다음 날 하루 쉬고 건축 현장에 나가 일을 시작했다"는 강 이장은 "강판 지붕 기술자로 남원의 오수면에서 일하던 중 나무를 베는 등 집안일을 거들어 주었더니 주인 할머니가 고맙다며 짜장면을 만들어 싸주던 기억은 지금도 잊을 수 없다"고 웃음 짓는다.

"코흘리개 시절부터 고향인 순창의 섬진강에서 낚시를 즐겼다"는 강 이장은 "20여 년 전부터 낚시하러 다닌 인연으로 작년 초 진도의 동거차도에 오래된 집을 사서 은퇴 뒤 쉴 공간으로 만들고 있다"면서 "시간 날 때마다 가서 집도 고치고 나이 많은 어르신의 일도 거드는 '타고난 일꾼'"이라며 너스레를 떤다.

한옥 문짝을 미싱틀 위에 올려 탁자를 만드는 등 목공예가 취미인 강 이장은 "뿌리 공예도 하고 용접이며 조경 등 한번 시작하면 전문가 수준에 이를 때까지 집중한다"며 "최근에 해남군의 대표적인 관광자원의 하나인 우림정원의 조경을 맡기도 했다"고 한다. 대학 후배 소개로 만난 부인과 3남매의 행복을 일구는 강 이장의 열정적인 삶을 응원한다.

산포면

혁신도시 조성으로 사라졌다
다시 태어난 마을

산포면 신도1리 당촌마을 | 2023년 2월 6일

빛가람동에 수용돼 사라진 마을에 살던 사람들이 가까운 곳에 터를 잡아 함께 살고 있다. 산포면 신도1리 당촌마을은 그렇게 사라졌다 다시 태어났다. 당촌마을 사람들은 의령 남씨 문중의 충신과 공신 8인을 배향하는 팔충사를 세워 매년 제사를 지내며 그 뜻을 이어왔다. 당촌마을의 역사를 증명하는 팽나무가 여전히 한국에너지공과대학교 안에 남아 있다.

집터는 도로가 생기고 마을이 있던 자리에는 한국에너지공대가 들어섰다. 광주전남공동혁신도시 건설 부지에 수용된 당촌마을 주민들은 마을 가까운 곳에 터를 잡아 함께 이주해 살기로 했다. 산포면 신도1리 당촌마을은 그렇게 사라졌다 다시 태어났다. 빛가람동 한국에너지공대가 시작되는 송림제 앞 교차로에 있는 표지석을 따라 들어가면 비닐하우스와 과수원으로 둘러싸인 당촌마을 20여 가구를 만나게 된다.

2009년 이주 당시부터 이장을 맡아 마을 일을 해온 남윤택 이장(64세)은 "삶의 터전인 논밭과 과수원마저 수용됐다면 함께 살 수 없었을 것"이라며 "평생 일궈 온 농토가 남아 있는데다 의령남씨라는 같은 핏줄의 인연이 다시 함께 살 수 있는 원동력이었다"고 회상한다.

혁신도시에 살던 터를 내 준 당촌마을 뒤로 빛가람동 아파트 단지가 보인다.

전주시가 고향인 양소례(87세) 씨는 "열아홉 살에 결혼하고 당촌에서 산 세월이 70여 년인디 평생 농사만 지은 기억밖에 없다"며 "큰아들이 초등학교도 마치지 못하고 작은아버지 따라 서울로 가서 돈벌이를 해야 했다"고 한다. 양 씨는 "형제들이 도와서 막둥이를 대학까지 보낸 것은 대견하다"며 4남매 모두 서울에 살고 있어 자주 못 오는 것이 아쉽다고 한다.

고모의 중매로 당촌마을과 인연이 됐다는 정락희(78세) 씨는 "동강면에서 버스 타고 내기리 큰길에서 내려 1시간 넘게 걸어온 게 당촌마을에 대한 첫 기억"이라며 "손가락이 터지도록 가마니 짜고 담배며 참외, 수박 등 안 지어본 농사가 없다"고 회상한다. 정 씨의 5남매 중 두 아들은 토목을 전공하고 경남 함안과 충남 서산 현장에서 일하고 있다. 큰딸은 함평군에서 119 간호사로 재직 중이고 막내딸은 어린이집 교사라고 한다.

나주시청에서 정년퇴직하고 고향에서 포도 농사를 짓고 있는 남수열(65세) 씨는 "정부 정책이고 지역 발전을 위한 불가피한 선택이었지만 고향을 잃는다는 아픔은 숨길 수 없었다"며 "주민들이 뜻을 모아 택지를 마련하고 시에서 도로 정비와 가로등 설치 등 기반 시설을 지원해서 주민들이 흩어지지 않고 다시 함께 살 수 있었다"며 "빛가람동이 더욱 번창하기를 바란다"고 덧붙였다.

화순군 능주면 출신으로 결혼하고 광주에서 살다 1975년에 당촌마을로 이사왔다는 양갑순(91세) 씨는 "새 마을로 이주하던 해인 2009년에 손주가 사법시험에 합격했다"며 "주민들 모두 제일인 것처럼 기뻐하고 함께 마을 잔치도 했다"고 한다. 양 씨는 "전에 살던 마을은 몇 걸음만 걸어 나가면 버스를 탈 수 있었는디 지금은 버스 타러 나가는 것조차 어렵다"며 아쉬움을 나타낸다.

"배메산은 소풍 가는 아이들과 함께 가기도 하고 교회에서 나들이도 다니던 곳"이라는 김금순(88세) 씨는 "어머니가 살아 계실 때까지는 친정인 광주시 대촌면까지 정자교 건너서 걸어다녔다"고 기억을 떠올린다. 김 씨는 "영감이 아파서 환갑도 못 지내고 8남매를 두고 먼저 저세상으로 갔다"며 안타까움을 드러낸다.

당촌마을은 병자호란(1636년) 이후 의령 남씨가 터를 잡고 살기 시작하면서 본격적인 마을을 이루었다고 한다. 주민들은 의령 남씨 문중의 충신과 공신 8인을 배향하는 팔충사를 세워 매년 제사를 지내며 그 뜻을 이어왔다. 마을이 이주한 뒤인 2013년에 팔충사도 옮겨왔다. 매년 음력 3월 3일에 지내던 팔충제는 4월 첫 번째 토요일에 시제를 겸해 지내고 있다.

남씨들이 살고 있는 못이 있는 마을을 뜻하는 남당굴로 부르던 것이 당촌이 됐다고 한다. 농경지로 만들기 위해 못을 메웠다고 전한다. 한때 의령 남씨가 70여 가구를 넘었지만 지금은 25가

의령 남씨 충신과 공신 8인을 배향하는 팔충사도 당촌마을과 함께 이주해 왔다.

구만 남았다. 혁신도시가 들어서기 전에는 중·고등학교 진학이나 오일장 이용 등은 남평읍에서 이뤄졌다.

문화재청 국립나주문화재연구소가 2009년에 펴낸 〈나주시 문화유산 종합학술조사 보고서〉에는 삼국시대 고분 2기가 심하게 훼손된 '신도리 당촌고분군'으로 기록돼 있다. 하지만 현재는 아무런 흔적조차 찾을 수 없게 됐다. 주민들은 "고분이 있었다는 말을 들었지만 본 적도 없고, 혁신도시를 조성하는 과정에서도 아무런 조사도 이루어지지 않았다"고 한다.

'에너지국가산단 예비타당성 통과'라는 거리 현수막을 보며 주민들에겐 걱정거리가 생겼다. 또다시 고향을 잃을까 하는 염려가 앞서기 때문이다. 그나마 위안이 되는 것은 당촌마을의 역사를 증명하는 마을 앞 팽나무가 여전히 한국에너지공대 안에 있다는 것이다. 주민들은 그 팽나무가 앞으로도 변함없이 그 자리를 지켜주기만을 바라고 있다.

인터뷰

지금 열심히 사는 게 중요해!

남윤택 이장

"어릴 때 제 손으로 심은 배나무가 제가 살고 있는 터전"이라는 남윤택(64세) 이장은 "오늘 일에 최선을 다하자는 맘으로 산다"고 한다. 중학교 다닐 때까지 당촌마을에 살다 광주에서 고등학교와 대학을 마치고 서울에서 직장 생활을 시작했다고 한다. "지난 일을 이야기해서 뭐하냐? 지금 열심히 사는 게 중요하다"는 남 이장은 IMF 때 부도를 당하는 등 사업 실패도 경험했다.

2005년의 귀향 결정은 "우연이라는 말로밖에 설명할 수 없다"는 남 이장은 "아버지 손에 이끌려 5,000여 평의 과수원에 배나무 540주를 심었던 것이 오늘에 이르고 있다"고 한다. "그땐 농사가 지독히도 싫었는데 지금은 항상 아버지랑 함께하는 것 같아 든든하다"는 남 이장은 "처음 심었던 신고와 추황 품종을 계속하고 있다"고 전했다.

문중 총무를 맡아 소문중의 선산을 봉황면과 다도면에 조성하느라 부지 마련부터 묘지를 옮기는 일까지 챙겨야 했다는 남 이장은 "팔충사의 기록에서 알 수 있듯 우리 의령 남씨는 충절을 지킨 선비 집안"이라고 덧붙인다.

당촌마을에서 군 복무를 마치고 대학에 복학해서 목포가 고향인 부인을 만났다. 대학 4학년 때 결혼해서 아들 둘을 두고 있는 남 이장은 "이 나이에 부인 자랑하면 팔불출"이라면서도 "이해심 많고 착한 성품이 젤 자랑거리"라고 웃음 짓는다.

산포면

황새바위와 당산나무 등 6당산에
해마다 제 지내고 화합 도모

산포면 등수1리 등개마을 | 2023년 9월 4일

마을 앞까지 바닷물이 들어왔고 그 옆에 목당간이 있었던 것으로 보인다. 마을이 배의 형상을 하고 있어 배의 돛에 해당하는 목당간을 세웠을 것이라는 추정이다. 1995년 전국 최초로 채소 육묘를 위한 육묘장이 문을 열었다. 사질토인 인근 지역과 달리 점토질인 등개마을 일대 논에서 생산되는 쌀로 산포농협에서 '황새가 머무는 쌀'을 출시하고 있다.

'끄트머리에 오리 모양의 조형물이 달린 전봇대만큼 크고 반듯한 나무가 넘어져 있던 것을 어려서 봤다. 그 옆에 배를 맸던 바위가 있다'는 주민의 증언으로 볼 때 마을 앞까지 바닷물이 들어왔고 그 옆에 목당간(마을이나 사찰입구에 세우는 나무로 만든 기둥)이 있었던 것으로 보인다. 마을이 배의 형상을 하고 있어 배의 돛에 해당하는 목당간을 세웠을 것이라는 추정이 가능하다. 성북동에 있는 보물 제49호 '동점문 밖 석당간'이 '나주가 배 모양이기 때문에 안정을 빌기 위하여 당간을 돛대로 세운 것이라는 말이 전해 내려오고 있다'는 기록에 비추어 볼 때 그렇다. 산포면 등수리 등개마을 주민들은 해마다 정월 대보름에 목당간과 함께 배를 매던 바위와 당산나무 5그루, 황새바위 등 6당산에 당산제를 지내고 있다.

4대째 등개마을에 살고 있다는 이기열(76세) 씨는 "마을 사람

등개마을 6당산 중 하나인 배를 매던 바위. 목당간이 있었던 것으로 추정되는 자리에 황금사철나무가 자라고 있다.

들끼리 우애도 좋고 텃세도 없어 이사와 살기 좋다"며 "주민들이 편을 나눠 고싸움도 하고 걸궁 치며 당산제를 지냈다"고 한다. "산포면 농민회장으로 금강산 농민대회에 갔을 때 북쪽 관계자 한 사람이 본관이 같은 개성이라며 반가워하던 기억이 있다"는 이 씨는 마을 노인회장을 맡고 있다.

"또래 부녀자들 10여 명이 어울려 광주의 양동시장에 가서 반지도 하고 장을 보러 다니던 때가 제일 좋았다"는 이논님(66세) 씨는 "결혼하기 전까지 화순군 도곡면 고향에서 '옴짝달싹 못 하고' 살림만 배웠다"고 한다. 마을에서 제일 젊다는 이 씨는 쌀농사와 비닐하우스(5동)에 청양고추와 완두콩, 호랑이콩 등을 재배하고 있다.

배를 매던 바위에 담을 접하고 있는 김봉룡(73세) 씨는 "당산제 지낼 때 묻어 둔 동전을 파내서 군것질하곤 했다"며 "가운데 구멍이 뚫린 옛날 동전이 나오기도 했다"고 한다. 김 씨는 "마을의 큰 부자가 망하면서 금 그릇 등을 샘터에 던져 넣었다는 이야기가 전해지고 있어 가끔 풍수들이 찾곤 하지만 매번 허탕을 친다"며 환하게 웃는다.

"땅 파서 모 심고 풀 매고 두레로 물 품어 농사짓고 겨울에는 한 푼이라도 벌기 위해 가마니랑 베 짜느라 세월 가는 줄 몰랐다"는 김계순(94세) 씨는 "화순군 도암면 고향에서는 서숙밥(조밥)에 보리밥만 먹다 결혼하고 나서야 쌀밥 구경을 하게 됐다"고 한다.

"소를 22마리까지 키우며 쌀농사 짓고 비닐하우스 해서 3남매 키웠다"는 김석진(82세) 씨는 "탯자리의 흙벽 초가집에서 결혼해 살다 막둥이 세 살 때 내 손으로 지금 살고 있는 집을 지었다"고 한다. 김 씨의 아들은 스무 살 되던 해 지석천 덕례교가 놓인 자리에 있던 정자교에서 물놀이하다 익사 사고를 당했다고 한다.

화순군 도곡면이 고향인 김영례(87세) 씨는 스물한 살 때 산포농협에 다니던 남편과 결혼해서 마을에 들어왔다. "30리 길을 걷기도 하고 남평장의 장꾼들이 타고 다니던 '장차'를 타기도 하며 친정에 다녔다"는 김 씨는 "6남매 중 아들 셋을 대학까지 마치게 하고 딸들은 고등학교까지 보냈다"고 자랑스레 이야기한다. 김 씨는 "그 당시에 딸들을 고등학교까지 가르친 집은 많지 않았다"고 덧붙인다.

"광주민중항쟁 때 송암공단 터에 군인들이 비행기에서 내리는 걸 구경하러 가기도 했다"는 김공심(75세) 씨는 "농사짓는 것보다 월급쟁이가 낫겠다고 생각한 남편이 광주시 양산동에 있는 회사에 다니다 효천동으로 직장을 옮겼을 때"라고 한다. 광주시 대촌면이 고향인 김 씨는 1981년 남편의 고향으로 돌아와 살고 있다고 한다.

광주시에서 40여 년 직장 생활을 마치고 2008년에 이사 온 오맹렬(83세) 씨는 "조용하게 노후를 보내고 싶어 들어왔는데, 주민들과 어울리다 보니 마을 노인회장도 하고 산포면노인회 사무장을 맡아 봉사했다"며 "적극적으로 대화하며 소통하려고 노력해서 잘 정착했다"고 한다.

올해로 개척 40년을 맞는 대한예수교장로회 합동 등수중앙교회 박종철(69세) 목사는 "전임 목사님 추천과 성도들의 청빙으로 두 번째 목사를 맡은 지 5년째"라며 "연세가 있으시고 하우스 일 등으로 바쁜데도 꼬박꼬박 교회에 나오시는 순박한 주민들이 고맙다"고 한다.

마을 이름이 문헌에 처음 나온 것은 남평현 등개면으로 기록된 1789년 《호구총서》다. 이후 1912년 《지방행정구역명칭일람》에 등포면 등수리로, 1914년 행정구역 개편으로 산포면 등수리가 돼 오늘에 이르고 있다. 2007년 150세대가 넘던 등개마을의 동쪽을 떼어 등수2리 샛터마을이 생겼다. 시설채소 농가가 많은 산포면의 특성을 고려해 1995년 전국 최초로 채소 육묘를 위한 육묘장이 나주시 관내 농협 공동출자로 문을 열었다. 사질토인 인근 지역과 달리 점토질인 등개마을 일대 논에서 생산되는 쌀로 산포농협에서 '황새가 머무는 쌀'을 출시하고 있다.

인터뷰

어르신들 식사한 뒤 설거지는 이장인 내 몫

김주애 이장

"처음으로 이장을 맡은 올해 아들이 국립대학교 교수에 임용돼 겹경사를 맞았다"는 김주애(66세) 이장은 "전체 주민을 모시고 마을잔치를 하고 '이장 취임' 수건도 돌렸다"며 환하게 웃어 보인다.

"시어머니 모시고 중학생이 된 손녀 돌보는 것 말고는 '한 해 벌어 한 해 산다'는 맘으로 즐겁게 살려고 노력한다"는 김 이장은 "농사지으며 마을 일에 솔선수범하고 봉사활동도 열심히 한 보람으로 2018년 새농민상을 받기도 했다"고 한다.

전라북도 익산시가 고향인 김 이장은 고교 졸업 후 면사무소에서 일하다 남편을 소개받았다. "동아건설에서 '페이로더' 중장비 일을 하던 남편을 맘에 들어 한 협력 업체 사장님의 이야기를 들은 언니가 발 벗고 나섰다"는 김 이장은 "나보다 먼저 언니가 서울 가서 남편을 보고 오더니 '진짜 좋은 사람'이라며 묻고 따질 것 없이 결혼하라고 했다"고 한다.

1983년에 결혼한 김 이장은 경기도 남양주시 금곡의 아파트 반지하에서 신혼 생활을 시작했다. "지나는 사람의 발이 보이는 반지하를 벗어나기 위해 적금을 들었다"는 김 이장은 "부모님 모시고 농사짓던 시아제가 활주로 입구에서 교통사고를 당하는 바람에 내려와야 했다"며 "부모님 성화를 견디지 못한 남편이 시골로 가야겠다고 했을 땐 이혼을 무릅쓰고 반대했지만 지금은 더없이 행복하다"고 한다.

산포초등학교 자모회장과 영농회, 고향생각주부모임, 생활개선회 등 각종 사회활동에도 앞장서고 있는 김 이장은 "주위 사람 덕에 이만큼 산다고 생각하며 회관에서 어르신들이 식사한 뒤 설거지는 이장인 내 몫"이라고 너스레를 떤다.

　"왼손잡이라고 혼내시는 시아버님 때문에 서툰 오른손을 써야 했다"는 김 이장은 "전에도 여러 번 다쳤지만 변변한 치료를 못했는데 최근 낫으로 잡초를 베다 검지를 크게 다치는 바람에 병원 신세를 졌다"고 한다.

산포면

마을 길, 빈 집, 노후 주택 정비로
더 행복하고 깨끗한 공동체를 향하여

산포면 산제리 산제마을 | 2024년 6월 24일

조선시대 《호구총수》(1789년)에 '식산 아래 마을'이란 뜻으로 남평현 등개면 산저리, 1912년 간행된 《지방행정구역명칭일람》에 등포면 산제리로 기록된 뒤, 1914년 행정구역 개편 이후 산포면 산제리로 오늘에 이르고 있다. 조선 태조 이성계의 4녀인 의령옹주의 부마(남편)을 지낸 호안공 이등을 기리는 사당 '부조묘'를 알려주는 홍살문이 마을 입구에 있다.

여름이 절정으로 치닫고 있다. 내리쬐는 뙤약볕을 피해 이른 새벽 밭에 나온 주민들의 손길 덕에 고추가 제법 여물고 어린 들깨 모종도 자리를 잡았다. 담 너머 석류나무는 꽃이 진 자리에 열매가 살이 차오르고 있다. 500년 넘은 느티나무 그늘 아래 걸음을 멈춘 노파의 이마에 맺힌 땀방울이 한 줄기 빗방울을 기다린다. 산포면 산제리 산제마을 모습이다.

조선시대 전국의 동·리와 인구 상황을 정리한 《호구총수》(1789년)에 '식산 아래 마을'이란 뜻으로 남평현 등개면 산저리로 기록돼 있다. 1912년 간행된 《지방행정구역명칭일람》에 등포면 산제리로 기록된 뒤, 1914년 행정구역 개편으로 산포면 산제리에 속해 오늘에 이르고 있다.

경찰공무원으로 36년을 근무하고 총경으로 퇴직한 서상준

식산을 배경으로 마을 입구에 마을회관과
500년 넘은 느티나무 노거수가 평화롭게 자리하고 있다.

(70세) 씨는 "오래된 마을이다 보니 소방차가 들어올 수 없을 정도로 골목길이 좁지만, 주민들의 의견을 모아 성공적인 귀농·귀촌 선도마을을 만들고 싶다"며 "조금씩 양보하고 지혜를 모으면 모두가 더 살기 좋은 고향으로 탈바꿈할 수 있을 것"이라며 의욕을 보인다. 산제마을 귀농·귀촌 선도마을 추진위원장을 맡고 있는 서 씨는 "주민들이 교육에 대한 열의가 높아 교육자와 공직자를 많이 배출했다"고 덧붙인다.

"서울에서 직장 생활을 하던 중 '더 늦으면 결혼하지 못한다'는 부모님 성화에 못 이겨 스물여섯 살에 결혼했다"는 최영금(72세) 씨는 "광주에서 30여 년 살다 한전에서 퇴직한 남편의 탯자리로 돌아온 지 5년째"라고 한다. 영암군 시종면이 고향인 최 씨는 "텃밭에 고추며 호박 등 키우는 일이 아직은 재미있다"며 웃는다.

봉황면 오림리가 고향인 김숙희(72세) 씨는 "산골짜기로 시집간다고 고향 사람들 걱정이 여간 아니었는데 50년을 살다 보니 내

집같이 편해졌다"며 "마을의 대밭이랑 탱자나무가 사라지고 길이 포장된 것 말고는 옛 모습과 크게 다르지 않고, 정미소가 생기기 전에 다도면 도래마을로 쌀 찧으러 다니던 일이 엊그제 같다"고 옛일을 떠올린다.

"할아버지가 물려주고 가신 집이랑 땅이 있으니 언젠가는 고향으로 돌아올 것"이라는 윤○백(36세) 씨는 "광주에서 직장 생활을 하며 살고 있지만, 퇴근하고 부모님이 농사지으신 쌀이며 먹거리를 가지러 수시로 다녀갈 수 있어 좋다"고 한다.

봉황면 용전리가 고향인 이대순(94세) 씨는 "울력으로 방죽 파고 관에서 나눠준 밀가루를 받아 와 죽 쒀서 배고픔을 해결하던 때도 있었다"며 "마을에 먹는 물과 빨래하던 샘이 따로 있었는데, 언젠가 모두 메워 없어져 정확한 위치조차 가물거린다"고 아쉬움을 표한다.

"직장을 찾아 고향인 영광을 떠나 산제마을 사람이 됐다"는 이송재(60세) 씨는 "20여 년 직원으로 일하다 인수해 직접 운영한 지 10년 됐다"고 한다. 마을 입구에서 산제정미소를 운영하는 이 씨는 "일만 하며 살다 보니 결혼할 시기를 놓쳤다"며 씁쓰레 웃음 짓는다.

"나주호가 생길 때 살던 마을이 수몰돼 산제마을로 이사 온 지 50년 됐다"는 이금례(92세) 씨는 "다도면에서 산 25년을 포함해 평생 쌀농사만 지었다"며 "운동 삼아 마을 길을 다니며 사람들 만나 인사 나누는 게 유일한 낙"이라고 한다.

'고향 땅에 집 짓고 사는 게 꿈'이라는 윤계현(71세) 씨는 "초등학교부터 광주에서 다녔는데, 방학 때마다 시골집에 와서 농사

산제마을 초입에 태조 이성계의 4녀 의령옹주의 남편(부마) 호안공 이등의 사당을 알리는 홍살문이 당당한 위풍을 뽐내고 있다.

일을 도왔다"며 "하루에 두 번 다니는 버스를 놓치면 남평에서 마을까지 1시간가량 걸어오곤 했다"고 한다. "집 짓고 텃밭 일구려고 형한테 600평을 샀는데, 여러 이유로 아직 실행하지 못하고 있다"는 윤 씨는 옥수수가 자라는 밭에 콩을 심기 위해 땅을 고르고 있다.

등수리의 비닐하우스에 고추와 수박 농사를 짓는 박금문(81세) 씨는 "옛날엔 전부 손으로 일을 해야 했는데, 지금은 기계가 좋아져서 조금 편해졌다"며 "꽃을 좋아해서 집 주변을 꽃밭으로 만들어놓은 집사람이 병원에 입원하는 바람에 딸아이가 화초에 물 주러 다니고 있다"고 한다.

5년 전 나주시산림조합에서 상무로 퇴직한 이대호(64세) 씨는 "4학년까지 산포초등학교를 다니다 5학년 때 남초등학교가 생겼다"며 "20명 넘은 동창들과 한겨울 칼바람을 피해 물고랑으로 학교에 가고 '무등'이라 부르던 공터에서 공놀이하며 뛰어놀던 기억이 생생하다"고 전했다. 광주광역시에서 살고 있는 이 씨는 "직장에 다니는 집사람이 퇴직하면 부모님이 남겨주신 집으로 돌아올 계획"이다.

1998년 목포대박물관에서 펴낸《문화유적분포지도》에 따르면, 산제정미소 맞은편 대나무밭에 '청동기시대 고인돌 20여 기가 있는 것으로 보고되었으나 현재는 5기만 확인된다'고 기록돼 있지만 이마저도 잡초에 묻혀 방치돼 있다. 조선 태조 이성계의 4녀인 의령옹주의 부마(남편)을 지낸 호안공 이등을 기리는 사당 '부조묘'를 알려주는 홍살문이 마을 입구에 있다. 산제마을 출신으로 신간회 나주지회장으로 항일독립운동을 하고 산포면장과 초대 나주 군수를 지낸 김창용(1893~1963년)과 남평향교 전교를 지낸 서상백(88세) 씨가 있다.

　귀농·귀촌 선도마을 조성 사업을 통해 마을 안 길과 빈 집, 노후 주택 정비 등으로 '더 행복하고 깨끗하게 가꾸어진 공동체'로 다시 태어날 산제마을의 미래를 그려본다.

인터뷰

중학교 때 쌀 1되 종잣돈 돼 친구들 모임 지속

김인철 이장

"올해 우리 마을이 나주시의 첫 귀농·귀촌 선도마을에 선정돼 성취감과 보람을 느낀다"는 김인철 이장(62세)은 "코로나로 중단된 '산제리민의 날'을 2023년에 다시 시작해 앞으로 3년마다 주민과 출향민들이 함께 만나는 한마당 잔치를 할 계획"이라며 2년 차 이장을 맡는 소감을 자신 있게 이야기한다.

"중학교에 다니면서 친구들이랑 쌀 1되씩 거둬 모임을 시작해 지금까지 만난다"는 김 이장은 "최근 모임에서 확인해보니 그때 쌀이 종잣돈이 돼 각종 애경사에 쓰고도 3,000여만 원이나 모았다"며 "열대여섯 친구들이 앞으로도 계속 매년 한 번씩 만남을 이어갈 계획"이라고 한다.

"선진지 견학으로 다른 지역에 가서 돌담과 디딜방아를 보존해 가꾸고 우물을 복원해서 볼거리를 제공하고 있는 것을 보고 느낀 바가 많다"는 김 이장은 "우리 마을엔 흙담이 많았는데 대부분 없애버렸고 우물도 모두 메워 없어져 역사가 사라졌다는 아쉬움을 갖는다"고 한다.

친구 소개로 화순군이 고향인 부인을 만나 1991년에 결혼한 김 이장은 "차분하고 말수 적은 집사람의 첫 모습이 맘에 들었다"며 "지금까지 한결같이 성실하게 간호사로 직장 생활을 하는 것만 봐도 따로 자랑이 필요 없다"고 서툰 웃음을 보인다.

다도면

나주호 수몰 주민들이 모여 이룬 새로운 마을

다도면 덕동3리 삼정마을 | 2022년 12월 5일

마을이 사라지고 새로운 마을이 생겼다. 전국 최대 농업용 저수지인 나주호를 만들 때 수몰된 다도면 궁원리와 판촌리 주민들이 이주해 와 삼정마을을 이뤘다. 고인돌 10여 기가 있다는 《나주시지》의 기록으로 보아 선사시대부터 사람들이 살았지만, 마을 사람들은 고인돌을 본 적도 들은 적도 없다고 한다. 역사와 문화를 보존하고 계승하려는 노력이 절실하다.

"마을 앞 사거리가 교통 요충지로 다도농협 분소가 있었고 버스를 이용하는 학생들로 바글바글했다"고 과거를 회상하는 김희진(79세) 씨는 "1975년 큰아들이 태어나던 해에 나주호를 만들면서 고향인 궁원리가 수몰되는 바람에 강제로 이주했다"며 "고향을 떠날 수 없다고 버티다 절반도 안 되는 보상금을 받고 쫓겨나다시피 했다"고 당시 사정을 이야기한다. 1차 이주 때는 시세(3.3㎡에 1,000원)대로 보상했지만, 3차 이주 때는 450원밖에 주지 않았단다. 김 씨는 "그때 논 세 마지기를 팔아 광주에 논 세 마지기를 산 사람이, 3년 뒤에 그 논을 팔아 집을 샀다는 이야기를 들었다"고 덧붙인다.

인근 화순군 도곡면이 고향인 탁균성(63세) 씨는 산포면이 고향인 남편을 만나 나주사람이 됐다. 20여 년 전 삼정마을로 이사 온 탁 씨는 "농사 지은 농작물을 팔러 버스를 타고 남평장이나 나

주장으로 다니기에 편하다"며 "쌀값이나 농산물 값이 옛날만 못해 손 놓으면 굶어야 할 지경이라 쉴 틈이 없다"며 수확한 콩을 손질하며 한숨을 쉰다.

정정수(51세) 씨도 수몰된 궁원리가 고향이고, 삼정마을에서 성장했다. "20대 때 직장 생활하러 경기도로 떠났다가 8년 전에 부모님이 교통사고를 당하는 바람에 돌아왔다"는 정 씨는 "농토도 적고 축산도 없어 경제활동에 제약이 많다"며 "윗마을에 아버지 세대가 12가구 살았는데 한 분만 남았다"며 머지않아 마을이 사라질 것이라고 걱정한다.

"고향 집이 다도초등학교 바로 앞이라 한 번도 물이 차지 않아 집터가 버젓이 보였는데 지금은 풀이 우거져 집터를 찾아볼 수 없다"는 김기곤(82세) 씨는 "지금 같으면 상상도 할 수 없겠지만, '정찰기 뜨면 군수 목이 날아간다'는 말이 나돌 정도로 박정희 군사정권이 댐 건설을 강행하는 바람에 몸이 불편한 어머니가 방안에 계시는데도 벽을 허물어 어머니가 흙더미에 묻힐 정도로 무자비하게 강제 철거를 했다"며 당시를 회상한다. 김 씨도 3차에 이주했다.

산포가 고향인 강봉차(73세) 씨는 인근 송학리에 살다 골프장이 생기는 바람에 삼정마을로 옮겨 왔다. "살림이 줄어들라고 그런지 갖고 있던 논밭을 골프장이 생기기 전에 팔아버렸다"는 강 씨는 "다른 사람의 논밭을 빌려서 겨우 용돈벌이 정도 하며 살고 있다"고 밝힌다.

광주에서 교육공무원으로 정년퇴직하고 삼거리에 과수 농장을 하는 정재수(66세) 씨도 궁원리에서 이주해 왔다. "직장 생활을

삼정마을 삼거리에 접한 과수농장에서 정재수(66세) 씨 형제 내외가
복숭아나무와 사과나무 등에 거름을 주고 있다.

하면서도 주소는 마을에 두고 부모님을 모셨다"는 정 씨는 "5남매의 큰아들로 형제들과 함께 나눠 먹을 만큼의 농사만 소일 삼아 짓고 있다"며 복숭아나무 21그루와 사과나무 11그루며, 대추와 석류 각 5그루, 감 4그루, 매실 3그루가 있는 과수원에서 동생 부부와 함께 거름을 주고 있다.

광주광역시 광산구 하남동이 고향인 박정숙(84세) 씨는 인천광역시에 살다 1999년에 이사해 왔다. "시골 생활이 답답하고 벌이도 없어 다시 인천으로 올라가 10여 년 정도 식당 일 등 경제활동을 하다 돌아와 산 지 10년째"라는 박 씨는 "생일을 맞아 창원에서 직장 생활하는 큰아들 내외가 와서 함께 주말을 보내고 있다"며 밝게 웃는다.

2014년 윗마을에 덕인실버홈을 연 문○리(39세) 원장은 "거동이 불편하거나 홀로 계신 마을 어르신들께 어려운 일이 생기면 저희 시설을 이용하거나 가까운 병원으로 옮기는 데 도움을 드리는 등 마을과 함께 상생하기 위해 노력하고 있다"며 "실제로 화재로 집이 전소된 어르신 내외를 1여 년 모신 적도 있고, 할아버지가 갑자기 쓰러지셨다는 이장님 말씀에 광주에 있는 병원으로 이송해 드린 적도 있다"고 밝혔다. 덕인실버홈은 요양원에 26명, 주간보호센터에 21명의 어르신들이 이용하고 있다.

작년부터 이장을 맡고 있는 최승락(64세) 씨는 "한때는 30~40여 가구 70~80여 명이 살던 마을이지만 지금은 17가구 28명에 불과하다"며 "마을사랑방 역할을 하던 농협분소도 문을 닫고 오가는 사람들로 북적거렸던 삼거리도 한산해졌다"면서 쇠락해가는 마을을 아쉬워한다.

삼정마을은 전국 최대 농업용 저수지인 나주호를 건설하면서 수몰된 궁원리와 판촌리 주민들이 이주해 와 마을을 이뤘다. 마을

삼정승이 날 명당이라 하여 이름 붙여진 삼정마을의 윗마을 전경.

이 없어지고 새로운 마을이 생겨난 것이다. 《나주시지》에는 앞으로 삼정승이 날 명당이라 하여 '삼정(三政)'이라 했다고 기록돼 있으나, 마을 주민들은 마을이 3개(윗마을, 삼거리, 아랫마을)로 나뉘어 있어서 그렇다고 한다. 또한 《나주시지》에 고인돌 10여 기가 남아 있어 고대로부터 사람들이 살았다고 하나, 마을 주민들은 고인돌을 본 적도 들은 적도 없다고 한다. 역사와 문화를 보존하고 계승하려는 노력이 절실함을 느끼게 한다.

인터뷰

농사만으로 생계 어려워 기간제로 숲 가꾸기 참여

최승락 이장

"사회복무요원으로 군 복무 중인 늦둥이 아들만 같이 살고 객지에 사는 네 딸은 각자 자기 생활하느라 바빠서 자주 못 봐 아쉽다"는 최승락(64세) 이장은 "쌀농사만으로는 생활이 안 돼 기간제인 숲 가꾸기 사업으로 생계를 꾸려가고 있다"고 한다.

군 복무 중 휴가 때 만난 부인의 첫 모습에 반했다는 최 이장은 "서울 형님 집에서 자취하던 강원도 출신의 집사람과 편지로 사랑을 키웠다"며 "두 번째 휴가 와서 서로 사귀기로 했고 전역 후 직장 생활하면서 함께 살게 됐다"며 쑥스러운 웃음을 짓는다.

1980년 광주민중항쟁이 발발하기 전에 군에 입대한 최 이장은 "군복에 '국난 극복'이라는 기장을 달고 첫 휴가를 나온 9월에 처음으로 광주민중항쟁 소식을 들었다"며 "당시엔 광주 시민들이 북한군의 공작에 소요를 일으켰다는 소식에 창피함을 느꼈는데 나중에 사실이 아니었다는 걸 알고 부끄러웠다"고 소회를 밝힌다.

군 복무를 마치고 서울에서 직장 생활을 하다 1984년 어머니를 모시기 위해 고향으로 돌아온 최 이장은 "귀향을 결심할 때만 하더라도 농사만 열심히 지어도 먹고사는 데 지장이 없으리라 생각했다"며 "농업에 희망이 없다는 현실이 안타깝다"며 씁쓸해한다. 최 이장은 고향인 송학2리에 골프장을 조성하면서 집터가 골프장 부지로 편입되어 삼정마을로 이사했다.

다도면

나주 쌀·한라봉으로 만든 참주가 라봉, 대한민국 탁주대상에

다도면 신동2리 신촌마을 | **2024년 1월 22일**

또래들과 꼴 베러 다니고 개구리 잡아 구워 먹던 어릴 적 추억이며 볏단 10여 다발을 지게에 지고 하루에 6~8번씩 버드재 넘어 봉황면 송현리로 농사지으러 다닌 기억이 또렷하다. 마을에서 가마니를 제일 잘 짰다는 오뚤댁은 "가마니 짜서 아버지는 30장, 어머니는 10장을 이고 지고 남평장으로 팔러 다녔다"고 한다.

"다도참주가 덕에 마을이 번쩍번쩍해졌다고 어르신들이 좋아하시죠." 다도면 신동2리 신촌마을 다도참주가 장연수(52세) 대표는 '아버지 평생의 꿈'인 막걸리로 가업을 잇고 있다.

'다도참주가'는 막걸리 대리점을 하던 장 대표의 부친이 1986년 은행 대출 포함 2억 원이라는 거액을 투자해 문을 연 '다도주조장'에서 출발했다. 장 대표는 "은행 융자금은 삼 형제가 모두 돌아와 합심해 일한 2007년에야 다 갚을 수 있었다"며 "각자 사회생활 하며 틈틈이 아버지 일을 돕던 저희가 대를 이어 좋은 막걸리를 만들자고 뜻을 모아 돌아왔다"고 한다. 장 대표는 경영을 맡고 둘째는 영업을, 막내는 생산을 담당하고 있다.

2023년 '대한민국 우리술 품평회'에서 나주에서 생산한 쌀과 한라봉으로 빚은 알코올 5.5퍼센트의 생막걸리로 탁주 부문 대상인 농림축산식품부 장관상을 받은 '라봉'과 나주 딸기를 넣은 '딸링', 솔잎을 넣은 '솔막걸리', '생막걸리' 등 4종류를 생산한다. 막걸리 맛은 위생이 좌우한다는 신념으로 현대식 기술과 오동나무 상자에서 손으로 직접 만드는 입국 제조법으로 달지 않고 개운한 균형 잡힌 맛을 구현했다. 특히 식품의약품안전처에서 철저한 위생 관리를 인정받아 정부 기관이 견학올 정도라고 한다.

다도참주가와 함께 다도면의 주요 경제활동을 담당하는 남평농협 다도지점이 신촌마을에 있다. 2006년 다도농협과 합병한 남평농협은 이듬해 지방도 818호선 맞은편인 현재 위치에 하나로마트와 함께 문을 열었다.

공산면 중포리가 고향인 노명숙(69세) 씨는 "광주에서 직장 생활을 하다 남편을 만나 부녀회장(20년)과 이장(8년)으로 마을 일을 열심히 했다"며 "10여 년 전 다리 수술을 하기 전까지 꽹과리 치는 깡쇠(상쇠)를 맡아 30여 명 다도면 풍물패와 함께 나주시 세시풍속놀이에 참가하기도 했다"고 말한다. 노 씨는 "강사 등 지원이 끊겨 풍물이 사라졌다"고 아쉬움을 표한다.

신촌마을이 탯자리인 박정주(66세) 씨는 "또래들과 꼴 베러 다

마을 뒤 야산 아래까지 집이 있었는데, 형체도 알아보기 어렵게 대나무가 무성하다.

니고 개구리 잡아 구워 먹던 어릴 적 추억이 남은 고향으로 돌아오기 위해 옛 집터를 정비할 계획"이라며 "우리 집 뒤로도 산밑까지 10여 채 이상 있었는데 지금은 흔적도 찾기 어렵다"고 전한다. 20여 년 전 서울 생활을 정리하고 귀향해 방산리에 거주하는 박 씨는 '나주호환경연합' 회장을 맡고 있다.

광주광역시에서 설비 관련 사업을 하는 김○수(57세) 씨는 "고향으로 돌아올 계획으로 15년 전부터 부모님이 남겨주신 땅에 조립식 주택을 짓고 주말마다 와서 나무도 심고 땅도 고르고 해서 곧 제대로 된 집을 지으려고 한다"며 "열아홉 살 되던 해 부모님이 일찍 돌아가시는 바람에 누나랑 둘이서 초등학교 다니던 동생들을 보살피느라 안 해 본 일이 없다"고 옛일을 떠올린다.

"볏단 10여 다발을 지게에 지고 하루 종일 6~8번씩 버드재 넘어 봉황면 송현리 논에 농사지으러 다녔다"는 김○○(76세) 씨는 "그때만 하더라도 부지런히 일하면 돈도 모으고 사는 맛이 있었다"고 한다. 한사코 이름을 밝히지 말라는 김 씨는 "다도면은 동학을 소탕하기 위해 일본군이 주둔해 있던 곳이라 다른 지역에 견줘 서양 문물을 일찍 접할 수 있었다"고 덧붙인다.

신동1리가 고향인 김연덕(75세) 씨는 "한 달 내내 품앗이하며 모 찌고 심느라 눈만 뜨면 논에서 일했다"며 "4남매를 제대로 먹이지도 가르치지도 못했다"고 한다. 김 씨의 큰아들은 세지 면장을 지낸 한승원 교통행정과장이다.

마을에서 가마니를 제일 잘 짰다는 최용임(85세) 씨는 "여기는 논농사가 적어 가마니 짜는 사람이 별로 없었지만, 논이 많은 송학리 고향에선 겨우내 가마니를 짰다"며 "가마니 짜서 아버지는 30장,

어머니는 10장을 이고 지고 남평장으로 팔러 다녔다"고 한다. 최 씨는 남평읍에 있는 들의 이름을 따서 '오뚤댁'이라고 불린다.

"시숙이 키우던 말이 끄는 수레를 타고 암정리에서 결혼해 이곳으로 왔다"는 윤애임(82세) 씨는 "쌀밥은 구경도 하지 못하고 보리밥이랑 서숙밥이 주식이었다"며 "나무 해서 내다 팔아 사는 사람들이 많아 주변 산등성이가 휑했다"고 회상한다.

일곱 살 되던 해 한국전쟁을 겪었다는 한순금(82세) 씨는 "봉황면 신석리로 피난 가서 굴 파고 살았는데, 기침이 나오려고 하면 칡넝쿨을 깨물며 참아야 했다"며 "굴에서 낳은 동생이 울지 않아 '니 덕에 살았다'고 말할 정도였다"고 한다.

2019년부터 마을에 살고 있는 산포공업사 박정남(65세) 대표는 "불회사 가는 길에 집사람이 '이런 곳이면 참 살기 좋겠다'고 해서 눈여겨봤는데 일주일 만에 매물로 나왔다"며 "7,000여 평 감나무밭을 시간 나는 대로 가꿔 '가볼 만한 명소'로 만들고 싶다"는 뜻을 내비친다.

신촌마을 주민들이 회관에 모여 이야기를 나누고 있다.

인터뷰

수몰된 나주호에 있던 학교 다니던 길 눈에 선해

박민자 이장

"다도면에 초등학교가 6개 있었고, 주로 화순군 운주사로 소풍을 갔다"는 박민자(69세) 이장은 "나주호에 수몰된 판촌리에 면사무소며 지서랑 학교가 있었는데 그때 그 길들은 지금도 눈에 보이는 듯 선하다"고 한다. "함께 등·하교 하던 여자 친구들만 16명이었다"는 박 이장은 "나주호가 생기고 산업화 바람에 모두 떠나고 지금은 한 명도 없다"고 덧붙인다.

중학교를 마치고 서울에서 직장 생활을 시작한 박 이장은 "사촌 언니 소개로 구로공단의 전자부품 만드는 회사에 다니며 틈틈이 언니네 분식집 일을 도왔다"며 "3여 년 서울 생활 끝에 고향에 와서 살자는 어머니 말씀에 돌아왔다"고 한다.

방송통신대 2009학번으로 입학해 장학생으로 학사학위를 받은 박 이장은 "7남매 맏이로 어려운 가정 형편 때문에 동생들을 위해 고등학교 진학을 양보했다"며 "책을 좋아하고 못 다한 공부에 대한 열정이 있어 늦은 나이에 검정고시로 고등학교를 마치고 국문학도가 됐다"고 뿌듯해한다.

"전원생활을 꿈꾸며 주말에나 다닐까 하고 2010년 집을 지었는데, 다니다 보니 나가기 싫어져 눌러 앉았다"는 박 이장은 "친정마을이라 주민들이 어머니 같고 삼촌 같아 편하게 이장 일을 맡기로 했다"며 4년 차 이장의 포부를 내보인다.

다도면

작은 산들로 둘러싸여
이름 그대로 한적한 풍경을 주는 마을

다도면 방산2리 한적골 | 2024년 12월 16일

나주에서 가장 오래된 방산교회가 있는 한적골은 크고 작은 산들로 둘러싸여 이름처럼 한적한 풍경을 준다. 국사봉에서 시작한 맑은 물이 마을을 가로질러 나주호로 향한다. 2023년 유네스코 세계기록유산에 등재된 동학농민혁명 기록물의 핵심인 '유광화 편지'의 주인공이 마을 출신임을 알리는 '동학농민혁명 국가유공자 유광화 선생 기념비'가 있다.

국사봉(442.5미터)에서 시작한 맑은 물이 마을을 가로질러 아낙들의 빨래터로, 아이들의 놀이터로 제 할 일을 하며 나주호로 향한다. 마을 앞 하마산이 북쪽에서 내리치는 세찬 바람을 막아주는 한적골은 초겨울임에도 따스한 햇살 아래 포근하다. 국사봉·하마산 등 크고 작은 산들로 둘러싸여 이름 그대로 한적한 풍경을 자아낸다.

지방도 818호선이 화순군에 이르기 전 마지막 마을을 알리는 한적골 표지석을 따라 마을로 들어서다 처마에 매달린 감과 시래기가 볕과 바람을 쐬는 모습에 끌려 문을 두드린다. 화순군 춘양면이 고향인 김경순(74세) 씨는 "교사인 남편이 정년퇴직할 때까지 40년을 광주에서 살다 귀촌한 지 20여 년 됐다"며 "3남매 키우며 집안일만 해서 세상 돌아가는 걸 모른다"고 웃음 짓는다. 김 씨

지방도 818호선을 따라가다 한적골을 지나면 화순군이다.

는 "텃밭에 식구들 먹을 채소 키우는 재미가 여간 아니다"는 말을 더한다.

"댐이 생기면서 날 때부터 함께 했던 1,000평의 논이 사라졌다"는 김건정(79세) 씨는 "농어촌공사에 임대료를 내고 물이 차지 않은 땅에 쌀농사를 짓고 200여 평 밭에 계절마다 필요한 야채를 재배한다"며 마늘이 냉해를 입지 않도록 왕겨를 뿌리고 있다.

"인근에서 가장 잘 사는 부자마을로 옆 화순군 도암면 중장터 사람들이 돈이며 샛거리(새참의 사투리)를 빌리러 오기도 했다"는 김귀식(71세) 씨는 "젊어서 2여 년 서울에 있는 건축 현장에서 일한 것 빼곤 평생을 마을을 지키며 살고 있다"며 "본 토박이들도 있지만 외지에서 온 집들도 솔찬하다"고 한다.

나주호 수변에서 콩이며 들깨 등을 재배하는 임순임(84세) 씨는 "송정리에 살다 친척 중매로 결혼해 마을에 온 지 64년째"라며 "5남매 먹이고 가르치려고 논밭 농사를 지었고, 60년 만에 흙집을

마을회관 앞 너른 공터는 방산교회 부설 학교가 있던 자리로 '학교 마당'이라 부른다.

헐고 새집을 지었다"고 말하며 150포기나 되는 김장 준비에 여념이 없다.

"미국인 선교사 오웬(한국 명 오기원, 1867~1909년)이 1905년에 설립한 나주에서 가장 오래된 교회"라고 말문을 연 방산교회 조규전(62세) 목사는 "1916년 교회 부설로 학교를 세워 마을 사람들을 교육시킨 인연으로 지금도 회관 앞 공터를 '학교 마당'이라 부른다"며 "한국전쟁 때 경찰이 빨치산 토벌을 명목으로 마을을 불태워 소개한 뒤 예배당을 지금의 자리로 옮겼다"고 한다.

"광주서 수시로 오가는데 오늘은 집안 제사 모시러 왔다"는 유○국(57세) 씨는 "중장터와 남평읍을 오가는 군내버스를 타고 소재지 중학교에 다녔다"며 "숨쉬기도 힘들 만큼 빽빽한 만원 버스를 타고 20여 분 비포장 신작로를 달리던 통학길이 여전히 또렷하다"고 웃어 보인다.

남평읍의 요양원에 출근하러 버스 승강장으로 향하는 김정례

(63세) 씨는 "오후 5시부터 오전 8시까지 요양보호사로 일한 지 8년째"라며 "광주 살 때 1관에 500원 하던 도라지 껍질 까는 일도 했는데, 35여 년 전 건강이 나빠진 시아버지를 이어 농사짓기 위해 돌아와 생활이 안정을 찾았다"고 옛일을 떠올린다.

나주시청에서 총무국장으로 정년퇴직한 김근용(69세) 씨는 "열여덟 살에 충남 논산군 벌곡면에서 공직 생활을 시작해 2년 뒤 고향으로 왔다"며 "퇴직하고 지인 권유로 벌을 키우기 시작했는데, 벌의 특성이나 양봉 기술도 없어 지난 5년 동안 진드기 피해 등으로 시행착오만 거듭했지만 내년부터는 수익을 낼 수 있을 것"이라고 한다.

"댐으로 수몰된 쟁기머리에 방앗간도 있고 학교도 있었다"는 김성순(79세) 씨는 "외숙모 소개로 충청도 총각을 만나 서울서 살다 고향으로 돌아온 지 45년쯤 됐다"며 "서울과 성남의 단칸방에서 시부모님이랑 시댁 형제들 모시고 5남매 키우느라 건축 현장에서 밥도 해주고, 홍합이며 호떡 포장마차도 하고 오징어젓을 떼다 파는 등 안 해본 일 없이 고생했지만 가난을 벗어날 수 없었다"고 한다. "내려와서도 낮에 농사짓고 밤에 나주호에서 붕어며 빙어 잡아 새벽에 양동시장에 내다 팔았다"는 김 씨는 "주변 사람들로부터 '잠 좀 자시요! 눈에 잠이 가득하요'라는 들으며 살았다"고 덧붙인다.

공산면 상방2리가 고향인 강삼순(76세) 씨는 "친정 마을 석해들은 논이 많은 평야였는데 시집와 보니 완전 산골이라 친정 가고 싶은 마음에 맨날 울다시피 했다"며 "식구가 많아 직접 농사지은 배추랑 갓 등으로 김장을 하는데 주말에 모두 모여 버무리기로 했다"고 바쁘게 움직인다.

"고향인 마산2리가 수몰되던 스무 살 때 들어와 살다 떠나 인천에서 벽돌 쌓는 일을 40년 넘게 하다 돌아온 지 10여 년 됐다"는 임연호(72세) 씨는 "여전히 건축 현장에 다니느라 일주일에 하루이틀 정도 집에 온다"며 "옛날엔 개울을 막고 가재며 미꾸라지, 붕어를 잡아 매운탕을 끓였는데, 지금도 위쪽엔 가재가 있다"고 한다.

임진왜란 때 강릉 유씨 등이 처음 터를 잡았다는 한적골 표지석 옆엔 '동학농민혁명 국가유공자 유광화 선생 기념비'가 있다. 2023년 유네스코 세계기록유산에 등재된 동학농민혁명 기록물의 핵심으로 꼽히는 '유광화 편지'의 주인공이다. 동생에게 일제에 맞서 싸우기 위한 군자금을 요청한 '편지'는 동학혁명이 농민만이 아니라 모든 국민이 함께 참여했음을 입증하는 중요한 사료로 평가받고 있다. 계엄과 탄핵으로 어수선한 정국에 역사와 문화의 힘을 다시 생각하게 한다.

유네스코 세계기록유산에 등재된 기록물의 주인공인
'동학농민혁명 국가유공자 유광화 선생 기념비' 뒤로 한적골이 있다.

인터뷰

다도농협 문 열 때 공채 1기로 농협 생활 40년
유상호　다도면 이장협의회장

"축산과 특작 농가 지원을 위해 소신껏 일할 수 있었던 게 가장 큰 보람이다"는 유상호(71세) 다도면 이장협의회장(한적골 이장)은 "상고를 다녀 주산과 부기 자격증이 있어 다도농협 1기 공채로 농협 생활을 시작해 퇴직할 때까지 40년간 주로 경제 사업 분야에서 일했다"며 "김대중 대통령 때 농업 지원에 관심이 많았는데, 갈수록 어려워지기만 하는 농촌 현실을 지켜볼 수밖에 없었다는 것이 안타까운 기억"이라고 한다.

영산포농협에 일하던 1980년 광주민중항쟁의 기억을 꺼낸 유 회장은 "시외버스가 끊기는 바람에 광주에 교육을 받으러 다녀오다 나주에서 고립된 해남·완도 지역 농협 직원들을 오토바이로 데려다주려다 강진군으로 접어드는 고갯길에서 공수부대를 만났다"며 "계엄군이 총을 들이대며 검문할 때는 정말 죽는 줄 알았는데 간신히 빠져나와 영산포터미널에 와서 죽은 시민군을 보게 되니 등골이 오싹하더라"고 한다.

"30여 년 전 절에서 본 작품에 매료돼 나무를 깎기 시작했다"는 유 회장은 "혼자서 거북이도 깎고 새도 깎고 하다가 교직을 퇴직한 분에게서 본격적으로 목각을 배웠다"며 "알 수 없는 강한 기운이 느껴지는 학을 깎으면 더 힘이 난다"고 웃는다. 충청남도 부여가 고향인 동갑내기 부인과 3남매를 둔 유 회장이 만든 학의 좋은 기운이 널리 널리 퍼질 것으로 기대된다.

봉황면

남나주IC 개통되면
물류 최적지로 발전 기대

봉황면 용전3리 관전마을 | 2023년 3월 13일

경지 정리가 되기 전 수렁논 일구고 농한기 때 가마니 짜서 영산포 장까지 걸어가서 내다 팔았다. 2006년 《나주시지》에는 남녀 각 47명씩 94명이 살았지만 지금은 10여 가구 20명이 되지 않는 주민들만 남았다. 마을 동쪽 야산에 삼국시대 고분 3기가 있다는 기록에도 불구하고 대나무 숲만 무성할 뿐 아무런 흔적도 찾을 수 없다.

"남자들이 져주제. 그래야 마을에 풍년 들고 좋은 일 생긴다고." 화순군 도곡면이 고향인 이귀례(89세) 씨는 열아홉 살에 결혼하면서 관전마을에 들어와 70여 년을 살고 있다. "정초에 남자 여자 편을 나눠 줄다리기하고 윷놀이, 널뛰기하며 회관에 모여 놀았다"는 이 씨는 "지금은 다들 떠나고 텅 빈 마을이 됐다"며 보행 보조기에 의지한 채 발걸음을 옮긴다. 2006년 펴낸 《나주시지》에는 용전마을에 남녀 각 47명씩 94명이 산다고 기록돼 있다. 하지만 지금은 10여 가구 채 20명이 되지 않는 주민들만 남았다.

금천면에 살면서 관전마을 배 과수원을 임대해 농사짓고 있는 손두현(59세) 씨는 "엄니 배 속에서 배 농사를 지었다고 해도 과언이 아니다"며 "배 값은 30년 전보다 못한 반면 자재 값은 두세 배 올라서 농사지을 맛이 나지 않지만 '배운 게 도둑질'이라 어쩔 수

이귀례(89세) 씨 집 앞에 장독대가 가지런히 놓여 있다.

없다"며 트랙터에 오른다. 관전마을에 배 농사를 짓는 농가가 다섯 세대였지만 지금은 한 세대만 직접 농사를 지을 뿐 나머지는 모두 폐원했거나 임대를 주고 있다.

"할아버지가 동학운동을 하다 일본군에 붙잡혀 나주에서 옥살이를 하다 돌아가신 게 인연이 되었던지 역적으로 몰려 살림을 모두 뺏기고 화순군 도암면 고향을 떠날 수밖에 없었다고 들었다"는 한우희(87세) 씨는 여섯 살에 관전마을로 이사 왔다고 한다. 인근 주민의 집에 의탁한 채 오막살이를 하던 한 씨는 스물일곱 살에 장흥군 출신 부인을 만나 결혼해 4남매를 두고 있다. "작은아들이 고등학교 다니던 1980년대 들어 현재 터에 집을 지었다"는 한 씨는 "마을 앞까지 바닷물이 들어왔던 탓에 주로 논농사를 짓는 마을이었다"고 한다. 한 씨는 마을 노인회장을 맡고 있다.

남편과 아들을 교통사고로 잃은 윤애자(77세) 씨는 "남편은 2009년 추석을 앞두고 다도면 선산에 벌초하고 돌아오는 길에 맞

100여 명이 넘는 주민들이 줄다리기며 윷놀이를 즐기던 관전마을이
고즈넉한 풍경을 보여주고 있다.

은편에서 오는 차를 피하다 드들강에 빠졌고, 작은아들은 고등학생 때 교통사고를 당했다"고 한다. 장흥군이 고향인 윤 씨는 "평생 농사만 짓다 골병들어 어디 한군데 성한 곳 없이 어깨고 허리고 다리를 수술했다"며 "더 이상 혼자서 농사지을 수도 없어서 조그만 땅만 남기고 정리했다"고 한다. 불편한 몸으로 홀로 힘들게 살고 있는 윤 씨는 광주에 사는 큰아들과 손주들이 수시로 들러 위안이 된다고 한다.

관전마을에서 나서 결혼하고 살아온 박순단(70세) 씨는 "경지정리가 되기 전이라 수렁논, 삼각논 일구고 농한기 때 가마니 짜서 영산포 장까지 걸어가서 내다 팔아 보리쌀이라도 사 와야 먹고 살았다"며 "마을 앞 샘터는 마을 사람들이 모여 빨래도 하고 식수로 쓰고 했는디 마을 사람이 떠나면서 시멘트 포장에 덮여 사라졌다"고 한다. 박 씨만 남고 나머지 식구들은 1970~1980년대 산업화의 바람을 타고 생계를 찾아 모두 서울로 떠났다.

"어른들에게서 벼슬 관(官)이랑 밭 전(田)은 서로 어울리지 않아 큰 인물이 나지 않는다는 말을 듣고 자랐다"는 박남규(68세) 이장은 "마을 출신으로 40여 년 전 해병대 대령이 있었는데, 끝내 장군으로 진급하지 못하고 예편해야 했다"고 한다. 마을 뒷산의 울창한 숲에 황새가 많아 황새 관(鸛)을 써서 관전마을이었는데 조선시대 높은 관직을 지낸 마을 출신이 있어 벼슬 관(官)을 쓰게 됐다고 한다. 마을 앞에 배를 맨 흔적이 있었다고 한다.

박 이장은 마을의 앞날에 희망을 건다고 한다. "지금은 형편없이 쪼그라들었지만 마을 앞으로 지나는 고속도로가 개통되면 더 나아질 것"이라는 박 이장은 "남나주IC가 개통되고 영산포로 가는 도로를 확·포장하면 우리 마을이 물류의 최적지로 선호될 것"이라고 기대에 찬 말을 이었다. 2004년 건립된 마을회관 기념비에 쓰인 "온 주민의 총결집으로 경로 효친하는 예절의 교육장으로써 훌륭한 전통을 이어가는 요람으로 (…) 높고 높은 금성산과 푸르고 푸른 영산강과 더불어 무궁하리라"는 글귀처럼 관전마을이 오래도록 발전하기를 소망해본다.

2009년 문화재청 국립나주문화재연구소가 펴낸 〈나주시 문화유산 종합학술보고서〉에 따르면, 마을 동쪽 야산에 삼국시대 고분 3기가 있었다고 한다. 훼손이 심하고 발굴이 이루어지지 않았다는 '용전리 관전고분군'이라는 기록을 따라가 봤지만 대나무 숲만 무성할 뿐 아무런 흔적도 찾을 수 없다. 물길을 따라 터를 잡고 살았을 선조들의 모습만 그려볼 뿐이다.

인터뷰

부모님이 물려준 땅이 고향을 지키게 해

박남규 이장

"마흔 살 넘어 결혼해 어렵게 얻은 딸이 올해 대학을 졸업하자마자 교육공무원에 합격하고 발령을 기다리고 있어 더없이 행복하다"는 박남규(68세) 이장은 "결혼도 극적이었지만 집사람이 허약해서 아이를 갖기 어려울 줄 알았는데…"라며 말끝을 흐린다.

대형 벌크 트레일러에 시멘트를 싣다 추락해 3개월 병원에 입원해야 했던 박 이장은 "같은 병실에 입원한 분의 소개로 부인을 만났다"며 "왜소한 체구에 희귀한 RH-혈액형을 가진 일본인이라 대화도 쉽지 않았지만 결혼하고 5년 만인 1999년에 첫아이를 낳았다"고 한다. 2006년생인 둘째 딸은 봉황고등학교 2학년이다.

"고교를 마치지 못하고 상경해 굶지 않으려고 중식당에서 배달을 시작했다"는 박 이장은 고향에서 군 복무를 마친 뒤 1979년 1종 대형부터 특수 트레일러와 굴삭기 면허를 취득하고 광주에서 운수업을 시작했다. "손재주가 좋아 정비 등 각종 자격증도 있다"는 박 이장이지만 IMF 위기를 넘지 못하고 사업을 정리해야 했다.

"아버지에 이어 어머니까지 병환으로 쓰러지는 바람에 3~4년 정도 살아계시는 동안이라도 보살펴야겠다고 맘먹고 고향으로 내려왔다"는 박 이장은 "부모님이 물려주시고 떠난 과수원과 논밭을 남겨 두고 도시로 나갈 수 없었다"며 과수원은 폐원하고 고구마와 담배 농사를 지으며 굴삭기 일을 하고 있다.

봉황면

덕룡산 아래 산 좋고 물 좋은
철야현의 현청이 있던 마을

봉황면 철천리 철야마을 | 2023년 9월 18일

마을 입구 숲쟁이에 말없이 자리 잡은 고인돌이며 고려 중엽에 창건한 만호정, 신라 민애왕과 장보고 군대의 전투, 항일 의병, 한국전쟁 양민 학살 등 철야마을의 역사를 수백 년 느티나무들은 지켜봤다. 마을 출신으로 일본에서 사업으로 성공해 마을진입로 개설과 '리 단위 최초'로 전기가 들어오게 하는 등 고향 발전을 위해 많은 기여를 한 금하 서상록을 빼놓을 수 없다.

쌓인 시간의 무게가 마을 곳곳에 드러난다. 마한 54개 부족국가 중 하나였으며 실어산현(實於山縣, 백제), 철야현(鐵冶縣, 신라)의 현청이 있던 봉황면 철야마을. 마을 입구 숲쟁이에 말없이 자리 잡은 고인돌이며 고려 중엽에 창건한 만호정, 신라 민애왕과 장보고 군대의 전투, 항일 의병, 한국전쟁 양민 학살 등 철야마을의 역사를 수백 년 느티나무들은 지켜봐 왔을 것이다.

철야현은 1914년 행정구역 개편으로 각동리와 철천리로 나뉘었고, 철야마을은 각동리 수각마을과 철천리 수각·유촌·등내마을로 이뤄져 있다. 철야마을을 감싸고 있는 덕룡산의 한치재를 넘으면 암정리, 돈밭굴재와 매봉재를 넘어 신동리를 통해 다도면을 오갔다.

고인돌과 수백 년 느티나무가 있는 숲쟁이는 마을쉼터가 되고 있다.

수각마을 이장 정현진(76세) 씨는 "500년 넘은 고목이 곳곳에 있고 산 좋고 경치 좋고 공기 좋기로 철야 만한 곳이 없다"며 "하구언을 막기 전에는 영산강물이 마을 앞까지 들어왔다 나갔다 해서 재첩이며 칼조개 등을 많이 잡았다"고 한다.

만호정에서 만난 정국진(65세) 씨는 "서울에서 예식 사업하면서 고향 선후배들과 정기적으로 만나며 우정을 나눠왔던 터라 수도권에 지인들이 많아 노후를 고향에서 보낼 수 없을 것 같다"며 "남아 있는 집을 정리하려고 내려와 있다"고 한다.

다시면 가흥리 샛골마을이 고향인 이소례(92세) 씨는 "결혼할 때는 하나뿐인 딸이라고 트럭을 타고 왔는데 결혼하고 나서는 영산포 지나 구진포 거쳐 친정까지 걸어다녔다"며 "한국전쟁 때는 면 직원인 남편이 해꼬지 당할까 봐 무서워 저녁에 면사무소로 피난을 갔다"고 한다.

"결혼하고 농사짓다 서울로 가서 30여 년 살다 내려온 지

철야마을은 덕룡산을 병풍삼아 각동리 수각마을과
철천리 수각·유촌·등내마을로 이뤄져 있다. [드론사진촬영 최종원]

10여 년 됐다"는 임순덕(84세) 씨는 "더 이상 서울에서 경제활동이 어려워 부모님 사시던 집으로 들어왔다"고 한다. 임 씨의 고향은 빛가람동이 들어선 금천면 동악리 배맷마을이다.

'탯자리가 일자리'라는 정순옥(68세) 씨는 "요양보호사로 고향인 철야마을 어르신 세 분을 하루 3시간씩 부모님처럼 모시고 있다"며 "2018년쯤 면에서 운영하는 '찾아가는 학교'에 참가해서 방치되고 잊힌 철야마을을 소개했는데 이듬해부터 마을 나무에 약을 치고 관리하는 모습을 보며 뿌듯했다"고 한다.

등내마을 덕룡경로당에서 만난 조춘자(82세) 씨는 "덕룡산 한 치재까지 가서 갈쿠나무 하고 서숙밥 먹으며 빚까지 내서 6남매를 모두 고등학교까지 가르쳤다"며 "세지면 오봉리 고향에 부모님 드릴 술병 들고 아기를 업고 다녔던 기억이 여전하다"고 한다.

"20대 때 돌담 쌓는 일하러 제주에 잠깐 나갔던 거 빼고는 탯

고려시대 건축물인 만호정이 마을의 역사와 함께하고 있다.

자리인 등내마을에서 평생을 산다"는 서종렬(79세) 씨는 "하나뿐인 딸 키우느라 농사지으며 소를 길렀는데 IMF 때 사료 값을 감당할 수 없어 그만뒀다"며 "최근엔 농사 일도 힘이 부쳐 밭 1,500여 평을 팔아 딸 사업 자금으로 줬다"고 한다.

봉황면 송현리 송길마을이 고향인 김금자(83세) 씨는 "지금도 이어지고 있는 당산제며 문중 제사를 지내기 위해 마을 사람이 모여 전 부치고 나물 무치고 생선 찌고 떡 하고 했다"며 "멀리서 온 문중 어른들은 자고 가기도 했다"고 한다.

늦깎이 대학생 때 송월동 건설 현장에 일하러 와서 나주랑 처음 인연을 맺었다는 충청북도 영동군이 고향인 김재구(60세) 씨는 "서도훈 이장과 친분으로 10여 년 전 오랜 역사와 함께 이야깃거리 많고 사람 냄새 진하게 나는 등내마을로 들어왔다"며 "집 마당에서 주민들이랑 어울려 고기도 굽고 이야기하며 자주 어울린다"고 한다. 김 씨는 덕룡산 병풍바위며 너럭바위, 금굴, 항일 의병이며 남로당, 만호정 이야기 등을 끊이지 않고 이어간다. 특히 원일정에서 무송정, 쾌심정, 영평정에 이어 지금의 이름을 가진 만호정의 팔경이 철야의 모습을 대표한다고 말했다.

만호정 팔경은 △ 덕룡산의 갠 달빛(룡산제월), △ 금성산의 저물녘 노을(금성만하), △ 매봉우리의 아침햇살(응봉조양), △ 여우고개의 저녁노을(호현낙조), △ 수정의 맑은 바람(수정청풍), △ 연포로 돌아가는 돛배(연포귀범), △ 옥등에서 타는 거문고(옥등탄금), △ 웅사의 저녁 종소리(웅사모종)이다.

철야마을의 오랜 역사는 고려 때 병부상서를 지낸 서린을 배향하는 철천사를 비롯, 임란 때 나라를 지키기 위해 싸운 향북당 정준일과 아들 초심당 정현을 모시는 용산사 등 여러 사당과 각종 효열비와 기적비에서 드러난다. 등내마을 출신으로 일본에서 사업으로 성공해 마을진입로 개설과 '리 단위 최초'로 전기가 들어오게 하는 등 고향 발전을 위해 많은 기여를 한 금하 서상록과 작년에 서울시 상수도사업본부장(부이사관)으로 정년퇴임한 서대훈이 있다. 마을 입구 옛 서원 자리에 세워져 1977년 첫 예배를 시작한 철애교회가 있다.

인터뷰

주민이 주인 되는 방향으로 '마을 가꾸기' 이룰 터!

서도훈 이장

광주의 고등학교에 입학했지만 채 한 학기도 마치지 못했다는 등내마을 서도훈(59세) 이장은 목포의 고등학교 야구부에 합격했지만 이 역시 경제적 뒷받침이 없어 꿈을 접어야 했다. 현실의 벽에 부딪친 서 이장은 "2년의 방황 끝에 무작정 상경해서 봉제 공장에 취직했지만, 적성에도 맞지 않고 희망도 없어 고향으로 돌아왔다"며 "어려운 환경 탓만 할 게 아니라 주어진 여건에서 더 열심히 하자는 각오로 노력한 끝에 1990년 4-H 나주군회장을 맡기도 했다"고 한다.

운동감각을 '타고났다'는 서 이장은 "각종 체육행사에 봉황면 대표로 참가하면서 면사무소 직원인 집사람과 인연이 됐다"고 한다. 6년 간의 연애 끝에 1998년 두 살 아래 부인과 결혼해 아들 둘을 두고 있다. 매일 부인의 출퇴근을 담당하고 있다는 서 이장은 "집사람이 지역을 잘 알고 맡은 일을 꼼꼼히 해서 봉황 면민에게서 사랑받고 있어 자랑스럽다"고 밝게 웃는다.

"360세대나 되는 큰 마을로 아이들이 넘쳐나던 철야마을이 90세대에 불과하고 사람 수는 10분의 1로 줄어들었지만, 활력을 되찾기 위해 노력하고 있다"는 서 이장은 "시의 '마을 가꾸기 사업'에 선정돼 주민들과 함께 어떻게 효과적으로 사업을 할지 의견을 나누고 있다"며 "반으로 줄어든 사업 규모로 고민이 많지만 '주민이 주인이 되는 방향'으로 주민들과 함께 헤쳐 나갈 것"이라고 한다.

봉황면

오일장 서고 면사무소 있던 봉황면의 중심·실개천 따라 농토에 삶의 터전

봉황면 죽석1리 구석마을 | 2024년 6월 10일

음력 2월 1일 콩을 볶아 먹고 칡을 캐 나눠 먹으며 한해 농사를 준비하는 '하드레' 전통을 이어 주민잔치를 열고 있다. 환갑과 70, 80, 90세 되는 주민들이 돈을 낸다. 금천천에 합류하는 마을 앞 실개천은 논밭의 작물에 생명을 주고 아이들에겐 헤엄치고 물고기 잡으며 어울리던 놀이터가 됐다.

오일장이 서고 면사무소가 있던 구석마을은 봉황면의 중심지였다. 1914년 면사무소가 신석마을로 옮겨가고 산업화로 사람들이 떠나면서 오일장도 문을 닫았다. 오일장이 떠난 자리에 게이트볼장이며 나주소방서 봉황면 119지역대가 들어섰다.

금천면에서 이어지는 금봉로를 따라 형성된 구석마을은 야트막한 야산을 뒤로 하고 삶의 터전을 형성하고 있다. 마을 앞으로 금천천에 합류하는 실개천은 논밭의 작물에 생명을 주고 아이들에겐 헤엄치고 물고기 잡으며 어울리던 놀이터가 됐다.

같은 마을 동갑내기와 결혼해 살다 고향으로 돌아온 지 16년째인 강나임(76세) 씨는 "10여 명 또래 친구들과 함께 신작로와 논둑길로 학교에 다니고 고무줄 놀이며 공기놀이 등을 하면서 자랐다"며 "4남매 키우고 가르치느라 광주에서 30여 년 살면서 건축

현장이랑 식당 등에서 안 해본 일 없이 살았는데 나이 들어 자연스레 고향으로 돌아왔다"고 한다.

다도면 암정리가 고향인 진미식당 유남임(78세) 씨는 "며느리한테 넘기기 전까지 50여 년을 화장실도 못 갈 정도로 불 앞에서 밤새 고기 삶고 탕 끓이며 살았다"며 "어느새 '내 몸이 내 몸이 아닐 정도'로 안 아픈 데가 없어 주변 사람들한테 '골병 들려면 식당하라'고 이야기한다"고 말했다.

"친구 소개로 라디오방송 스피커 설치 일을 하던 남편을 만나 옆 동네인 신석마을에서 살다 2013년 농기계센터를 신축해 이사 왔다"는 남숙희(73세) 씨는 "인근 지역에서 소를 가져와 사고파는 소전이 설 만큼 장이 커서 고향인 다도면 방산리에서도 물건을 사러 올 정도였다"고 회상한다.

"고개를 숙여야 들어갈 수 있는 오막살이에서 신혼살림을 시작하는 바람에 새색시 왔다고 주민들이 몰려드는 '각시 구경'도 못할 정도였다"는 화순군 도암면 출신 고광순(75세) 씨는 "고생고생해서 마련한 집마저 계약서를 쥐가 물어가는 바람에 없어져 빼앗겼다"며 "지금은 배 과수원이 된 밭에선 수박이며 무, 배추를 길러 내다 팔아 생계를 꾸렸다"고 옛일을 떠올린다.

군 복무 기간을 제외하고 평생을 구석마을 사람으로 살아온 김선길(82세) 씨는 "농사일이 끝나는 겨울이면 덕룡산 너머 다도면까지 가서 땔감 만들어 장에 내다 팔아 살림을 꾸렸다"며 "방직공장에 납품하는 가마니 짜서 목돈을 만들어 4남매 키웠다"며 케이트볼을 치러 나선다.

"'신성일' 같이 잘생긴 남편이 새벽 4시부터 자전거로 한 말짜

금봉로를 따라 형성된 구석마을은 봉황면에서 역사가 오래되고 규모가 큰 마을 중 하나다.

리 막걸리 통 12개를 싣고 봉황면과 다도면 일대를 돌며 나눠주고 돌아오면 11시가 넘었다"는 김만순(75세) 씨는 "쌀농사 지으면서 짜장면 파는 식당도 하고 닭 튀김집이며 식육점 등 안 해본 일이 없다"며 "키 크고 잘생긴 남편이 신혼 초에 서울로 일하러 간다고 할 때 '영영 헤어질 것 같아 못 가게 막았던' 일이 세상 물정 모르는 순진한 일 같았다"며 웃어 보인다.

"토목과 건축을 전공한 두 아들은 건설회사 현장 소장으로, 딸 둘은 KBS 한국방송과 피아노 선생으로 각자 제 일을 하고 산다"는 다도면 덕동리가 고향인 박종임(80세) 씨는 "밭뙈기 하나 없이 몸뚱이 하나로 남의 논 빌려 농사짓고 공사 현장 일하며 말 그대로 자수성가했다"며 고생스러웠던 지난날을 되새긴다.

경기도 광주시에서 30여 년 자동차 정비업을 하다 6년 전 귀향한 최태산(52세) 씨는 "언젠가는 고향으로 돌아가야지 하는 마음을 갖고 있었는데 편찮으신 어머니를 모시기 위해 귀향을 결심했다"며 "탯자리인 고향 집 축사를 고쳐 정비소를 차리고 가스 소매업이랑 농사를 겸하고 있어 생활에 큰 지장은 없다"고 한다. 봉황면 청년회장을 맡고 있는 최 씨는 "보리 베고 난 들판에서 축구랑 야구를 하고 소 몰고 가서 풀 먹여 키웠다"며 "고향 집이 풍기는 흙냄새며 나무 냄새가 돌아오게 만들었다"고 떠올린다.

"의용소방대에 가입하고 복지센터 에어로빅 교실에 참여하는 등 '봉황사람'으로 함께 살기 위해 노력한다"는 카페 '소행성 651' 전미화(57세) 씨는 "광주에서 살며 '시골살이' 꿈을 위해 3년 넘게 장성·담양 등 인근 지역을 찾아다니던 끝에 2018년 이곳에 자리 잡았다"고 한다. 전 씨는 밀가루를 익혀 발효시킨 다음 생밀과 섞는 방식의 부드럽고 소화가 잘되는 건강식 빵으로 '일부러 찾는' 단골을 만들기도 했다고 한다.

비닐하우스를 활용해 번식우를 키우는 정영석(54세) 씨는 "개방형 축사는 통기성이 좋고 고슬고슬한 환경으로 냄새도 적어 농

정영석(54세) 씨의 비닐하우스를 활용한 개방형 축사에서 자라는 소가 길손을 반갑게 맞고 있다.

촌경제연구원이 추천하는 사육 방식"이라며 "철제 지붕이 아니라는 이유로 건축 허가를 내주지 않으려는 행정당국을 설득하느라 애를 먹었다"고 한다. 모내기를 하느라 이앙기에 모판을 옮기는 정 씨는 나주시청 정무실장을 지냈다.

'하드레'를 기억하는 사람은 많지 않다. 지금은 사라진 세시풍속이기 때문이다. 농업이 주 경제 기반이던 시절, 겨울 끝자락인 음력 2월 1일에 콩을 볶아 먹고 칡을 캐 나눠 먹으며 한 해 농사를 시작했다고 한다.

구석마을은 매년 음력 2월1일 환갑과 일흔, 여든, 아흔 살을 맞는 주민들이 십시일반 돈을 내 잔치를 여는 '하드레날'을 계속하고 있다. 마을 주민들이 모두 모이는 날은 또 있다. 중복 날과 연말인 음력 11월 10일에 한해를 결산하고 새 이장을 뽑는 마을총회가 그것이다. 넉넉한 인심으로 함께 어우러진 구석마을 잔치에 덩실덩실 어깨춤을 추며 음식을 나누는 주민들의 행복한 모습을 떠올려본다.

인터뷰

'형님·아재·아짐' 가족처럼 헌신하고 봉사하는 마음

박상국 이장

"콩과 밀 2모작 농사에 손해평가사, 이장, 각종 단체 총무 등 '1인 4~5역' 해야 해서 하루가 어떻게 지나는지 눈코 뜰 새 없다"는 봉황면 죽석1리 박상국(53세) 이장은 "고등학교에 진학하면서 떠났다가 천직을 찾은듯 고향으로 돌아왔다"고 한다.

"전망이 좋을 것이라는 기대로 신생 학과인 유전공학과를 선택했지만 흥미를 붙이지 못하고 맴돌기만 했다"는 박 이장은 "대학을 졸업하고 마트며 컴퓨터 가게 등 자영업도 했지만 다람쥐 쳇바퀴 도는 생활에 매력을 느끼지 못하다 10여 년 전 귀향하면서 삶의 활력과 재미를 되찾았다"고 밝게 웃는다.

선배의 추천으로 베트남 출신 부인을 만나 2023년 12월30일 봉황농협에서 결혼식을 올린 박 이장은 "사는 게 바빠지니 결혼도 하게 된 것 같다"며 "생활력이 강해 스스로 일자리를 찾고 정리며 살림살이가 꼼꼼하다"며 부인 자랑을 덧붙인다.

2015년 마을총회에 허드렛일이라도 돕기 위해 참석했다 주민들이 등 떠밀 듯 맡긴 이장일이 어느새 8년째라는 박 이장은 "'형님, 아재, 아짐' 하며 가족처럼 헌신하고 봉사하는 마음으로 일해오고 있다"며 "새로운 사람이 새롭게 일을 하면 또 다른 변화와 발전을 가져올 수 있기에 올해를 마지막으로 이장을 그만둘 작정"이라고 다부지게 이야기한다.

송월동

즐겁게 어울려
행복한 노년을 보내는 장수마을

송월동 2통 토계마을 | 2023년 7월 10일

토계마을 표지석에 기록된 '방죽목 추억'은 산업화 물결을 따라 도시로 빠져나가기 전 토계마을 사람들의 삶을 풍경화처럼 그리고 있다. 이곳에 막걸리 잔을 나누던 주막이 있었다. 영산강 물길이 막히기 전엔 하루 두 번 바닷물이 들어오고 나가고 해서 장어랑 숭어, 전어 등 바닷고기를 구워 먹고 황복을 부풀려 축구공처럼 차고 놀았다.

동트는 아침에 쟁기를 지게에 지고 이곳 방죽목에서
해장국에 막걸리 한사발로 하루 일을 시작하니
삽을 어깨에 멘 동네 사람들 논 물꼬 막고서
이곳 방죽목 막걸리 생각에 머무니
해름참 해는 뉘엿뉘엿 저물고 피로한 몸을
이곳 방죽목 막걸리 취기에 오늘도 나의 삶이 즐겁다네

송월동 토계마을 2통 입구의 표지석 '방죽목 추억'은 이렇게 기록하고 있다. 산업화 물결을 따라 도시로 빠져나가기 전 토계마을 사람들의 삶을 풍경화처럼 그리고 있다. 유난히도 방죽목 막걸리가 자주 나오는 이유는 이곳에 막걸리 잔을 나누던 주막이 있었기 때문이라고 한다. 한때는 마을 앞 안뜰에서 생산되는 무를 사

기 위해 전국에서 상인들이 몰렸다. 소채조합과 단무지 공장을 둘러싸고 30여 상가가 즐비했다. 마을 앞 백사장에 모래찜하러 오는 외지인들이 많아 민박집이 20여 곳에 달했다.

마을회관의 이화경로당에서 만난 이춘자(81세) 씨는 2통에서 나서 결혼하고 평생을 살았다. "초등학교 마치고 나주의 비단 공장에 다녔다"는 이 씨는 "열아홉 살 되던 해 나주 공장이 문 닫고 광주에 있는 베 짜는 공장에 다니다 스물여섯에 고향 사람과 결혼해 다시 돌아왔다"고 한다.

강진군 병영면이 고향인 박영이(69세) 씨는 "농사짓는 사람도 별로 없고 공장에 일하러 다니거나 밭일 다니는 사람들이 많았다"며 결혼하던 1980년 토계마을의 기억을 떠올린다. "우리는 쌀농사를 짓고 있어 굶지는 않았다"는 박 씨는 "큰비가 오면 논이 물에 잠기는 바람에 농사를 망쳐 굶는 사람들도 있었다"고 한다. 박 씨는 10여 년 전부터 마을 앞 안뜰에서 복숭아 과수원을 하고 있다.

이춘자 씨와 함께 비단 공장을 다녔다는 이영희(82세) 씨는 "결혼하고 중매인을 하던 남편과 함께 과일을 팔아 4남매를 키웠다"며 "처음 마을에 왔을 때 아이들 이름을 넣어 '○○엄마'로 부르거나 남편 이름을 따라 '○○네' 하며 부르던 것이 낯설게 느껴졌다"고 한다. 그때만 하더라도 '○○댁' 하고 댁호를 부르던 것이 일반적이었는데 독특하게 기억에 남는다는 것이다.

마을에 접해 있는 호남비료공장(호비)에 다니던 아버지 따라 세 살 때 이사 왔다는 홍현식(68세) 씨는 "20대 초반에 3여 년 호비에서 일하다 옥탄올 공장으로 바뀌면서 여수의 비료 공장으로 옮기지 않고 눌러앉았다"며 "나주역과 농협양곡 등에서 30여 년

마을 입구에 마을 사람들의 삶을 기록한 방죽목추억 표지석이 있다.

상하차 작업을 하며 생계를 이어왔다"고 한다.

여전히 탯자리에서 살고 있는 이장록(66세) 씨는 "20대 때 10여 년 부산에서 침술을 배우고 일한 시간을 빼면 평생을 이 집에서 살고 있다"며 "삼촌 소개로 침술과 인연을 맺었지만 합법화를 이루지 못해 꿈을 접고 고향으로 돌아왔다"고 한다. 고향으로 돌아와 건축 일로 가계를 꾸려왔다는 이 씨는 "마을에 아이들 웃음소리가 그친 지 오래고 평생 일만 하신 어르신들이 흐르는 시간만 바라보고 있는 것이 안타깝다"고 덧붙인다.

다도면 암정리가 고향인 김금례(80세) 씨는 "논이 물에 잠기고 흉년이 들 때는 정부 구호미를 받았다"며 "정부가 준 쌀은 겉보기엔 번들번들하지만 찰기가 없어 밥맛이 없었다"고 한다. 1944년생 김 씨는 "아이들이 크다 죽는 일이 많아 10년 늦게 호적에 올리는 바람에 1966년생 큰아들하고 호적상으로 열두 살 차이다"며 웃어 보인다.

"셋째 아들이 일하다 뇌졸중으로 쓰러져 결혼도 못하고 집에만 있다"는 황봉임(90세) 씨는 "봉황면 운곡리에서 살다 스물한 살에 결혼하고 화남산업에 다니며 영산강변 하천 부지에서 농사지어 6남매를 키웠다"고 한다. 김 씨와 황 씨는 마을 안에 있는 녹두경로당에서 주로 시간을 보낸다. 녹두경로당은 마을에 경로당이 없던 시절 고(故) 김녹두 할머니(살아 계시다면 128세)가 살던 집을 마을 사람들이 어울리는 공간으로 내놓은 이래로 지금껏 이어지고 있다고 한다.

올해로 100년이 된 새남부교회에 2009년에 부임한 장철희 목사(53세)는 "동 지역이긴 하지만 순박하고 착한 마을 사람들이 매력적"이라며 "예배에 성실히 임하시고 교회를 내 집처럼 가꾸시는 신도들이 많아 행복하다"고 한다.

송월동에서 지대가 제일 높아 '깃대봉아리'로 불리기도 했던 2통은 다른 마을에 1~2명에 불과한 아흔 살 이상 어르신이 9명이나 된다. 즐겁게 어울려 행복한 노년을 보내는 장수마을의 전통이 계속 이어지길 기대해본다.

송월동에서 가장 높은 지역이라 깃대봉아리라 불리기도 했다.

인터뷰

10·26사태로 회사 문 닫고 결혼도 못할 뻔

김춘택 통장

"느닷없이 결혼식 전날 계엄이 선포되는 바람에 결혼식을 못할 뻔했어요."

1979년 10월 27일로 결혼식 날을 잡았던 김춘택(75세) 통장은 전날 벌어진 10·26사태의 충격을 잊을 수 없다고 한다. 비상계엄으로 금지된 옥외집회에 결혼식은 해당되지 않아 다행히 결혼할 수 있었다고 한다.

"부산으로 신혼여행을 가려고 했는데 밤 10시 통행금지 때문에 서대구역에서 내려야 했다"는 김 통장은 "한밤중에 낯선 서대구역에 내리자마자 여관 주인이 우리 여행 가방을 낚아채 가는 바람에 뒤쫓아가서 한바탕 크게 싸워야 했다"고 당시를 떠올린다. "갑자기 당한 상황에 앞뒤 가리지 않고 주먹부터 날아갔다"는 김 통장은 "경찰이 와서 호객 행위를 한 여관 주인과 화해하고 그 집에서 첫날밤을 보냈다"며 웃음 짓는다.

20세가 되던 1968년에 정밀공장을 운영하던 외삼촌의 회사 주소와 전화번호만 쥐고 상경한 김 통장은 "기술을 배워야겠다는 마음으로 부모님께 통보하고 올라갔다"며 "기술 배우는 사람이 기술자보다 많으니 나중에 다시 오라는 외삼촌 말이 야속했지만 억지로 우겨서 기술을 배웠다"고 한다.

"잘 나가던 회사가 갑자기 부도가 나면서 5년 만에 청계천의 공장에 공장장으로 취직했다"는 김 통장은 "단골로 다니던 전주

식당 사장님으로부터 조카를 소개 받았다"고 한다. "식당 사장님과 함께 전주에 가서 처음 만났을 때 서로 맘에 들었다"는 김 통장은 "두 번째 만났을 때 통금 직전에 처갓집에 가서 '따님 고생시키지 않겠다'며 결혼하겠다고 했다"고 한다.

"늘어나는 거래처랑 신뢰가 쌓이면서 잘할 수 있겠다는 자신이 생겨 1978년에 회사를 차렸다"는 김 통장은 "사업이 정상화되려던 참에 터진 전두환의 군사 쿠데타로 국가 경제 전체가 멈추는 바람에 공장 문을 닫고 잠시 쉬자는 생각에 내려왔다 지금껏 고향을 지키고 있다"고 말했다.

송월동

영화촌에 시청 등이 들어올 때
새로 조성된 택지로 이주해 와

송월동 7통 내동마을 | 2024년 2월 5일

나주시청을 감싸안은 대포리봉의 산허리를 차지한 과수원이 사라지고 공공기관들이 들어왔다. 이곳에서 배농사를 짓던 영화촌 사람들은 이웃한 내동마을 앞 농지에 조성된 택지로 이주했다. 1985년 나주시청이 들어선 데 이어 나주교육지원청(1989년)과 실내체육관(1991년), 나주문화원(2006년) 등 공공기관이 자리를 잡았다.

영화촌에 살다 내동마을로 이주한 이길선(75세) 전 나주시의회 의장은 "탯자리에 들어선 시의회에서 의장으로서 봉사할 수 있었던 것은 잊을 수 없는 영광"이라며 "목포며 해남, 완도에서 오가는 화물차 먼지가 자욱한 국도 1호선 신작로를 따라 학교 가는 길에 완사천 샘물을 마시며 선후배들이랑 어울렸다"고 한다. 1978년 과수원 자리에 운전면허학원을 설립·운영한 이 의장은 초대 나주시의원에 당선된 뒤 내리 4선을 하고 제4대 나주시의회(2002~2006년) 의장을 지냈다.

완사천은 고려를 건국한 태조 왕건과 관련된 전라남도 기념물(1986년)이다. 왕건이 고려를 건국하기 전인 903~914년 동안 나주에 머물렀는데, 완사천에서 장화왕후가 된 오씨를 만나 인연을 맺고 제2대 왕 혜종을 낳았다고 전한다. 이후 왕을 낳은 동네라 하여 홍룡동(興龍洞)이라 부르게 되었다고 한다.

"임신한 몸으로 아이를 업은 채 감을 머리에 이고 새벽 5시 통학 기차를 타고 목포로 팔러 다녔다"는 나순례(91세) 씨는 "영암군 신북면 고향에서 막내딸로 곱게 자라 도시로 시집온다고 왔는데, 복숭아며 감 등을 팔아 6남매를 키웠다"고 한다. 나 씨는 "지난해 노선을 개편하면서 마을 앞을 지나던 시내버스마저 끊기는 바람에 여간 불편한 게 아니다"고 아쉬움을 나타낸다.

화순군 도암면이 고향인 박대님(96세) 씨는 "일제의 공출을 피하기 위해 17세에 결혼해 바위 투성이인 깔끄막(벼랑·언덕의 방언) 사이에 있는 둥구모퉁이(현 나주종합스포츠파크 인라인경기장 터)에서 30여 년 살다 이사 왔다"며 "복숭아가 빨리 상하고 시세가 없어 배로 바꾸고, 팔러 다니느라 얼마나 이고 다녔던지 큰 며느리가 '어머니 머리가 다 상했다'며 울기도 했다"고 한다.

"고향인 다시면 영동리는 논농사가 많아 겨울만 되면 가마니 짜느라 쉴 틈이 없었는디, 과수원이 딸린 기와집으로 시집오니 별천지였다"는 홍옥순(79세) 씨는 "작년 여름엔 대기업에 다니는 큰아들의 친구들이 인사하러 와서 용돈도 주고 갔다"며 목소리에 힘을 준다.

영산동 이웃의 소개로 결혼했다는 김순금(86세) 씨는 "수레에 복숭아랑 감을 싣고 나주와 영산포 곳곳을 다니며 팔았다"며 "남편이 감 따다 떨어져 엉치뼈를 다치는 바람에 1년여나 병원 생활을 하는 동안 아이들 먹일 게 없어 눈물을 흘리기도 했다"고 한다. 김 씨도 영화촌에 살다 내동마을로 옮겨왔다고 한다.

송월동 6통인 홍룡동에서 살다 30여 년 전 내동마을로 이사

신임 인사차 내동마을을 찾은 노부기 송월동장(오른쪽 첫 번째)이 주민들을 만나고 있다.

왔다는 신진옥(81세) 씨는 "과수농사를 지으며 화물차로 시작해서 버스와 택시 등 40년 넘게 운전 일을 하다 4년 전에 개인택시를 팔았다"며 "집사람이 국립암센터에 입원한 지 4년째인데 회복될 기미가 없다"며 길게 담배연기를 들이마신다. "2명의 형들이 어려서 죽는 바람에 돌이 지난 뒤에야 호적신고를 했다"는 신 씨는 2016년에 새집을 지었다.

"틈나는 대로 사진 찍으러 출사 나가고 스쿠버다이빙이며 캠핑 등 여유로운 삶을 즐기고 싶다"는 파랑새광고기획 이현주(50세) 대표는 "한전 나주지사 인근에서 사업을 하다 확장하기 위해 넓은 부지를 찾아 가깝고 통행이 편리한 이곳으로 왔다"고 한다.

삼영동에서 건축 일을 하다 '반듯한 집에서 노후를 보내기 위해' 25년 전 이사 왔다는 나석홍(79세) 씨는 "한 때는 실내체육관에서 다양한 행사가 열려 동네가 북적북적했는데, 지금은 목욕탕

평택 임씨 선산에서 바라본 내동마을 전경.

도 문을 닫고 병원도 멀어 불편하다"며 "최근 옛 모습을 되살린 영강동 영산포역 대합실에 모여 옛 이웃들이랑 윷놀이하며 놀다 왔다"고 한다.

60년 넘은 고택을 사서 고쳤다는 정원식(64세) 씨는 "2018년에 군에서 전역한 집사람과 함께 이사 와서 장모님을 모시고 있다"며 "대학을 마치고 담양군 봉산면에서 아버지의 정미소 일을 도우며 대학원 진학을 준비하던 중 지구과학 선생으로 교직과 인연을 맺었다"고 한다. 광남고에서 32년을 근무한 정 씨는 2019년 교감을 끝으로 명예퇴직했다.

마을 뒤편에 주민들이 텃밭에 작물 키울 때 사용하는 우물과 평택 임씨 제각인 향선재가 있다. 지난해 10월 600년을 기념해 심었다는 은목서 한그루가 평택 임씨 선산임을 알려준다. 앞으로 600년 후 내동마을이 어떤 모습으로 기억될지 상상해본다.

인터뷰

마을 앞 물길에 가재 잡으러 다니고 함정고개 기억
신정수 통장

"척후병으로 복무한 월남전에서 죽을 고비를 수없이 넘겼다." 신정수 통장(77세)은 군 생활의 기억을 용수철처럼 떠올린다. "군기가 센 백골부대의 군 생활이 힘들어 자원했다"는 신 통장은 "맨 앞에서 척후병으로 작전하던 중 베트남군이 매설해 놓은 죽창 덫에 찔리기를 밥 먹듯 했다"며 종아리에 남아 있는 상처를 보여준다. 신 통장은 베트남에서 14개월을 보내고 귀국했다고 한다.

군 복무를 마치고 1972년부터 아버지를 도와 건축 일을 시작한 신 통장은 "영산강 둑이 범람해 삼영동에 큰 물난리가 난 뒤 직접 집을 지어 이사 온 지 32년째"라며 "나주 인근에 600여 채가 넘는 집을 지었다"고 웃어보인다.

산포면이 고향인 부인과 결혼한 지 50년이 됐다는 신 통장은 "친구 따라갔다가 얼떨결에 만난 집사람과 인연이 돼 연애결혼해 남매를 두고 있다"며 "집사람이 B형 간염을 제대로 관리하지 못해 암이 되는 바람에 고생하다 딸에게서 간을 이식받은 지 15년째"라고 부인 걱정을 털어놓는다.

"마을회관 뒤로 대포리봉에서 내려오는 물길이 있어 친구들과 가재 잡으러 다닌 기억이 있다"는 신 통장은 "내동마을로 들어오는 입구에 '호랑이를 잡기 위해 함정을 파 놓았다' 해서 이름 붙여진 함정고개(현 롯데마트 앞을 지나는 옛 국도 1호선 구간)가 있었다"고 옛 추억을 떠올린다.

송월동

논밭에 아파트 들어서고 상가 문 열어
나주의 대표 상권 이뤄

송월동 9~11통 주공아파트 | 2024년 10월 27일

도서관과 마트가 가깝고 주변 어디든 산책하기 좋은 최적의 주거환경을 갖춘 송월주공아파트. 아파트 앞을 지나던 옛 국도 1호선 '나주로'와 '남고문로' 개설로 버스 승강장이 생겨 교통이 편리해졌다. 송월주공아파트는 금성산에서 흘러내린 물로 모를 심고 무·배추를 기르던 땅에 1996년 한국토지주택공사가 조성한 11개 동 970세대 2천여 주민들의 삶의 터전이다.

금성산 월정봉과 재신산 사이에서 흘러내린 물로 모를 심고 무·배추를 기르던 땅에 아파트가 들어섰다. 1994년 한국토지주택공사가 착공해 1996년 입주한 11개 동 970세대 2천여 주민들의 삶의 터전인 송월주공아파트를 둘러싸고 '신도시'가 형성됐다. 여전히 나주의 대표 상권 중 하나를 이루고 있는 오래된 슈퍼와 식당 등 상가가 문을 열고, 아파트 앞을 지나던 옛 국도 1호선은 '나주로'가 되었다. 국도 13호선과 만나는 '남고문로'가 개설되고 버스 승강장이 생겨 교통이 편리해졌다.

"경제적 어려움에 처한 젊은 주민을 동 복지팀에 연결해서 긴급지원자금을 받도록 했는가 하면, 바깥출입을 않고 홀로 아이를 키우던 가정에 반찬을 전해주고 어르신들 목욕권 전달하다 보면

금성산 월정봉을 배경으로 송월주공아파트가 자리하고 있다.

한 달이 어떻게 지나는지 모른다"는 신영희(64세) 통장은 "열심히 일하는 자체가 보람"이라며 "갈수록 어르신들만 남는 것 같은 세태가 안타깝다"고 한다. 남내동 출신으로 1996년 말 입주해 지역의 변화를 지켜봐 온 '본토박이'인 신씨는 11통 통장을 맡으며 '송월동 주민자치회장'으로 지역주민들의 삶과 함께하고 있다.

서울과 광주에서 사업과 직장생활을 하다 10여 년 전 이사 온 임성만(72세) 씨는 "고향인 남평읍을 떠나 객지에서 건설 현장일이며 시내버스 운전 등을 하다 집사람이 먼저 떠나 혼자 남게 돼 광주 생활을 정리했다"며 "쾌적한 노후와 편리한 삶을 위해 이곳으로 왔다"고 강아지와 함께 산책길을 나선다.

"음반을 10여 개 내는 등 활발하게 밴드 활동을 하다 코로나로 음악시장이 위축되는 바람에 그만뒀다"는 오○영(31세) 씨는 "식자재 사업에 뛰어들었는데 실패하는 바람에 더 이상 서울 생활을 버틸 수 없었다"고 한다. "비어 있던 할머니 집에서 새로운 시작을 준비하겠다"며 이삿짐을 정리하러 발걸음을 옮긴다.

5·18항쟁 당시 외신기자가 찍은 '광주 남동 거리에서 군인의 곤봉을 피해 달아나는 청년'이 자신이라는 김우식(63세) 씨는 "처참한 현장을 피해 짐발이 자전거를 타고 나주로 오다 서창교 검문소에서 '학생도 아니고 데모하는 사람도 아니다'고 사정해 통과했는데, 잠시 후 뒤에서 '저놈 잡아라' 하는 바람에 죽어라 페달을 밟아 간신히 살 수 있었다"고 기억을 되짚는다.

"마흔 넘어 늦게 시작한 만큼 열심히 공부해서 사회복지사·요양보호사 등 4개의 자격증을 취득했다"는 상가 슈퍼 윤미영(47세) 씨는 "당장은 생업에 충실하겠지만 언젠가는 자격증을 활용해 새 일을 해보고 싶다"는 바람을 꺼내며 "젊은 층이 빛가람동으로 이동하는 바람에 아이들이 찾던 과자류 매출이 많이 줄었다"고 한다.

20번 넘게 이사 다니며 살다 갖게 된 '첫 내 집'이라는 김모리(93세) 씨는 "울돌목으로 유명한 해남군 군내면 우수영에서 왜정시대와 6·25전쟁을 겪고 난 뒤 결혼해 광주 송정리에서 감이며 포도 등 과일을 머리에 이고 장성군 등으로 다니며 팔아 6남매를 키웠다"고 한다. "천주교 집안이라 태어날 때 받은 세례명(모니카)을 따라 이름을 지었는데, 다들 이름이 이쁘다고 이야기한다"며 천진하게 웃어 보인다.

봉황면 철천리 '철애마을 서씨'라고 말문을 연 서귀남(87세) 씨는 "충남 서천 출신의 '양반 군인'이라고 어른들이 맺어줘 남편 복무지인 강원도 일대에서 20여 년을 보냈다"며 "군에서 퇴직하고 호남비료공장에 취직하면서 토계동 삼도리에 터를 잡아 살다 새 아파트로 이사 왔다"고 한다.

"빛가람동 우정사업정보센터에서 보이스피싱을 당한 피해자의 계좌 정지 등 금융 피해 예방 업무를 담당하고 있다"는 문○인(53세) 씨는 "도서관이랑 마트가 가깝고 주변 어디든 산책하기 좋고 한적한 게 나한테 최적의 주거환경"이라며 만족해한다.

작년에 '복잡한 서울'을 떠나 이사왔다는 이태우(68세) 씨는 "바다를 좋아해 은퇴하면 강원도 삼척에서 노후를 보내려고 했는데, 우연한 기회에 남도 바다를 다니다 나주와 인연이 됐다"며 "장애인의 활동을 보조하는 봉사활동을 위해 시간이 되는 대로 장애인들과 함께 바다로 나간다"고 한다. 이 씨는 "아들뻘 되는 아이들이 만족해하는 모습에 행복하다"고 덧붙인다.

"쉰세 살 되던 해 손주 봐주러 성북동 주공아파트에 왔다가 여기 와 산 지 25년 됐다"는 김옥자(89세) 씨는 "35세가 된 큰아이 아래로 손주 다섯을 내 손으로 키웠는데, 다들 잘 커 줘서 뿌듯하다"며 "다음 달 결혼하는 외손녀 결혼자금 보태고, 내년에 대학생이 되는 막내 손주 등록금도 줘야 해서 아직 돈 쓸 데가 많다"고 크게 웃는다. 세지면 벽산리가 고향인 김 씨는 "평생 5남매 잘 되기만 바라며 살았는데 나이 드니 안 아픈 데가 없다"고 한다. 김 씨의 웃음이 그치지 않고 세상을 포근하게 감싸주는 그날을 꿈꿔본다.

인터뷰

주민들 말 빼놓지 않고 메모하고 행동해
한난영 아파트자치회장

자치회장을 맡은 한난영(63세) 회장은 "아파트 자치를 어떻게 해야 할지 아직 고민이 많아 자리만 봐도 '멘붕'이 올 지경"이라며 "30여 년을 함께 살아온 주민들과 함께 더 좋은 아파트를 만들기 위해 최선을 다하겠다"는 포부를 밝힌다.

함평군 대동면이 고향인 한 회장은 "어려서부터 쌀이며 고구마를 이고 고막원역까지 걸어와서 기차로 영산포역 앞 큰집에 다녔다"며 "생신이나 제사 때는 오는 길에 있는 문평면의 물레방앗간에서 떡을 해 오기도 했다"고 옛일을 떠올린다.

"야간고에 다닐 수 있다는 말에 서울 구로동의 무역회사에 취직한지 석 달 만에 회사가 문을 닫아 조그만 봉제공장에서 일했다"는 한 회장은 "제대로 하늘도 보이지 않는 반지하 공장에서 4년여 일하다 큰집에 왔는데 큰아버지가 '성실한 남자'라며 만나보라고 해서 캄캄한 다방에서 잠깐 보고 결혼했다"며 "40여 년을 한 직장에서 근무할 만큼 '성실 하나는 인정'해야 한다"고 웃음 짓는다.

4년째 나주시의 기간제 근로자로 빛가람동 호수공원에서 잡초 제거 일을 한다는 한 회장은 "사람들과 함께 일할 수 있다는 자체가 큰 재미"라며 "풀 뽑는 일에 자부심을 갖고 일한다"고 말한다.

자녀 이야기에 한 회장은 "아빠를 닮아 성실히 직장에 다니는 아들과 결혼하고 직장을 그만두고 살림하는 딸이 더 행복하기만 바랄 뿐"이라며 밝게 웃는다.

| 영산동 |

전남 남부 도매시장 오일장 옮기고
발길 끊긴 골목은 '썰렁'

영산동 10통 | 2023년 8월 28일

영산동 주민센터 일대는 일제강점기에 영산포의 중심인 '본정통'으로 해방 후 본영동으로 불리다 1981년 시로 승격될 때 영산동이 됐다. 국도 13호선 영산대교 건너 대신이발관에서 10통이 시작된다. 주민들은 '본영동의 옛 영화'를 추억하며 살아가고 있다. 1712년 대호동 율정마을에 창건, 1960년 10통의 경계가 되는 언덕인 지금의 자리에 터를 잡은 나주시 향토문화유산 제18호인 경주 이씨 영강사가 있다.

일제 식민 통치하에서 일본인들이 모여 살던 중심 시가지를 '본정통'이라 했다. 서울의 충무로, 전라도 광주의 충장로가 그곳이다. 영산포는 영산동주민센터 일대가 본정통이었으며 해방 후 본영동으로 불리다가 1981년 금성시로 승격되면서 영산동이 됐다.

　80년 넘게 전라도 남부 지역의 도매시장 역할을 하던 '영산포 오일장'이 2003년 이창동으로 이전하고, 나주시노인복지관과 주민센터가 들어왔지만, 마을은 온기를 잃고 사람들은 떠났다. 점포와 사람들로 북적이던 영산포 상권의 중심지가 인적마저 드문 썰렁한 골목길만 남았다. 골목길마저 소방도로가 난 뒤 곳곳이 끊어지고 말았다. 영산동 10통의 2023년 풍경이다.

　국도 13호선 영산대교 건너 대신이발관에서 10통이 시작된다. 대신이발관 김형태 사장(74세)은 25년간 도로 건너에서 이발관을 하다 이곳으로 옮긴 지 8년째다.

"저녁 6시면 전깃불이 들어오고 학생들이 바글바글한 번화가였다"고 이야기를 시작한 김 사장은 "저희 교육을 위해 부모님이 도시로 나온 것이 영산포와 인연이 됐다"며 "호롱불 켜고 살던 고향 해남군에서는 상상할 수 없던 새로운 세상을 만났다"며

오일장을 오가던 사람들로 북적였을 영산동 10통의 골목길이 텅 비어 있다.

60여 년 전을 기억한다.

"이발 솜씨도 좋고 농사짓는 정보도 함께 나누다 보니 단골이 됐다"는 노영기(74세) 씨는 "김 사장이 군 복무 중 사고로 다리를 다쳐 절고 있지만 마음씨가 참 좋은 사장님"이라며 왕곡면에서 매달 꼬박꼬박 이발하러 이곳을 찾는다고 한다.

대를 이어 60년째 지업사를 하고 있는 김박(81세) 씨는 "영산강을 헤엄쳐 건너려다 생각보다 센 물살로 죽을 뻔하기도 했다"며 "복지관에서 만나는 어릴 적 친구들과 물놀이하고 새조개 잡던 이야기하며 추억을 나누기도 한다"고 한다.

"열여덟 살에 결혼하면서 고향인 왕곡면 양산리를 떠나 지금까지 살고 있다"는 박복경(96세) 씨는 "지금은 직불금도 있고 보

험도 있지만 옛날에는 비가 많이 와서 논이 물에 잠기거나 가뭄에 말라 죽어 수확이 적을 때는 꼼짝없이 굶어야 했다"며 "평생 농사지어 9남매를 키웠다"고 한다.

20년 넘게 서울에서 살다 탯자리로 돌아온 지 25년째라는 이복남(75세) 씨는 "일자리를 찾아 무작정 상경해서 음식점 배달부터 시작했다"며 "강원도 제재소에서 나무를 사다 옷걸이 만드는 사업을 했는데 망해서 답십리 배추밭의 시래기를 주워다 죽을 쒀 먹고 살기도 했다"고 한다. 선창에 홍어 배가 들어올 때를 떠올린 이 씨는 "친구들이랑 홍어 배에 오르락내리락하며 놀기도 하고 홍어 하역하고 사고파는 광경을 구경하면서 자랐다"고 말했다.

"배에서 홍어랑 갈치며 멸치를 사서 기차 타고 장성군까지 팔러 다녔다"는 송영자(80세) 씨는 "젊을 때 장사를 시작했는데 혹여 아는 사람 만날까 봐 다른 지역으로 다녔던 것"이라고 한다. 50년 넘게 장사를 하고 있다는 송 씨는 "영산강 재첩은 크기도 크고 맛도 좋아서 갈퀴로 긁어 잡아다 끓여 먹던 죽의 맛을 아직도 기억한다"며 "바닷물이 열려 재첩이 다시 돌아오길 기대한다"는 바람을 조심스레 꺼낸다.

다도면이 고향인 김순임(68세) 씨는 "금천면에서 논농사 짓기 위해 1997년에 운전면허를 땄다"며 "10리가 넘는 길을 걸어서 다니기도 하고 자전거를 타고 다니기도 했다"고 한다. "영산포에서 가장 낙후된 동네가 됐다"는 김 씨는 "변변한 마을회관이나 우산각이 없어서 사람들이 함께 모이는 것조차 어렵다"고 한다.

주소가 적힌 쪽지를 들고 골목 이곳저곳을 돌아다니던 곽성신(67세) 씨는 "집사람이 건강이 좋지 않아 광주를 벗어나 공기 좋은

영산동 주민센터에서 바라본 10통 전경.

곳에서 요양하며 노후를 보내기 위해 찾아왔다"며 "교통도 나쁘지 않고 한적한 게 살기에 좋을 것 같다"는 기대감을 나타낸다. 지나던 주민들의 도움으로 주소를 찾은 곽 씨가 영산동에 정착해 살기를 희망한다.

한때 셋방을 구하기 어려울 정도로 많은 사람이 살던 10통엔 25세대만 남았다. 잡초만 자리를 지키고 있는 빈 집터가 곳곳에 보이고 중간 중간 철제 가림막에 가려져 있는 곳도 있다. 그럼에도 주민들은 '본영동의 옛 영화'를 추억하며 살아가고 있다. 10통의 경계가 되는 언덕에 나주시 향토문화유산 제18호인 경주 이씨 영강사가 있다. 1712년 대호동 율정마을에 창건됐던 영강사는 1960년 지금의 자리에 터를 잡았다. 마을 가운데에는 상수도가 들어오기 전까지 수십 년간 주민들의 식수를 해결했을 우물이 파란색으로 새 옷을 입고 자리하고 있다.

인터뷰

아기자기한 골목길 특성 살린 도시 재생 했으면…
이상필 통장

섬유회사에서 1년을 일하다 목수 일을 하게 됐다는 이상필(66세) 통장은 "초등학생 때 본영동에 즐비하던 가구공장에서 배운 대패질이 그렇게 대접받을 줄 몰랐다"며 "건축 현장의 목수 수입이 공장에서 일할 때보다 훨씬 많았다"고 기억한다.

이창동 용산마을이 고향인 이 통장은 큰 홍수가 난 1989년에 10통으로 이사 왔다. "셋방살이 시절 아이들끼리 싸우고 나면 집주인 눈치가 여간 껄끄러웠다"며 "침수된 집을 사서 내 손으로 직접 수리해서 살았다"고 한다.

"사람 인연이란 게 따로 있구나"라며 말문은 뗀 이 통장은 "영암군 신북면에 건축 일로 갔다가 만난 장모님이 '착하고 성실하다'며 딸을 소개했다"고 한다. 이 통장은 "묵묵히 가정을 일구고 3남매 키워 온 집사람이 한없이 미안하고 고맙다"고 덧붙인다.

8년째 통장 일을 하는 이 통장은 새마을지도자회 나주시협의회장 등으로 경제 사정이 어려운 이웃과 어르신들의 집을 고쳐주는 봉사활동을 꾸준히 하고 있으며 3년 전부터 전국농업기술자협회 나주지회장을 맡고 있다.

"채소를 팔고 사는 사람들로 북적이던 골모실길이 텅 비었다"는 아쉬움을 나타낸 이 통장은 "아기자기한 골목길이 많은 10통의 특성을 살려 사람들의 발길을 끌어올 수 있는 도시 재생의 모델을 만들었으면 한다"는 바람을 조심스레 내놓는다.

| 영산동 |

도시 재생으로 부활 꿈꾸는 상업 중심

영산동 2~4통 선창 | 2024년 3월 11일

남해에서 조업한 어선들이 유일한 내륙등대가 있는 영산포 선창으로 몰려들어 자연스레 생선이며 젓갈을 파는 어시장이 형성됐다. 죽전골목과 선창 일대는 상인과 소비자들로 발 디딜 틈이 없을 정도였다. 본채는 이창동, 앞마당은 영산동에 속하는 영산나루는 카페이자 펜션, 레스토랑을 겸하는 복합문화공간을 표방한다. 일제 수탈의 상징인 동양척식회사 문서고가 이곳에 있다.

영산강변을 매립한 평지엔 일본인들이 살고 언덕배기엔 부두 노동자들이 살았다. 일제의 수탈 거점이었던 만큼 쌀이며 소금 등을 저장하는 창고와 동양척식회사, 일본인 가옥 등의 흔적이 남아 있다. 1992년 나주시가 펴낸 《나주시마을유래지》에는 항동과 중앙동으로 기록돼 있다.

 남해에서 조업한 어선들이 유일한 내륙등대가 있는 영산포 선창가로 몰려들고 자연스레 생선이며 젓갈을 파는 어시장이 형성됐다. 죽전골목과 선창 일대는 인근 지역에서 온 상인과 소비자들로 발 디딜 틈이 없을 정도로 붐볐다. 당연히 대중교통이 지나는 요충지로 1970년대 중반까지 금성여객, 장흥여객, 광주여객의 버스터미널이 있었다. 명실상부 상업 도시의 면모를 자랑했다.

 "1960년대 중반부터 부모님이 운영하실 때는 여름에 장어, 겨

유일한 내륙등대가 있는 영산포 선창을 중심으로
생선과 젓갈을 파는 점포들이 즐비했다고 한다.

울에 황복을 취급했다"는 영일복집 양지연(71세) 사장은 "함석 상자에 얼음을 넣어 저장하던 때라 제철에 나는 생선으로 요리할 수 밖에 없었다"며 "동강면 양지리 주민들이 잡아온 생선을 주로 사용했다"고 한다. 1980년대 중반 미국으로 이민 가서 5여 년 살다 돌아와 부모님의 식당을 물려받은 양 사장은 "낯선 땅에서 고생한 만큼만 하면 고향이 훨씬 살기 좋겠다는 생각에 돌아왔다"며 "그때 고생은 말로 다 할 수 없어 그저 눈물만 난다"며 눈시울을 붉혔다.

경남 남해군이 고향인 금산수산 홍희정(52세) 대표는 "홍어를 젊은 사람들이 쉽게 접할 수 있는 고급 음식으로 알리고 싶다"며 "명절 잔치 음식이라는 이미지를 벗기 위해 소량으로 고급진 보자기에 포장해 판매하고 있다"고 한다. "여수시의 검도장에서 대학생인 남편을 만나 결혼했다"는 홍 대표는 "죽림동 삼성아파트에서 유모차를 끌고 가게까지 걸어오면서 아이와 꽃이며 나무, 새 등 자연 이야기를 하다 보니 나주가 더 좋아졌다"고 덧붙인다.

"아파트가 생기는 걸 보며 '집에서 썰어 먹기 힘들겠다'는 생각에 처음으로 홍어를 썰어 팔기 시작했다"는 김지순(81세) 씨는 "농약을 안 친 짚이 귀해 흑산도 홍어만 짚을 넣고 칠레산은 짚 없이 항아리에서 숙성시킨다"고 전했다. "열댓 살부터 홍어와 인연을 맺어 칼질 한 번이면 깔끔하게 썰어낸다"는 김 씨는 "보리타작 할 때 홍어 한 점에 막걸리 한잔으로 배고픔을 이겨냈다"며 '배고팠던 시절'을 이야기한다.

영산홍어(주) 강건희(76세) 대표는 홍어 껍질의 콜라겐과 뼈의 콘드로이친으로 산업화에 앞장서고 있다. "여전히 어렵지만 성장 가능성이 충분하다"며 자신감을 내보이는 강 대표는 "국제적으로 저명한 SCI논문에 4편이나 실릴 만큼 피부와 관절, 비만에 효과가 있음을 입증했다"고 한다. 충청북도에서 태어난 이듬해 한국전쟁이 나는 바람에 경기도로 피난을 갔다는 강 대표는 "서울에서 성장하고 부산에서 수산대학을 나와 원양어선을 타고 세계를 누비고 다녀 고향이 따로 없을 정도"라며 "부산에서 수산물업을 하던 1980년대부터 영산포와 인연을 맺어 1990년대 말에 전입했다"고 한다. 강 대표는 남도 음식 명가로 선정된 홍어 음식점 영산홍가도 운영하고 있다.

"태어날 때부터 홍어와 뗄 수 없는 인연"이라는 영산포홍어 김영수(57세) 대표는 "전통을 지키는 것이 오래갈 수 있는 전략이라 생각해 수분 조절 효과가 있는 황토 흙집에서 옹기와 짚을 이용해 홍어를 숙성시킨다"며 "홍어는 습기에 민감해 적으면 마르고 많으면 썩는 성질이 있다"고 한다. 옛 영산포 오일장이 있던 본영동이 고향인 김 대표는 2013년에 '전통식품홍어명인'으로 지정됐다.

"수없이 많은 또래 친구들과 함께 학교에 다니던 길이 전남미용고등학교에 편입돼 사라졌다"는 한양택시와 한진택시를 경영하는 이대수(71세) 대표는 "택시가 귀할 때인 1980년대 초 기아 K303과 현대 포니 두 대로 사업을 시작했다"며 "착실히 일하는 직원 구하기가 힘들어 20대 택시 중 9대만 정상적으로 운영되고 있다"고 한다.

강변경로당에서 만난 대흥동(현 이창동)이 고향인 전정순(80세) 씨는 "밀물과 썰물이 있던 영산강에서 친구들과 함께 재첩 잡고 헤엄쳐 건너다녔다"며 "물이 빠질 때면 허리춤에 차는 물에서 수십 명이 어울려 놀 때가 좋았다"고 옛 시절을 떠올린다.

"영산포역이 있을 때는 강진이며 해남 등지로 가는 손님들이 많아 택시가 돈벌이가 좋았다"는 대흥동 출신 문인숙(79세) 씨는 "역도 없어지고 혁신도시가 생겨 사람들이 빠져나가는 바람에 경제가 다 죽었다"고 한숨짓는다. 문 씨는 택시업을 하는 전라북도 정읍 출신의 남편과 결혼해 30여 년 살다 2002년 고향으로 돌아왔다.

장성군 남면이 고향으로 영산동에 산 지 50여 년 됐다는 임효자(83세) 씨는 "서너 곳 있던 샘의 물을 길러 식수로 사용했다"며

김영수(57세) 명인은 수분을 조절해주는 황토 흙집에서 옹기와 짚을 이용해 홍어를 숙성하고 있다.

"바닷물이 들어왔던 지역이라 지하수가 짭짤한 '짠물집' 물은 김치를 절이거나 냉장고 대용으로 과일이나 야채를 담가두던 생활용수로 썼다"고 한다.

"서너 번 물난리로 살림을 완전히 못 쓰게 된 적도 있다"는 김월순(87세) 씨는 "건축 현장에서 미장일을 하는 토수였던 남편이 일을 잘해 벌이가 괜찮았다"고 한다. 다시면 영동리가 고향인 김 씨는 "큰딸이 남평초등학교 교장 김미숙"이라며 어깨에 힘을 준다.

본채는 이창동, 앞마당은 영산동에 속하는 영산나루는 카페이자 펜션, 레스토랑을 겸하는 복합문화공간을 표방한다. 동양척식회사 문서고가 자리하고 있는 영산나루의 홍은영(56세) 대표는 "한 주의 4일은 서울에서 직장에 다니고 3일은 영산나루에 와 있다"며 "콘텐츠홍보마케팅 분야에서 일한 전문성을 살려 나주와 영산포의 역사문화자원을 활용해 영화나 뮤지컬 제작자, 시나리오 작가 등의 워케이션 공간으로 활용할 계획"이라는 뜻을 밝힌다. "볼거리와 먹을거리가 풍부한 영산포는 일과 여가를 함께 즐기기에 최적의 장소"라는 홍 대표는 "직장 생활 30년을 맞는 내년에 서울 생활을 정리하고 와서 본격적으로 일을 한번 저지를 생각"이란다. 홍 대표는 서문 앞 서내동이 고향이다.

이명박 정부의 4대강 사업 이후 '홍어의 거리'가 조성된 선창일대는 도시재생사업이 한창이다. 사이렌을 울려 시간을 알렸던 오포대가 복원되고 상생센터며 청년창작소, 공원 등이 조성될 계획이다. 도시재생이 성공적으로 진행돼 선창의 옛 영화를 되살릴 수 있기를 꿈꿔본다.

인터뷰

영산강을 한강처럼 개발해야 다시 살아날 수 있어
신정구 통장

"지금 CU편의점이 들어온 광주여객 터미널 자리에 영산포 최초로 지은 철근 콘크리트 건물이 그 모습 그대로 유지하고 있다."

영산2통 신정구(80세) 통장은 "언론계에 있던 선배들과 인연으로 영산포의 개발 필요성과 발전 가능성을 느껴 1975년 이사 왔다"고 한다. 영산포에 와서 회사를 차려 50여 년 건설업을 한 신 통장은 10년 전 건강에 적신호가 와서 사업을 정리했다고 한다.

충청북도 영동군이 고향인 신 통장은 "한국전쟁 때 경북 안동으로 피난 가서 살다 군대 마치고 서울서 직장 생활을 했다"며 "중앙정보부장과 건설부장관을 지낸 김재규의 동생이 경영하던 서진건설에 다녔다"고 한다. 신 통장은 "박정희 측근의 동생이 경영하는 회사였던 만큼 여의도 비행장 철거나 인천 동암역 건축과 같은 큰 사업을 할 수 있었다"고 말했다.

"'알아볼 것 다 알아본' 처고모 소개로 만난 집사람의 첫 모습은 말 그대로 전형적인 현모양처였다"는 신 통장은 "교감 선생님이던 장인어른이 월급봉투를 그대로 꺼내놓고 생활비와 본인, 어머니, 딸 등의 용돈을 고르게 나누던 모습을 잊을 수가 없다"고 한다.

"영산동은 영산강을 터전으로 삼아 사는 유일한 동네"라는 신 통장은 "영산강을 한강처럼 개발하고 나주와 영산포를 한눈에 조망할 수 있는 저류지를 활용해 사람들이 와서 먹고 놀고 자는 공간으로 만들 때 다시 살아날 수 있을 것"이라며 목소리를 높인다.

영산동

노항포서 이주한 새마을촌 부르다
용의 기운 돋구는 용승으로!

영산동 13통 용승마을 | 2024년 12월 30일

30여 미터 남짓한 야산에 중앙도로를 내고 좌우로 15평 규모의 40여 세대 주택을 지어 이주한 새 주민들과 오래전부터 거주하던 사람들이 함께 어울려 사는 용승마을에 1976년 남도아파트가 들어서고 2019년 도시가스가 공급됐다. 병설유치원을 마을회관으로 전환해 이용하는 바람에 규모가 너무 커서 청소하는 것도 힘들다.

해마다 홍수 피해를 입던 노항포 사람들이 이주해 와 '새마을촌'이라 불렀다. 1974년 새마을촌으로 이주한 주민들은 2000년 마을 이름을 '용의 기운을 돋군다'는 의미의 '용승(龍丞)'으로 바꿨다. 노항포는 방목들의 영산강이 굽이도는 강변에 있는 포구라는 의미의 '질목구비'를 한자로 표기한 것이다.

"비가 와서 물이 차오르면 대보에 포장 치고 솥단지 걸고 밥을 했다"는 정복순(83세) 씨는 "2~3일 그렇게 살다 돌아오면 집에 뻘이 가득 차서 말 그대로 엉망진창이 됐다"며 "잠자다 천장에서 뽀시락거리는 소리에 작대기로 툭 치니 물 따라 들어왔던 뱀들이 우수수 떨어져 깜짝 놀라기도 했다"고 옛일을 떠올린다.

이창동 사거리에서 10여 년 살다 1976년 새집으로 이사 온 박정자(80세) 씨는 "남편이 강진이나 장흥군의 장에서 소를 사서 밤

용승마을은 홍수를 피해 이주해 온 노항포 사람들과 원래 살던 주민들이 어울려 살고 있다.

새 걸어 끌고 와서 영산포 우시장에 팔았다"며 "영암 신북에서 스물다섯 살에 시집와 영산포에 산 지 60년이 다 됐다"고 한다.

"아파트 건설 현장에서 벽돌 옮기고 배 솎고 안 해본 일 없이 해서 논 사고 집 사고 3남매 키웠다"는 김정례(82세) 씨는 "2~3살 터울인 3남매를 논둑에 앉혀놓고 물 쪄서 알도 덜 찬 나락을 훑는디 애들은 울고불고 난리도 아니었다"며 "봉황은 농사밖에 없어 일거리 찾아 영산포로 나왔다"고 한다.

영암군 금정면이 고향인 나일성(85세) 씨는 "1981년에 집을 지으려고 100년 넘은 초가집을 헐었더니 지붕은 갈대를 얹었고 못은 전혀 안 썼더라"며 "한국전쟁 중인 열한 살 때 와서 정착했는데, 고향 땅에서 농사짓느라 소가 끄는 수레에 짐을 싣고 다녔다"고 한다. 나 씨는 "방목들 사람들이 허허벌판 산을 깎아 이주해 오던 날이 엊그제 같다"고 덧붙인다.

"노항포에서 설날 입대했는데 전역할 무렵 이곳으로 이사

했다"는 권성기(77세) 씨는 "광주-완도를 오가는 시외버스 회사에 취직하면서 광주 생활을 시작했다"며 "50여 년을 직장 생활과 관광버스업으로 살았는데, 2년 전 돌아가신 어머니 집을 수리해 들어와 살기 위해 준비하고 있다"고 한다.

"장성군 고향에서 영광군으로 시집가서 오일장이 있던 영산동에 와 살다 보니 어느새 60여 년 세월이 지났다"는 이차애(86세) 씨는 "생선 장사해서 자식들 키우고 사느라 온몸이 안 아픈 데가 없어 병원 다니는 게 하루 일과"라며 "딸이 나서서 집 사고 고쳐 들어온 지 5년째"라고 한다.

노항포에서 나서 영산포동교(현 전남외고 터에 있다 1993년 영산포초등학교로 통합)를 다녔다는 정장수(64세) 씨는 "위·아랫마을 각 20여 가구씩 살며 또래 친구 10여 명과 어울려 영산강에 모래찜 하러 다녔다"며 "4대강사업 하면서 논 4필지가 저류지로 수용되는 바람에 인근 장구동에 3필지를 사서 농사짓는다"고 전한다.

"살던 집터에 영산동사무소 주차장이 생기던 15년 전 이사 왔다"는 김종호(78세) 씨는 "열여덟 살에 친척의 비단 가게에 취직해 왕곡면 월천리 고향에서 나왔다"며 "대덕아파트 상가에서 식품 가게를 하던 50대 중반에 지인이 '영산동에서 제일 성실하다'고 추천해 젓갈 가게 2곳을 인수해 지금은 4곳으로 늘렸다"고 한다. 김 씨의 아들 대성(51세) 씨는 "서울에서 10여 년 직장 생활을 했지만 그다지 비전이 보이지 않아 정리하고 돌아왔다"며 "연로한 부모님도 돕고 가게를 늘려가는 재미가 객지 생활보다 훨씬 낫다"고 웃음 짓는다.

"병설유치원을 마을회관으로 전환해 이용하는 바람에 규모가

용승마을 가장 높은 곳에 1976년 지어진 남도아파트가 자리하고 있다.

너무 커서 청소하는 것도 힘들 뿐 아니라, 공과금 등 운영비도 많이 들고 회관 앞 땅이 국유지라 세금도 내야 한다"고 말문을 연 새마을부녀회장을 지낸 이안님(75세) 씨는 "전봇대가 길 가장자리에 튀어나와 차가 많이 들어오는 명절이나 휴일엔 복잡하고 위험하다"고 불편을 이야기한다. 강진군 병영면이 고향인 이 씨는 "오수관로 공사하고 포장을 부실하게 해서 표면이 일어나 주민들이 치우는 것도 보통 일이 아니다"고 덧붙인다.

30여 미터 남짓한 야산에 중앙도로를 내고 좌우로 15평 규모의 40여 세대 주택을 지어 이주한 새 주민들과 오래전부터 거주하던 사람들이 함께 어울려 사는 용승마을에 1976년 3층짜리 남도아파트(30세대)가 들어서고 2019년 도시가스 공급이 시작됐다. 어둠이 지나 새벽이 오듯 마을을 둘러싸고 있는 배밭에 하얀 배꽃이 흐드러지는 풍경에 절로 미소가 지어진다.

인터뷰

사위 맞을 때 되니 친정엄마 마음 알겠더라
마귀님 통장

"결혼하면서 공무원을 그만둘 수밖에 없었던 게 가장 아쉽다"고 이야기를 시작한 영산 13통 마귀님(73세) 통장은 "1970년대 초반 문평면에서 보건직 공무원으로 결핵 판정을 받은 환자들에게 약을 전해주고 관리하는 업무로 공직 생활을 시작했다"며 "5여 년 일하다 결혼과 함께 아이를 갖게 되니 육아와 직장 생활을 병행할 수 없는 현실의 벽에 부딪혔다"고 한다.

40대에 본격적으로 농사일을 했다는 마 통장은 "아이들 키우고 나니 무슨 일이라도 해야겠다 싶어 60마지기 논을 직접 갈기 시작했다"며 "논둑에 심은 콩·팥과 들깨를 수확하고 김장까지 마치고 났더니 독감에 걸렸다"고 한다.

한국전쟁 때 선친을 잃고 유복자로 태어난 마 통장은 "결혼 전에는 혼자 계신 어머니 뵈러 강진읍 친정에 자주 다녔는데, 신랑이 농사꾼이라고 서운해하시니까 가는 횟수가 줄더라"며 "의사와 약사인 예비 사위들에게 아파트에 사는 것이 더 좋게 보일 것 같아 대호동 대방아파트에서 10여 년을 살았는데, 그제야 친정엄마 마음을 알겠더라"면서 겸연쩍어 한다.

"8년간 부녀회장 하면서 불우이웃돕기 한다고 중앙로에서 천막 치고 미역이며 김을 팔기도 했다"는 마 통장은 "남편이 통장 일을 하면서 마을 현안인 회관 앞 공터 포장을 했는데, 마지막 봉사한다는 마음으로 올해 통장을 맡았다"며 당차게 이야기한다.

빛가람동

이름을 바꿔 새 출발한 에듀캐슬이
더 즐겁고 행복한 마을이 되길

빛가람동 1~2통 에듀캐슬아파트 | 2023년 10월 16일

빛가람동에 처음 자리 잡은 에듀캐슬아파트는 2014년 2월 25일 입주 당시엔 LH 4단지였지만, LH공사 직원들의 투기 등으로 쌓인 부정적 이미지를 개선하기 위해 주민들이 뜻을 모아 2023년 8월 이름을 바꿨다. 교육과 관련된 이름처럼 한아름초등학교와 접해 있고, 도로 건너엔 금천중학교와 한국에너지공과대학교가 있다.

빛과 가람의 도시. 광주광역시와 전라남도가 함께 만든 마을, 빛가람동. 참여정부가 의욕적으로 완성한 국가균형발전 정책의 상징이다. 2007년 11월 23일 노무현 대통령이 참석한 가운데 첫 삽을 떴다. 2013년 11월 7일 금천면 광암리와 동악리, 석전리, 신천리, 월산리와 산포면 매성리와 송림리, 신도리 일부가 빛가람동으로 신설됐다. 빛가람동에 처음 자리 잡은 사람들은 에듀캐슬아파트 주민들이다. 2014년 2월 25일 입주를 시작했다. 입주 당시엔 LH 4단지였지만, LH공사 직원들의 투기 등으로 쌓인 부정적 이미지를 개선하기 위해 주민들이 뜻을 모아 지난 8월 '에듀캐슬'로 바꿨다. 학군과 관련된 이름대로 한아름초등학교 후문과 접해 있고, 도로 건너엔 금천중학교와 한국에너지공대가 있다.

아코디언 소리에 끌려 들어간 경로당에서 만난 신순심(78세)

경로당에 모인 주민들이 아코디언 동호회 '아코캐슬' 활동으로 즐거운 시간을 보내고 있다.

노인회장은 활력이 넘쳤다. "추석 연휴에 쉬었다고 그새 실력이 줄었다"는 신 회장은 "작년 8월부터 아코디언 동호회를 만들어 선생님을 모셔 와서 배우고 있다"며 "우리 경로당은 음악으로 봉사활동도 하고 건강 관리도 한다"고 자랑 삼아 이야기한다. 신 회장은 목포시에서 살다 2012년 대호동으로 이사 왔고 2014년 3월 4일 에듀캐슬에 입주했다. 동호회 이름을 정하지 않았다는 말에 '아코캐슬'을 제안했더니 흔쾌히 반가워한다.

상가에서 편의점을 경영하는 석정래(70세) 씨는 "서울에서 직장 생활하다 건강을 잃어 위를 절제했다"며 "2015년 빛가람동에 와서 좋은 공기 마시며 꾸준히 운동했더니 건강을 회복했다"고 한다. 전라북도 익산이 고향인 석 씨는 "처음엔 건강 회복을 위해 임대를 줬지만 4년 전부터 부인과 교대로 가게를 꾸리고 있다"고 한다.

"처음 시작할 때만 하더라도 빛가람동에 미용실이 10여 곳에 불과했지만 지금은 100개가 넘는다"는 최웅주(56세) 씨는 "빛가람동은 여전히 상권 형성이 미흡하고 20~30대 젊은 층이 없어 활력이 떨어진다"고 안타까움을 나타낸다. 20여 년 광주광역시에서 미용실을 하다 2015년 지금의 자리에 문을 연 최 씨는 국제미용가총연합회 부회장으로 중국과 베트남, 대만 등 국제 행사에도 자주 다녔다고 한다.

다함께돌봄센터 2호점 김○임(55세) 센터장은 "20여 명의 아이들이 학원 시간에 맞춰 짬짬이 이용하고 있다"며 "전업주부로 살다 마흔 살 넘어서 사회복지 분야를 공부했다"고 한다. 돌봄센터는 교사 2명과 자원봉사자, 노인 일자리 참여자 등이 함께 아이들을 정성껏 돌보고 있다.

아파트 동편 빈터에서 고구마순을 손질하던 김덕순(69세) 씨는 "고향인 영광군과 광주광역시를 오가며 살다 여기로 온 지 8년째"라며 "자녀가 2남 2녀인데 간호사인 작은딸이 적령기가 넘었는데도 결혼할 생각을 하지 않아 걱정"이라고 한다.

"재작년 결혼하면서 집사람의 고향이자 직장이 있는 이곳에 터를 잡았다"는 최○(35세) 씨는 "한 사람은 먼 거리 출퇴근을 해야 하지만 올해 세 살인 아이 키우기 좋은 곳이라 생각해서 결정했다"고 말한다. 대학 때부터 사회복지 분야를 전공해 광주의 사회복지기관에 근무하는 최 씨는 "비가 오거나 저녁 시간에는 여전히 악취가 난다"고 한다.

경찰공무원으로 정년퇴직한 유남진(74세) 씨는 "100세 시대 건강법으로 노인대학과 동신대학 등에서 강의하고 있다"며 "사회복지 맹아기라 할 수 있는 1995년 공무원 재직 시 자격을 취득했다"고 한다. 나주시사회복지협의회를 만드는 데 일조했다는 유 씨는 에듀캐슬 입주자대표회의 선거관리위원장을 맡고 있다.

빛가람동에서 처음으로 동호수까지 경관 조명을 설치한 에듀캐슬은
'야경이 멋지다'고 주민들이 입을 모은다.

　빛가람동 2통 통장 김만선(74세) 씨는 "고향인 강진군에 다니기도 좋고 여유롭고 공기 좋은 이곳에 2015년 3월 5일에 이사 왔다"며 "가족 같은 분위기의 주민들과 소통을 최우선으로 생각한다"고 전했다. "우리 아파트 최고 자랑은 야간에 보면 알 수 있다"는 김 통장은 "빛가람동에서 유일하게 동호수까지 조명을 설치해서 밝은 아파트로 탄생했다"고 한다.

　"나주에서 처음 일하는데 가장 인간미 있고 푸근한 정감을 느낄 수 있다"는 윤동주(68세) 관리소장은 "전에 일하던 광주나 목포, 무안의 아파트와 달리 602세대 주민 한 분 한 분과 대화하면 직장이라는 생각을 잊는다"며 뿌듯해한다.

　김철민 나주시의회 의원과 허철호 전 나주농협 조합장이 에듀캐슬에 산다. 이름을 바꿔 새 출발한 에듀캐슬이 더 즐겁고 행복한 '마을'이 되기를 희망해본다.

인터뷰

묵묵하고 성실하게 주민들과 함께…
정은기 입주자대표회의 회장

"직장 동료들은 광주로 이사 오라고 하지만 '나주가 좋다'는 한마디로 거절한다"는 에듀캐슬 입주자대표회의 정은기(50세) 회장은 "나주에 와서 낳은 중학생 2학년 딸아이가 '뭐 하고 살까?' 하는 고민을 이야기할 때가 제일 행복하다"고 한다.

고등학교에 진학하면서 고향인 고흥군을 떠나 광주시에서 살다 2007년 송월동으로 이사 온 정 회장은 "송월동에 살 때 입주자대표회의 사무국장을 맡으면서 입주자대표회의와 인연을 맺었다"며 "묵묵하고 성실하게 주민들과 함께 아파트 일을 고민하고 추진하다 보니 믿고 맡기시는 것 같다"며 올해 찬반 투표로 다시 회장에 당선됐다고 한다.

사회복지 분야에 관심을 갖고 2002년 다시 대학에 진학한 정 회장은 "저처럼 사회생활을 하다 대학에 온 동갑내기 04학번 후배가 도서관에서 공부하는 모습에 반해 사귀자고 했다"며 "3년 연애 끝에 2005년에 결혼했다"고 한다.

"경관 조명과 이름 변경 등 성과도 있었지만, 갈수록 심각해지는 불법 주정차 문제 등 여전히 해야 할 일이 많다"는 정 회장이 묵묵히 성실히 헤쳐 나가는 에듀캐슬의 미래를 기대해본다.

빛가람동

유전저수지·300년 넘은 벚나무 남은 닭밭마을에 만든 아파트

빛가람동 12~14통 우미린아파트 | 2024년 1월 2일

2015년 3월 30일 빛가람동 첫 민영 아파트인 우미린이 들어섰다. 1,078세대 2,647명이 살고 있는 우미린아파트 커뮤니티센터에는 빛가람동 아파트에서 유일하게 수영장이 있다. 아파트 동쪽 한빛로 건너 유전저수지와 출입문 앞에 우뚝 선 오래된 벚나무가 이곳이 빛가람동 이전에 금천면 석전1리 닭밭마을이었음을 알려준다.

마을이 반달 모양이라 하여 '달밭'으로 불리다, 발음 때문에 '닭밭'으로 변형되어 닭 유(酉), 밭 전(田) 자를 써서 유전마을이라 했던 금천면 석전1리. 광주·전남 공동 혁신도시에 편입되어 마을에 살던 사람들은 뿔뿔이 흩어지고 2015년 3월 30일 빛가람동 첫 민영 아파트인 우미린아파트가 들어섰다. 아파트 동쪽 한빛로 건너 유전저수지와 출입문 앞에 우뚝 선 오래된 나무만 이곳이 유전마을이었음을 알려준다.

"저수지 규모가 조금 줄어들고, 마을 뒤편에 사당 지을 때 심었다는 300년 넘은 벚나무가 아파트 정문 앞에 남아 있다"는 임명순(67세) 씨는 유전마을 마지막 이장을 지냈다. 임 씨는 "탯자리인 닭밭마을에서 50년 넘게 살다 혁신도시가 들어서면서 배 과수원은 영암으로 옮기고 집은 원곡리 아파트로 이사했다"고 한다.

우미린아파트 정문에 자리한 벚나무는
이곳이 빛가람동 이전에 금천면 석전리 유전마을이었음을 알려준다.

산포면 산제리가 고향인 윤도혁(83세) 씨는 "서울에서 비닐하우스에 고추랑 토마토 등을 재배하며 살다 연로하신 부모님이 절대 '서울 생활'은 못하겠다고 하시는 바람에 장남인 내가 내려올 수밖에 없었다"며 "1980년 귀향해서 농사짓다 힘에 부쳐 정리하고 이사 온 지 8년째"라고 한다.

빛가람동으로 이전한 공공기관에 일하는 아들과 함께 2019년 이사 왔다는 이군자(82세) 씨는 "아들이 2022년에 결혼하면서 분가해 혼자 있지만 경로당에 나와 사람들과 어울려 즐겁게 지내고 있다"며 "전에 살던 서울집이 재개발돼 2025년에 입주해야 하는데, 새로운 환경에 적응해야 한다는 걱정 때문에 그새 정든 여기서 계속 살까 고민 중"이란다.

바닷바람 맞으며 잠 못 자고 일해야 하는 김 농사가 힘들어 1988년 완도군에서 왕곡면 덕산리로 와 배 과수원을 시작했다는 서금례(79세) 씨는 "배 농사를 처음 시작할 때만 하더라도 배나무한 그루면 대학 보낸다는 말을 할 정도였다"며 "과수원 터에 배테마파크가 들어오는 바람에 2011년 금천면으로 왔는데, 이마저도 아파트 부지가 돼 정리하고 2019년 이사 왔다"고 한다.

혁신도시를 만들면서 5대조 할머니 묘를 잃었다는 이완석(52세) 씨는 "광주도시공사가 등기부등본상 명의자와 보상 협의를 진행하는 바람에 문중에선 선산을 옮기는 것조차 몰랐다"며 "당시 명의자가 치매를 앓다 사망하는 바람에 이장한 위치조차 확인하지 못했다"며 안타까움을 나타낸다. 이 씨는 "선산이 있던 곳이라 항상 문중 어르신들을 모시고 산다"는 기분을 느낀다고 했다.

광주광역시의 아파트에 살다 '시골살이'를 바라는 부모님과 함께 다시면 가흥리로 이사 온 지 5년이 됐다는 김○정(36세) 씨는 "결혼하고 이곳에 이사 와 7개월 된 아이 키우느라 휴직하고 있다"며 "노안면에 있는 회사에 출퇴근하기도 편하고 공원 등이 잘 돼 있어 살기 좋다"고 만족감을 표한다.

"문제가 있다고 생각되면 직설적으로 지적하는 성격 탓에 동대표와 입주자대표회장을 맡기도 했다"는 강정진(55세) 씨는 "보육시설·학원 등과 계약한 대형버스가 아파트 안으로 들어오는 바람에 교통체증으로 주민 불편이 심각해 관련 행정기관을 쫓아다니며 소형 승합 차량만 출입하도록 했던 것이 가장 큰 보람"이라고 한다. 서울서 나고 자란 강 씨는 지인 소개로 혁신도시에 편입된 금천면 동악1리 상야마을 출신 남편을 만나 광주광역시에서 살다 2015년 이사 왔다고 한다.

혁신도시가 조성될 당시 인근 산포면에서 공인중개소를 운영

잔디밭에 석재조형물이 놓인 중앙광장을 주민들이 지나고 있다.

했다는 김이곤(77세) 씨는 "서울 등에서 온 사람들이 큰 여행 가방에 현금 다발을 담아 가지고 와서 부동산에 투자했다"고 한다. 우미린아파트 노인회장을 맡고 있는 김 씨는 "전임자의 잔여임기 1년만 하려고 했는데 주민들이 다시 일을 맡겨 앞으로 4년을 화합하고 즐거운 아파트로 만들기 위해 봉사할 작정"이라고 덧붙인다.

 1,078세대 2,647명이 살고 있는 우미린아파트는 국공립 어린이집 1개소와 민간 어린이집 3개소, 돌봄교실 2개소, 어린이놀이터 2개소 등이 있다. 정문을 들어서면 만나는 에듀센터는 1층에 무인카페와 작은도서관이 있고, 2층에 독서실이 마련돼 있다. 커뮤니티센터에는 빛가람동 아파트 유일의 수영장과 골프연습장, 탁구장 등이 있으며 에듀센터와 커뮤니티센터 뒤편으로 잔디밭 위에 석재조형물이 놓인 중앙광장이 있어 주민들의 산책로로 이용되고 있다.

인터뷰

신뢰와 소통으로 효율적 입대회 운영 노력…

박상하 입주자대표회장

"전체의 부담은 줄이면서 이용자들이 주인의식을 갖고 활용할 수 있도록 사용 요금을 부과함으로써 만성 적자인 커뮤니티센터 운영 개선을 위해 주민들과 함께 고민했습니다." 우미린아파트는 지난 5월부터 커뮤티니센터 공동 부과금 1만 4,400원을 1만 2,000원으로 낮추고, 헬스와 골프, 수영장 등 시설별 이용자들이 각 5,000원에서 1만 5,000원으로 부담하는 것으로 바꿨다.

지난 9월 연임에 성공한 박상하(55세) 우미린아파트 입주자대표회장은 "신뢰와 소통으로 입대회를 운영하기 위해 노력하고 있다"며 "수영장을 없애는 것보다 적은 부담으로 더 높은 효율을 가져올 수 있는 방안을 찾았다는 데서 보람을 느낀다"고 한다.

서울특별시가 고향인 박 회장은 "초·중·고를 다닌 경기도 이천시가 두 번째 고향이라면, 집사람의 탯자리이자 지금 살고 있는 나주는 제3의 고향"이라며 직장 동기의 소개로 만난 부인과 3년 연애 끝에 2002년 결혼해 두 아들을 두고 있다.

15년 정도 다니던 직장을 그만두고 2008년 떡과 인연을 맺은 박 회장은 "처음엔 광주에서 가게를 열었는데 상권이 신통치 않아 힘들었다"며 "혁신도시에 희망을 걸고 2015년 가게를 열었는데 자리를 잡을 만하니 코로나가 터져 고전을 면치 못하고 있다"고 아쉬워한다. 동도 트기 전인 새벽 4시에 어김없이 일을 시작한다는 박 회장에게 희망의 해가 환하게 떠오르길 응원한다.

빛가람동

두물머리 통해 저수지·호수공원 이어지는 살기 좋은 아파트

빛가람동 31~33통 중흥S클래스 센트럴 1차 아파트 | 2024년 9월 9일

두물머리공원과 유전제, 매화제, 호수공원 등은 중흥1차 주민들이 즐겨 찾는 산책로다. 주민들은 넓은 정원(?)과 가까운 상권 등으로 빛가람동에서 가장 살기 좋은 아파트라고 입을 모으며, 입주민들 가슴 속에 '센트럴마인드'가 있다고 한다. 아파트 중앙에 있는 정자 '청심정'의 현판은 주민 이준연 씨가 썼다.

유전저수지와 매화저수지의 물이 만나는 두물머리. 두물머리 공원에서 합류한 물이 남쪽으로 흘러 빛가람동 호수공원을 이룬다. 두물머리 공원에서 연결되는 출입문을 통해 중흥S클래스 센트럴 1차 아파트에 들어설 수 있다. 두물머리공원과 유전제공원, 매화제, 호수공원 등은 중흥1차 주민들이 즐겨 찾는 산책로다. 주민들은 주변의 넓은 공원과 가까운 상권 등 빛가람동에서 가장 살기 좋은 아파트라고 입을 모은다. 아파트 중앙에 있는 정자 '청심정'의 현판은 주민 이준연 씨가 직접 썼다.

봉황면 죽석리 대실마을에 사는 홍문숙(65세) 씨는 "주말부부로 맞벌이하는 아들 집으로 매일 아침 출근한다"며 "지난 3월 아들 근무지가 서울로 바뀌는 바람에 주말에 다녀가고 며느리는 해남으로 출근해야 해서 손주들 돌보는 일은 내 몫이 됐다"고 한다.

"직장이 있는 함평과 가깝고 아이들 키우기에 쾌적한 환경과 여유로움이 좋아 2022년 결혼하면서 광주 생활을 정리하고 이곳에서 신혼살림을 시작했다"는 김○수(35세) 씨는 "아직은 인프라가 취약해서 대형마트를 가거나 아이 장난감 등을 사기 위해 광주로 나가야 하지만 전반적으로 만족하는 편"이라며 '아이 병원 가는 길'을 재촉한다.

2년의 육아휴직을 마치고 내년 복직을 앞두고 있다는 문○인(36세) 씨는 "결혼하면서 '엄마가 편해야 한다'고 생각해 제 직장이 있는 나주에 정착한 지 3년째"라며 "광주로 출퇴근하는 남편도 불편함을 느끼지 않는 데다 주변에 공원이 많아 운동하기도 좋다"고 한다. 문 씨는 밝은 표정으로 "아이랑 아파트의 도서관에 책 보러 가는데, 또래 아이들을 키우는 젊은 엄마들이 많아 서로 공감대가 크다"고 덧붙인다.

충청남도 공주시가 고향인 임세윤(73세, 가명) 씨는 "결혼해서 40여 년을 경기도 안양에서 살았는데 딸 내외가 사업을 위해 나주로 오면서 '함께 살자'고 해서 2016년 이사 왔다"며 "경로당에서 이웃들과 어울리고 호수공원 한 바퀴 돌고 오는데 채 1시간이 걸리지 않는다"고 한다.

"땅에 기대어 사는 게 최고인 줄만 알았다"는 김덕만(79세, 가명) 씨는 "금천면 원곡리 고향에서 나고 결혼해 70년을 살면서 기계도 없이 맨손으로 배 농사를 지었다"며 "7년 전 집이랑 농사를 모두 정리하고 편하게 살고 싶어 이사했다"고 한다. 김 씨는 "여기 모여 '100세 인생 프로그램'에서 그림 그리고 밴드 운동 하며 주민들과 함께 지낸다"고 웃음 짓는다.

중흥S클래스 센트럴 1차 아파트에서 연결되는 두물머리 공원을 통해
매화제, 유전제, 호수공원으로 이어진다.

    송월동 영산강변에서 40년 넘게 벼농사와 열무를 재배했다는 고용석(77세, 가명) 씨는 "하천 부지 포전에 열무를 심었는데 비만 오면 쓸려나가는 바람에 일 년에 2~3번씩 씨를 다시 뿌려야 했다"며 "정부 땅이라 세금과 물값만 내고 농사짓고 살다 이명박 정부가 4대강 사업한다고 수용되면서 그만뒀다"고 한다. 고 씨는 광주광역시 광산구가 고향이다.

    아파트 경로당에서 만난 세 사람은 한사코 이름을 밝히지 말아 달라고 한다.

    회사가 나주로 옮겨 오던 2014년에 가족과 함께 나주 사람이 됐다는 김동학(56세, 가명) 씨는 "중·고등학교 다니던 아이들이 친구들과 헤어져야 하는 것 때문에 많은 고민이 있었다"며 "노트북을 사주며 꼬셔서 함께 오긴 했는데, 말 그대로 허허벌판인 낯선 곳에서 적응하느라 힘들기도 했다"고 한다. 공기업 직원으로 이름을 전부 공개하는 건 부담스럽다는 김 씨는 "고향인 구미에 공단

주민들의 쉼터인 청심정 현판은 주민 이준연 씨가 직접 썼다.

이 생기면서 대구로 와서 20년, 서울 직장에서 20년, 남은 삶은 나주에서"라고 말을 마무리한다.

"젊은 주민들에게서 생기를 느끼고 어르신들의 여유를 보며 '인생을 다시 배운다'는 자세를 갖게 된다"는 전정순(58세) 관리사무소장은 "금천면 석전리 유전마을 앞 물길 사이 논밭이 있던 자리라 옛 흔적이 남아 있지 않다는 아쉬움은 있지만, 빛가람동 아파트 중에서 주거환경 등이 가장 좋아 입주민들 가슴 속에 '센트럴마인드'가 있다"며 "주민들이 행복하게 살아가시는 데 자그마한 보탬이라도 될 수 있도록 노력할 것"이라며 각오를 다진다.

인터뷰

'직책에 맞게 책임지고 행동해야' 좌우명으로

공호순 입주자대표회장

공호순(60세) 중흥센 트럴1차 입주자대표회장은 "20여 년째 광주 광산구의 지적장애인복지시설에서 사회복지사로 근무하고 있다"고 말한다. 남평읍 수원리가 고향인 공 회장은 "전투 부대 지휘관으로서 직업 군인의 길을 가고자 했지만, 여대생은 선발 자체를 하지 않던 시대 상황과 '여자가 무슨 군인?'이라며 반대하신 아버지 때문에 꿈을 접었다"고 한다.

"동생 집에 들르러 와서 호수공원을 산책하다 그 매력에 반해 2016년 이사 왔다"는 공 회장은 "직장과 가깝고 교통체증도 덜해 출퇴근이 편하고 쾌적한 주거 환경이 너무 좋다"며 만족감을 표한다. "내가 사는 아파트 살림살이가 어떻게 돌아가는지 알고 싶어 자청해서 입대회 감사를 맡았다"는 공 회장은 "좀 더 투명하고 깨끗한 운영과 더 좋은 삶을 책임지고 싶어 회장에 출마해 당선됐고 주민들 덕에 작년에 재선하게 됐다"며 "직책에 맞게 책임지고 행동해야 한다"는 좌우명을 지키기 위해 노력한다고 덧붙인다.

교사를 준비하던 딸에게 사회복지사를 권했다는 공 회장은 "아이의 적성에 맞을 것 같아 조심스레 이야기했는데 선뜻 응해 너무 기뻤다"며 "광주 남구의 아동양육시설에서 제 일을 충실히 하는 딸이 대견하다"고 밝게 웃는다. 빛가람동의 유일한 여성 입대회장으로서 초심을 지키며 주민들의 사랑을 받은 공 회장을 기대해본다.

전통 시장의 '젊은' 사람들

오일장과 상설시장에서 가족과 성공 위해 각자의 꿈 펼치는 이들

'1470년 흉년을 맞은 전라도 백성들이 장을 열고 서로 필요한 물품을 교환했다.' 장에 대한 《조선왕조실록》의 첫 기록이자 나주목사고을시장의 탄생 이야기다. 실록의 '전라도 백성'은 현재의 나주 사람이다. 비옥하고 넓은 평야에서 생산하는 풍부한 농산물이 있고 남해와 연결된 영산강, 육로 교통의 중심인 나주에서 우리나라 최초의 장이 섰으리라.

*

 나주의 전통 시장은 매 4, 9일 열리는 나주목사고을시장과 영산포 풍물시장(5, 10일) 남평·공산(1, 6일), 동창(2, 7일), 다시장(3, 8일)이 5일에 한 번씩 열린다. 31일이 있는 달에는 30일 장이 서지 않고 31일에 문을 연다. 나주목사고을시장은 오일장과 함께 첫째와 셋째 일요일을 제외하고 매일 문을 여는 상설시장이 있다. 2009년 전통 시장이란 이름을 얻기 전엔 재래시장으로 불렸다. 금남동에 있던 매일시장과 성북동의 오일장은 2012년 현재의 자리로 통합해 '매일동'과 '오일동'으로 불린다.

 전통 시장과 관련해 '허망한 남평장'이란 말이 있다. 남평읍에 인접한 다도면이나 화순군 주민들이 이른 아침 길을 나서 장에 도착했을 때는 이미 파장 분위기더라는 데서 유래했다고 한다. 대중교통이 발달하기 전의 '웃픈' 이야기로, 공들여 시작했으나 기대와 달리 결실을 맺지 못했을 때 하는 말이다.

 영산포풍물시장에서 족발을 판매하는 정재환(36세) 씨는 "공고를 보고 입점한 지 한 달 됐다"며 "최고의 품질을 유지하기 위해 욕심부리지 않고 '그날 팔만큼만 준비'한다"고 말한다. "광주에서 10여 년 월급쟁이 생활을 하다 2년 전 이 일을 시작했다"는 정 씨는 "집사람과 함께 일하고 보성(2, 7일)과 장성장(4, 9일)만 가니까 시간도 여유가 있어 만족한다"고 한다.

 "솔직하게 재고라고 말하며 그냥 주기도 하고, 채소가 신선하다는 칭찬을 들을 때면 인정받는 뿌듯함이 있다"는 정인숙

5, 10일 장이 서는 영산포풍물시장은 2003년 영산동에서 현재의 이창동으로 옮겨 왔다.

(50세) 씨는 "30여 년 전부터 시간 날 때마다 어머니 일을 돕다가 온전히 내가 맡은 지 15년 됐다"며 "제철에 나는 채소 위주로 남편과 함께 나주와 영산포장을 정기적으로 다니고 때에 따라 세지장도 간다"고 한다.

'재료 사 오면 요리해주는 집'으로 유명한 문정식당 전수정(42세) 씨는 "엄마 혼자 50여 년을 하다 건강이 안 좋아지자 동생이랑 남편과 함께 3년 전 이어받았다"며 "눈빛만 봐도 통하는 가족과 일하니까 손발이 척척 맞고, 손님들이 '맛있어서 또 왔다거나 왜 나주·영산포장 날만 문을 여느냐고 할 때'가 제일 기분 좋다"고 웃는다.

"할머니가 머리에 이고 다니며 마늘 장사를 시작해 엄마가 이어받고 어느새 내가 채소 장사를 하고 있다"는 김가람(36세) 씨는 "나주·영산포와 무안 일로장(1, 6일)을 주로 다니고 상황에 따라 신안 지도장(3, 8일)에 갈 때도 있다"며 "손님이 많아 물건이 잘 팔려야 재밌다"고 말하면서 "지난번 담근 장 먼저 드시고 나서 메주 사셔도 돼요"라며 손님을 맞는다.

"나주·영산포장과 송정장(3, 8일)에서는 3일간 일하고 하루는 준비하고 하루는 온전히 가족과 함께 보낸다"는 박성진(35세) 씨는 "계절에 맞는 품목 서너 가지만 전문적으로 판매하는 전략으로 지금은 마른 고추와 대파, 고구마만 팔고 있다"며 "0세부터 8세까지 네 아이를 키우고 있는데, 직장 생활과 육아를 병행하는 게 여의치 않아 6년 전 장사를 시작한 건 잘한 선택이었다고 생각한다"고 만족해한다.

코로나 위기를 넘지 못해 사업을 접고 전동 공구 등을 판매하기 시작한 김종현(52세) 씨는 "통신 장비 생산 업체에서 23년간 직장 생활을 하다 노후 준비를 겸해 2018년 문을 연 독서실이 자리를 잡을 만할 때쯤 코로나가 터졌다"며 "재작년부터 나주·영산포·송정·영광(1, 6일)·담양장(2, 7일)을 돌며 장 없는 30일을 제외하고 하루도 쉬지 않는다"고 한다.

"나만의 맛을 찾아가는 과정은 끝없이 계속된다"고 말을 시작한 박정하(46세) 씨는 작년 9월부터 남평 전통 시장에서 꽈배기를 팔고 있다. "꽈배기 달인인 친척에게서 기술을 배웠다"는 박 씨는

남평전통 시장에서 꽈배기를 팔고 있는 박정하(46세) 씨는
'나만의 맛'을 찾기 위한 도전은 멈추지 않는다고 한다.

"오후 이른 시간에 장이 끝나고 인근 4개 장만 다니며 무리하지 않고 한 발 한 발 나가려 한다"며 "중국에서 공장을 하다 사드 위기를 맞고, 잘 나가던 태양광 사업이 포화 상태가 돼 정리했다"고 헛헛해한다.

"직접 기른 콩나물과 두부, 묵 등을 갖고 나주와 남평·담양장만 간다"는 신정원(28세) 씨는 "두 누나와 함께 틈틈이 도와드리곤 했는데, 아버지 건강이 안 좋아지자 서로 안 맡으려 하다가 어느 순간에 자신이 생겨 3년 전부터 혼자서 하고 있다"며 "콩나물 재배 일이 손을 놓을 수 없는 일이지만 신나게 하고 있다"며 밝은 웃음으로 콩나물을 집어 손님에게 건넨다.

"시어머니를 도와 물건을 팔다 저 혼자 한 지 17년 됐다"는 남희야(52세) 씨는 "장사 노하우가 더 많은 남편이 낙지랑 새우, 꼬막, 홍합 등을 사서 장사를 준비한다"며 "나주와 남평장만 보는데, 장이 없는 날은 온전히 쉬어야 스트레스가 쌓이지 않는다"고 한다.

마른반찬과 김치 등 70여 종을 판매하는 목사고을시장 매일동의 '개돌이네' 배현숙(43세) 씨는 "첨엔 채소만 팔다가 엄마 손맛이 좋아 금계동 매일시장에서부터 반찬을 만들기 시작했다"며 "할머니 때부터 3대를 이어오고 있는 목사고을시장에서 가장 오래된 집"이라고 자랑 삼아 이야기한다. 곁에 있던 배 씨의 어머니 남일수(75세) 씨는 "매일시장에 오일장도 같이 섰다"며 "아들 별명을 따서 가게 이름을 지었다"고 웃음 짓는다.

지역 특산품인 배와 절굿대(절굿공이를 닮았다고 하여 이름 붙여진 국화과 식물로 '분추'라고도 함)를 이용해 오란다와 인절미 등을 만

나주목사고을시장 '오일동'을 찾은 손님들이 물건을 살피고 있다.

농수산물이 풍부하고 바다와 강이 연결되는 교통 요충지인 나주는
1470년 우리나라 최초로 장이 열렸다.

드는 절굿대떡 김화수(52) 씨는 "나주만의 떡을 만들고 싶은 욕심에 시작했다"며 "절굿대 재배부터 떡 만드는 일까지 직접 공을 들였는데, 매출의 절반을 차지할 만큼 자리를 잡아 뿌듯하다"고 한다. 프로 경륜 선수 출신인 김 씨는 "중학생 때부터 자전거를 타기 시작했는데 부상으로 운동을 멈췄다가 군대 다녀와서 프로 시험을 보고 합격했다"고 덧붙인다.

전통 시장에서 각자의 꿈을 실현해 가는 젊은 사람들의 도전이 성공으로 이어지길 간절히 바란다.

인터뷰

함께 일한 직원들과 이익을 나누자는
한결같은 마음

한재필　목사고을시장 상인회장

세지면 내정2리 부치마을이 고향인 한재필(56세) 목사고을시장 상인회장은 고등학교를 졸업하고 상경해 시계 부품인 용두(태엽을 감는 꼭지) 제조회사에서 직장 생활을 시작했다. 10여 년간 일하면서 용두 제작의 첫 공정인 프레스부터 마무리 광내는 일까지 '완전 기술자'가 되도록 최선을 다했다. 그러나 "IMF 경제 위기로 회사가 문을 닫는 바람에 성공의 꿈을 포기하고 내려와야 했다"며 "대전에서 식품제조업을 하던 큰형 회사에서 전국을 다니며 대리점 개설 영업을 하며 식품 유통 분야에 뛰어들었다"고 한다.

2002년 광주에 대리점을 개설한 한 회장은 "주요 식품 회사의 제품의 총판권을 갖고 광주·전남의 각 사업장을 대상으로 식자재 도·소매업을 하던 인연으로 목사고을시장이 개설되던 2012년 지금의 참조은마트를 열었다"며 "대리점과 마트를 오가며 분주한 시간을 보내던 2016년 고인이 되신 초대 회장님이 강하게 권하는 바람에 상인회장을 맡아 현재까지 3번의 선거를 했다"고 말했다.

막내 동생 소개로 만난 부인과 남매를 두고 있는 한 회장은 "딸은 공군 관제 센터 군무원이고 아들은 해군으로 울릉도에서 군 복무 중"이라며 "가난해서 군대를 못 간 한을 아이들이 대신하는 것 같다"고 말하며 웃음 짓는다. "이루지 못한 성공의 꿈을 이루기 위해 더 열심히 살아왔다"는 한 회장은 "함께 일한 직원들과 이익을 나누자는 마음을 잊지 않으려 한다"고 말을 맺는다.

에필로그

'마을과 사람'을 찾아간 2022년 7월부터 2025년 3월까지의 시간은 나주의 잠재력과 미래를 확인하는 시간이었다. 100여 마을에서 1,000여 명의 사람을 만났다. 인터뷰에 응한 700여 명의 삶을 적었다. 더 많은 마을과 사람을 기록하고 싶다는 새로운 꿈을 만든 시간이었다.

나주의 역사 문화 자원은 무궁무진하다. 역사 이전의 삶의 흔적인 고인돌과 고분군, 일제 강점기에 근대 수탈의 흔적도 간직하고 있다. 사통팔달의 입지적 이점과 광주전남공동혁신도시인 빛가람동은 나주의 새로운 기회를 마련할 것이다. 이를 조화롭게 연계함으로써 나주의 미래 성장 동력으로 삼아야 한다는 사실을 시민들에게서 배웠다.

명절을 맞이하는 사람들, 나주 공동체를 위해 매일 노력하며 살아가는 사람들, 장터의 젊은 사람들을 만났다. 다시면 노래자랑과 노안면 광곡마을 노인회장배 바둑대회는 출향 향우들과 함께 어우러졌고, 금남동의 남파고택과 천수봉 한식 명인은 우리 음식의 전통을 잇고자 노력하고 있다. 두부와 김치로 마을 공동체를 만들어가는 사람들이 있고, 아버지 세대 양계 농가들의 소득 증대를 위해 유통 회사를 책임진 30대 청년이 있다. '마을 사위'로 크고 작은 일을 해결하는 재주꾼이 있고, 살아온 마을에서 치유하고 그 이후까지 함께 책임지는 공동체를 꿈꾸며 고향으로 돌아온 교사가 있다. 장터에서 희망을 일구는 청년들의 삶은 나주의 힘이고 희망을 만드는 미래가 아닐까.

나주 사람들과 함께 활기차게 솟아오를 '새로운 나주'를 꿈꾼다. 마을과 사람이 가르친 대로 각자의 분야에서 제 역할을 충실히 하면 이루어질 수 있다고 믿는다. 함께 꾸는 꿈이 가장 행복하기 때문이다.

나주를 걷다, 사람을 만나다
금성산과 영산강의 도시, 나주의 마을과 사람 이야기

초판 1쇄 2025년 8월 20일 발행

지은이 김덕수
펴낸이 김현종
출판본부장 안형태
책임편집 배소라 **편집도움** 오현미
디자인 김연주 **마케팅** 김예리
미디어·경영지원본부 신혜선 백범선 박윤수 이주리 문상철 신잉걸

펴낸곳 (주)메디치미디어
출판등록 2008년 8월 20일 제300-2008-76호
주소 서울특별시 중구 중림로7길 4, 지하 1층
전화 02-735-3308 **팩스** 02-735-3309
이메일 medici@medicimedia.co.kr **홈페이지** medicimedia.co.kr
페이스북 medicimedia **인스타그램** medicimedia

© 김덕수, 2025
ISBN 979-11-5706-463-2 (03810)

이 책에 실린 글과 이미지의 무단 전재·복제를 금합니다.
이 책 내용의 전부 또는 일부를 재사용하려면 반드시 출판사의 동의를 받아야 합니다.
파본은 구입처에서 교환해드립니다.